海底管道涂层技术

Coating Technology of Subsea Pipeline

乔军平　编著

化学工业出版社

·北京·

内容简介

本书主要介绍了海底管道的腐蚀环境、不同腐蚀环境下涂层的选择、海底管道的设计、铺设与运行。并对海底管道涂层的结构类型、成型工艺及设备，包括海底管道的干湿保温涂层、混凝土配重层、配重管道辅助防滑层、海底管道涂层补口、海底管道修复及损伤等技术进行了详细讲解，相关内容在其他书籍中未详述或出现。

本书可供油气储运工程设计和建设、管道保温工程设计、管道涂层预制厂工程技术人员、工程监理人员参考，也可供大专院校相关专业的师生学习。

图书在版编目（CIP）数据

海底管道涂层技术 / 乔军平编著. -- 北京：化学工业出版社，2024.10. --ISBN 978-7-122-46173-5

I. U175.2

中国国家版本馆 CIP 数据核字第 20240BV197 号

责任编辑：于 水　段志兵
责任校对：刘 一　　　　　装帧设计：韩 飞

出版发行：化学工业出版社
　　　　　（北京市东城区青年湖南街 13 号　邮政编码 100011）
印　　装：北京天宇星印刷厂
710mm×1000mm　1/16　印张 20　字数 378 千字
2024 年 10 月北京第 1 版第 1 次印刷

购书咨询：010-64518888　　　　　售后服务：010-64518899
网　　址：http://www.cip.com.cn
凡购买本书，如有缺损质量问题，本社销售中心负责调换。

定　　价：168.00 元　　　　　　　　　　版权所有　违者必究

序言

海底管道通常是由钢管、保温层、配重层、加热系统和防腐系统组成的油气或化学药剂的输送管路，用以连通海上平台、单点和陆上油库。海底管道不受水深、地形条件的限制，可连续输送油气或其他介质，具有经济效率高和环保等优点。海底管道的铺设方法有三种：海底拖曳法、漂浮法和铺管船铺设法。为防止海流冲刷、船舶抛锚和渔船捕鱼对管道造成损害，保证管道的长期稳定运行，需将管道埋入泥面以下 3 倍管径处或 2 m 深处。这就是海底管道的服役环境。

海底管道腐蚀主要分为外腐蚀和内腐蚀。外腐蚀主要是由于管道金属材质与所处的海洋环境，即海泥和海水等腐蚀性介质相接触引起的。此外，由于管道外部有保温层，可能会由其他因素引起海水在保温层下聚集，造成高腐蚀性的腐蚀区域，对管道产生保温层下腐蚀。根据管道内流体性质的不同，所发生的内腐蚀类型也不一样，包括酸性腐蚀、氯离子腐蚀、微生物腐蚀、应力腐蚀、焊接腐蚀等。除以上类型外，还有可能发生杂散电流腐蚀和电偶腐蚀等。以上腐蚀可能带来极大的经济损失、人员伤亡、环境污染等恶性事故。因此，海底管道的腐蚀防护极为重要。

实践出真知。本书作者乔军平教授级高工，长期工作在我国材料腐蚀与防护工程一线，是我国著名的管道防腐涂装专家。他是中国腐蚀与防护学会理事；中国腐蚀与防护学会化工过程专业委员会副主任委员；中国化工学会专家库专家；全国防腐蚀标准化技术委员会委员。这些头衔，是行业对乔高工水平和能力的肯定。他将自己长期工作获得的经验与施工单位、建设单位、科研单位以及院校师生共享，不仅是对我国材料腐蚀与防护工程领域的贡献，而且也为相关专业的学生搭起了一座通往实践的桥梁，相信读者一定会受益匪浅。期待本书能为我国材料腐蚀与防护工程学科和相关领域的发展以及施工水平的提高起到一定的推动作用。

中国腐蚀与防护学会理事长

李晓刚

2024 年 3 月

前言

海洋油气资源蕴藏丰富，世界油气田开发正从陆地进入海洋。海底油气管道建设是一项投资巨大、施工复杂、运行环境恶劣的百年工程，人们对海底管道涂层的设计、施工、维护提出了更高、更严的要求。

鉴于目前国内缺乏海底管道涂层技术及其装备的专著，作者以防腐涂层、保温层、配重层、补口和修复为基本框架，特意编写了此书。阅读本书读者能够系统了解海底管道涂层的结构、成型及其修复过程。使相关专业人员对海底管道涂层和装备有更深入的认识。

有别于陆上管道，海底管道的保温有特殊要求。本书详细叙述了保温层结构、成型、施工等。鉴于目前国内湿式保温涂层的应用案例较少，作者特意归纳总结了国内外所应用的大多数海底管道湿式保温层工程，以对海底管道相关著述进行补充。

混凝土配重层是海底管道必不可少的。本书详细叙述了国内外应用最广的几种成型技术，归纳总结了完整的成型工艺及相关设备的设计，所附相关设计图或三维图，使读者能够更加直观地了解混凝土配重层成型工艺与装备。本书最后章节论述了海底管道的补口，并参照国内外现有的技术，对海底管道的破坏及修复进行了详细的阐述。

防腐涂层详细内容，可以参阅本人编著的《管道涂装涂层保护技术》相关章节。

此书在编写过程中，得到了天华化工机械及自动化研究设计院有限公司同仁、中国海油工程与石油管道防腐行业许多专家的关注和支持，在此一并表示感谢！作者也对化学工业出版社为此书的出版、发行所做的努力表示感谢。

囿于本人的学识水平，书中不足之处在所难免，敬请各位读者批评指正。

乔军平

2024 年 1 月·兰州

目录

第 1 章 绪论 //001
1.1 海底管道工程分类及定义 //001
1.2 海底管道优缺点 //004
1.3 世界海底管道发展 //004
1.4 我国海底管道发展 //006
1.5 小结 //007
参考文献 //008

第 2 章 海底管道腐蚀 //009
2.1 海洋腐蚀环境 //010
2.1.1 海洋大气腐蚀 //010
2.1.2 海水腐蚀 //010
2.1.3 海洋区域腐蚀环境 //013
2.2 海管腐蚀的影响因素 //015
2.3 海洋环境中海管的腐蚀 //016
2.3.1 海管外腐蚀 //017
2.3.2 海管内腐蚀 //018
2.4 海管防腐蚀 //020
2.4.1 外壁防腐蚀措施 //020
2.4.2 内壁防腐蚀措施 //021
2.4.3 防腐体系的一般要求 //022
2.5 小结 //022
参考文献 //023

第 3 章 海底管道设计、铺设与运行 //024
3.1 海管的构成及分类 //024
3.2 海管的设计及选材 //028

  3.2.1　海管设计 //028
  3.2.2　海管选材 //029
3.3　海管建设主要特点 //029
3.4　海管的铺设方法 //031
  3.4.1　S形铺管法 //032
  3.4.2　J形铺管法 //036
  3.4.3　卷管式铺管法 //037
  3.4.4　不同海管铺设方法优缺点 //038
3.5　海管运行受力 //039
  3.5.1　海管涂层所受载荷 //039
  3.5.2　影响海管稳定性的因素 //041
  3.5.3　地震对海管涂层的影响 //043
  3.5.4　海管冲击保护 //043
3.6　海管不建议敷设原则 //044
3.7　小结 //044
参考文献 //045

第4章　海底管道涂层 //046

4.1　海管涂层作用 //046
  4.1.1　内涂层作用 //046
  4.1.2　外涂层作用 //047
4.2　海管涂层类型 //048
4.3　海管涂层选择及设计 //049
  4.3.1　涂层设计时应考虑的因素 //049
  4.3.2　涂层性能要求 //050
  4.3.3　涂层设计 //051
4.4　海管涂层结构形式 //056
  4.4.1　防腐管结构形式 //056
  4.4.2　保温管结构形式 //056
  4.4.3　配重管道结构形式 //059
4.5　海管外防腐涂层 //060

  4.5.1 涂层种类 //061

  4.5.2 涂层参数比较 //064

 4.6 海管涂层推荐标准规范 //065

 参考文献 //067

第 5 章 海底保温管道 //068

 5.1 保温层结构要求 //068

 5.2 保温管结构分类 //069

 5.3 海管用保温材料 //070

  5.3.1 有机保温材料 //070

  5.3.2 硬质聚氨酯泡沫塑料 //071

  5.3.3 无机绝热材料 //073

  5.3.4 新型海管保温材料 //074

  5.3.5 湿式和双重保温管保温材料 //075

  5.3.6 国外海底管道保温材料 //076

 5.4 海洋保温管道类型介绍 //078

  5.4.1 双重保温管 //078

  5.4.2 单壁保温管 //081

  5.4.3 干式保温管 //083

  5.4.4 湿式保温管 //084

 5.5 深海保温管道 //087

  5.5.1 深海环境特性 //088

  5.5.2 深海环境油气特性 //089

  5.5.3 深海保温涂层性能要求 //089

  5.5.4 深海管道保温材料 //090

 参考文献 //101

第 6 章 海底保温管道涂层成型技术 //104

 6.1 气凝胶保温管道 //104

  6.1.1 气凝胶管道系统的优缺点 //105

  6.1.2 气凝胶管道生产工艺 //105

 6.2 硬质聚氨酯泡沫保温管道 //106

  6.2.1 双重聚氨酯保温管道 //107
  6.2.2 混凝土配重保温管道 //110
 6.3 聚氨酯弹性体保温管道 //116
  6.3.1 GSPU 保温管浇注成型工艺 //117
  6.3.2 GSPU 保温管成型装备 //119
  6.3.3 喷涂聚氨酯弹性体技术 //123
  6.3.4 复合聚氨酯涂层浇注缺陷 //124
 6.4 聚丙烯保温管道 //124
  6.4.1 四层聚丙烯保温体系 //125
  6.4.2 五层聚丙烯复合保温体系 //127
  6.4.3 七层聚丙烯复合保温体系 //129
  6.4.4 聚丙烯泡沫挤出成型技术介绍 //131
  6.4.5 聚丙烯泡沫体质量影响因素 //136
 6.5 苯乙烯保温管道 //137
  6.5.1 五层苯乙烯保温层 //138
  6.5.2 三层苯乙烯保温层 //141
  6.5.3 苯乙烯保温层设计选用 //142
 6.6 海底保温管道应用实例 //144
 参考文献 //145

第 7 章 海底管道混凝土配重层成型技术 //148

 7.1 混凝土配重层技术指标 //149
 7.2 混凝土配重层成型 //151
  7.2.1 非常用配重层成型技术 //152
  7.2.2 辊压喷射冲击法 //165
  7.2.3 挤压缠绕法 //185
  7.2.4 离心灌浆法 //192
  7.2.5 混凝土配重层基本参数 //196
  7.2.6 混凝土配重层生产工艺 //207
 7.3 混凝土配重管道辅助防滑层 //217
  7.3.1 防滑层类型和性能 //217

  7.3.2 防滑层成型 //218
  7.3.3 防滑层应用注意要点 //226
 7.4 工程实例 //226
 7.5 小结 //229
 参考文献 //229

第8章 海底管道外涂层补口 //232

 8.1 单壁防腐管道补口 //233
  8.1.1 液态涂料补口 //233
  8.1.2 熔结环氧粉末涂层（FBE）复合聚丙烯（PP）带补口 //235
  8.1.3 热收缩套（带）补口 //235
 8.2 单壁防腐加重管道补口 //240
  8.2.1 无填充材料节点补口 //240
  8.2.2 填充材料节点补口 //241
 8.3 海底保温管道补口 //244
  8.3.1 单壁混凝土加重保温管道补口 //244
  8.3.2 双重保温管道补口 //246
  8.3.3 湿式保温管道补口 //247
 8.4 海底管道保温层补口技术应用 //248
  8.4.1 沥青玛蹄脂补口 //248
  8.4.2 高密度开孔聚氨酯补口 //253
  8.4.3 聚氨酯弹性体保温体系补口 //259
  8.4.4 闭孔聚氨酯泡沫补口 //263
  8.4.5 耐高温保温层补口 //264
  8.4.6 实心苯乙烯补口 //265
 8.5 海管节点补口建议 //267
 参考文献 //268

第9章 海底管道损伤及修复 //270

 9.1 海底管道损伤原因 //270
  9.1.1 原因分析 //270
  9.1.2 事故统计分析 //272

9.1.3　损伤分析——单壁配重保温管 //274
9.2　海底管道修复技术 //276
　　9.2.1　修复技术简介 //276
　　9.2.2　破损修复方式选择 //283
　　9.2.3　深水海底管道修复 //284
9.3　海底管道破损修复案例 //289
　　9.3.1　提升法修复 //289
　　9.3.2　深海管道切割更换修复 //290
　　9.3.3　不停输开孔修复 //295
　　9.3.4　深水管道封堵卡具修复 //301
9.4　海管混凝土配重层损伤及修复 //303
　　9.4.1　混凝土配重层缺陷 //303
　　9.4.2　海管配重层修复 //306
9.5　小结 //307
参考文献 //307

第1章 绪论

油气田开发首先是从陆地开始的,但全球海洋领域广阔,资源丰富,因此在20世纪30年代初期,对石油和天然气的勘测逐步从陆上拓展到浅海水域。

随着海洋油气田的发展,在石油和天然气的输送中首先出现了海洋天然气管道,因为从浅海中采出来的原油可由生产平台直接装入油船储罐进行船运,而天然气的特殊性决定了其必须依靠海底管道(简称"海管")外输。

天然气输送的管道建设逐步拉开了海底管道建设的序幕。随着深海原油的开采,大型油船停靠受海浪等影响会威胁到生产平台的安全。因此,在海上生产平台区域出现了专用于停靠大型油船的单点系泊,而原油管道是连接各生产平台与单点系泊之间的唯一可靠和可行方式。20世纪70年代,随着海域中大型油气田的成功开发,随之而来的是大型海底油气管道的建设,只有通过海底管道才能把开采的油气直接输往陆上油气库站。

1.1 海底管道工程分类及定义

(1)海洋管道系统

海洋管道系统是用于输送流体介质的海洋管道设施及其所有组成部分,其中流体介质包括但不局限于石油、天然气或水。管道系统包括海底流体(油、气等)的集输管道、干线管道、立管及其支撑构件、管道附件、防腐系统及附件、配重层及稳定系统、加热系统、压力与温度测量系统、泄漏监测系统、报警系统、应急关闭系统和与管道相关的全部海底装置。

海洋管道系统的主要作用就是将海上油、气田所开采出来的石油或天然气汇集起来,输往系泊油船的单点系泊或输往陆上油、气库站。

(2)海底管道

海底管道可以定义为:在最大潮汐期间,除立管以外,全部或部分位于水面以下连续输送石油、天然气或水以及其他介质的管道,管道可整体或部分位于海床上或埋设于海床以下。海底管道是海上油气田开发中油气传输的主要方式,其外表或内壁涂覆防腐、保温或减阻涂层,并在设计要求下采用辅助阴极保护等措施延长其使用寿命。

海底管道如图1-1所示,作为海上油气田井组与平台、平台与平台或平台与陆上终端的传输装置,为油、气、水等的输送提供了不可替代的途径,海底管道是海上油(气)田开发生产系统的主要组成部分,也是目前最快捷、最安全和经济可靠的海上油气运输方式。

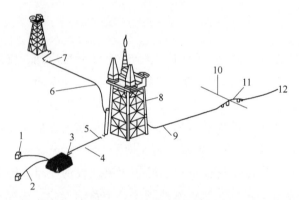

图1-1 海底管道应用简图[1]

1—海底卫星井;2—管道;3—海底管汇;4—管道(束状);5—接头;6—油田内管道;
7—膨胀连接四通;8—立管;9—输出管线;10—现有管线;11—管道交叉;
12—连接海岸

海底管道可能全部或部分悬跨于海床上,或放置于海底或埋设于海底,其中立管和输出管道为其主要组成部分,立管是连接海底管道与海上平台或其他海洋工程设施(浮式处理设施FPSO)的管道,输出管道连接处理设施和陆地的海底管道。

海底管道按用途分为:①输出(运输)管道;②在采油平台、水下管汇、卫星井之间运输产品的输送管道;③从采油平台向输出管道输送产品的管道;④注入水或化学剂的管道;⑤管束。

海底管道按运行状态分为:①立管悬空、水平管道悬空方式;②波浪或地形、海流的冲刷和掏蚀作用导致的挖沟不埋管道;③平铺在海床上的管道;④挖沟浅埋管道。

实际的海底管道铺设复杂程度超乎想象,如OILSTATES网站演示的海底管道布置图(图1-2),包括了平铺管线、柔性管、立管、接头、固定座、连通等。

图1-2 海底管道铺设示意图[2]

（3）海洋立管

海洋立管为中间过渡性管道，是海底管道连接海洋海面工程结构物（如海洋平台、人工岛等）上的生产设备的刚性管路或挠性软管，而立管附件如底部连接的膨胀弯管亦属于立管的一部分。针对浮式海上平台，立管系统就是指海面浮体（平台）与海底基础固定点之间所连接的竖立管路。所以通常把从海底穿出海面的各种管段统称为海洋立管。

立管系统包括立管及其管路支撑构件、管路涂层、管路腐蚀防护体系及其他所有构成立管的附件。立管管路上的附件包括法兰、三通、弯头、大小头、阀组等。立管涂层指的是防腐层、保温层以及配重层等[3]。图1-3为海洋立管系统示意图。

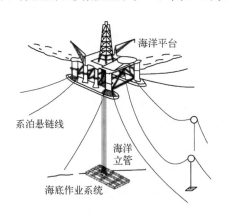

图1-3 海洋立管系统示意图

由于结构分布不同，立管可以分为以下几个组成部分。

① 海底管段。固定于海底（海床），一类与海底完全接触，另一类则完全没入海底。

② 过渡管段。指从海底管道的基础固定点开始到海上平台垂直的立管管段。

而海底管道基础固定点也称为嵌固点，是指海底管道完全被约束固定，这种固定指的是在外力作用下约束管道位置不发生变化，如管道因热胀冷缩等以及海上平台受到海浪作用而对管道产生位移影响。

③ 垂直管段。指过渡管段到海洋平台甲板管道之间的垂直管段。

④ 立管支撑构件。指沿立管管路所提供的一系列固定件和导向装置，包括立管与海底管道接触点的滑动套、海洋平台上的锚固件、弹性吊架等。

1.2　海底管道优缺点

（1）海底管道优点

① 介质可以连续输送，减少中间环节。

② 管道运输是密闭的，受外界环境条件影响小，几乎可以不受风浪、水深、地形、海况等影响。

③ 输运效率高，输送能力大。

④ 不会因海上固定储油设施储存容积的限制或转运油轮接运不及时而造成油田减产或停产。

⑤ 海底管道铺设工期短，投产比较快。

⑥ 建成后的营运成本低。据资料统计，管道运输原油每吨每千米的成本为海运的1/2、铁路运输的1/4；其能源消耗只为海运的1/4、铁路运输的1/3。

⑦ 事故率低。事故概率，公路运输最高，铁路、水运次之，管道运输事故的概率最低。

（2）海底管道缺点

① 管道处于海底，铺设困难。

② 某些处于潮差或波浪破碎带的管段（尤其是立管），受风浪、潮流、冰凌等影响较大，有时可能被海中漂浮物和船舶撞击，或因船舶抛锚而遭受破坏。

③ 要求特殊的涂层材料和涂层结构，涂层成本高。

④ 受节点防腐涂装的要求，铺管效率低。

⑤ 投资费用高，检测费用高。

⑥ 维修成本高，绝大多数管线需要埋设于海底海床下一定深度，所以检查、维修、管理都不方便，一旦出事故，修复工程比较复杂。

1.3　世界海底管道发展

虽然有记载[4]称，早在1897年，加利福尼亚萨默兰就开始了海上石油的勘查和生产，并且第一条海底管道在萨默兰芭芭拉东南部建成。但实际上，海上石油工业的历史要短一些，根据完整资料，第一口海上油井是1947年在墨西哥湾的科尔-麦古希普浅滩区块32完钻的，油井距离海岸17 m，水深为6 m。最早的海底原油管道则要追溯到1947年之前，安装在马拉开波海湾和阿塞拜疆附近的里海浅水域。在第二次世界大战期间，英国-伊朗石油公司（英国石油公司的前身），为了穿越英吉利海峡铺设了一条从英国到法国的管道，称为海底输油管道（PLUTO），设计人员设计了两种类型的管道：一种就像空心的海底电缆，在铜锡铅合金柔性管材外包裹带钢和塑料防护层；另一种是没有防腐涂层的焊接钢管[5]。

1954年，世界上第一条商业化运营的海底管道由Brown & Root海洋工程公司在美国墨西哥湾铺设完成。它是一条直径254 mm（10 in）、长16 km、有水泥包裹的天然气管道，水深4～10 m[6]。自此海底管道建设飞速发展，在世界各近海海域，各国成功地铺设了无数条不同类型、不同管径的海底管道。并且随着油田的开发，海域水深不断增加，海底管道铺设技术也相应得到了大发展，管道铺设长度和铺设水深也在不断创纪录。

世界上第一艘专门建造的铺管船也是由Brown & Root公司于1958年建造的。1961年，第一艘卷管式铺管驳建成；1975年第一艘卷管式铺管船建成[7]。

2000年，墨西哥湾Hoover Diana油田铺设了长度64 km、深度达1450 m的海底管道；2005年，深入黑海2150 m水下铺设了3860 km的双管道；2008年，在墨西哥湾的Alaminos Canyon与East Breaks之间铺设了一条长206 km、深1067～2530 m的管道，创造了当时管道铺设水深新纪录。

2011年，铺设的Galsi管道水深达到了2824 m；2004～2007年间，在挪威和英国之间铺设的Langeled天然气管道长度达到1173 km（729英里），成为当时世界上最长的海底管道，管线共分为三段。A段：Ormen Lange天然气管道，Ormen Lange气田至挪威Nyhamna，长度120 km，管径762 mm（30 in）。B和C段：Langeled天然气管道，B段，挪威Nyhamna至Sleipner平台，长613 km，管径1067 mm（42 in）；C段，Sleipner平台至英国Easington，长560 km，管径1112 mm（44 in）。

2014年完工的从阿尔及利亚延伸至撒丁岛的地中海水下Galsi管道也达到了与上述工程相同的水深记录（2824 m）。

2017年，欧洲和以色列政府决定，建设从以色列往欧洲输送天然气的地中海管道，目的是连接以色列和塞浦路斯沿海地区的天然气到希腊和意大利，该管道建设成本超过64亿美元。计划中的管道长2000 km，预计2025年完成，将是世界上最长和最深的海底天然气管道。

2018年11月19日，俄罗斯与土耳其的重要能源项目"土耳其溪（Turk Stream）"天然气管道项目海底工程竣工。"土耳其溪"是俄罗斯向土耳其及欧洲南部输送天然气的管道项目，其海底部分两条管线均长 930 km，陆上部分于 2019 年开工建设。项目全部完工后，俄罗斯每年可向土耳其及欧洲南部输送总计 315 亿立方米的天然气。采用混凝土配重管道，水深 2200 m，2020 年 1 月 8 日举行通气仪式[8]。

2021 年 9 月 10 日，"北溪 2 号"海底天然气管道铺设完成，管道跨越波罗的海从俄罗斯到德国，总长 1224 km，管道采用 4.2 mm 外防腐层，60～110 mm 混凝土层，并涂覆内减阻层。

1.4　我国海底管道发展

我国的海洋工程发展缓慢，并且装备与技术相对落后，这些因素直接影响到我国海底管道的建设，所以一直到 1973 年，我国才首次在山东黄岛采用浮游法铺设了 3 条 500 m 长的从系泊装置至岸上的海底输油管道，这次建设只能说是我国在海底管道建设的一次尝试。直到 1985 年 9 月，才在中日联合开发的渤海埕北油田中首次按国际通用标准和做法铺设了一条管径为 152 mm、长度为 1.6 km 的海底原油管道，从而掌握了按国际标准建设海底管道的方法。在"七五"期间，我国相继建设了多条海底管道，如南海西部涠 10-3、涠 11-4 油田海底原油管道，渤海渤中 28-1、渤中 34-2/4 油田海底油气管道和注水管道。

20 世纪 90 年代初，我国开始了长距离外输海底管道的建设。

1994 年建成南海崖 13-1 气田两条海底外输管线：一条通往香港，管道长 788 km、管径 711.2 mm；另一条通往海南岛，长 92 km、管径 356 mm。

涠洲 12-1 油田至涠洲 11-4 油田的双重保温原油海底输送管道铺设于 1998 年，1999 年投产。

1999 年，在我国东海平湖气田建成通往上海的长 400 km、管径 406 mm 的海底输气管道。2005 年，在舟山册子岛到宁波镇海建成了长 36 km 的海底输油管道[7]。

2008 年 1 月 13 日，中国海洋石油总公司负责建设的广东珠海—中山天然气输送管道工程，成功实现了磨刀门水道定向钻穿越导向孔成功对接，据悉，长达 2630 m 的磨刀门水道穿越，是当今世界距离最长的水平定向钻穿越工程，穿越地质环境极其复杂。

中国海油旗下中海石油天然气及发电有限责任公司具体实施沿海天然气管网大动脉的重要组成部分，其一期工程已于 2006 年 2 月 12 日正式投产；于 2007 年 9 月 29 日开工建设的二期工程，把惠州 21-1 油气田和番禺 30-1 气田产出的天然气，通过海底管道输送至珠海登陆，供应珠海西区临港工业用户以及澳门地区。

2018年，深水起重铺管船"海洋石油201"完成南海东方13-2气田海域195 km的海底管道铺设，是我国迄今为止自主铺设的最长海底管道，它的完工不仅填补了国内长距离海管作业的空白，也标志着我国海底管道铺设能力跻身世界前列。此次铺设的海管是中国海油东方13-2气田的配套工程，气田投产后，可为广东、海南、香港等地提供长期稳定的能源保障。此次铺设的大管径海管直径达800 mm，单根海管重达12 t，正常铺设时铺设张力达160 t，接近船舶正常工作的上限。尽管如此，"海洋石油201"仍4次刷新了我国24英寸海管"S-LAY"的铺管速度纪录，单日铺管纪录最高达到4.02 km。

参与铺设作业的"海洋石油201"是我国首条深水起重铺管船，作业水深3000 m，可在除北极外的全球无限航区作业，综合作业能力在国际同类工程船舶中处于领先地位。

"海洋石油201"2012年投用至今，27次刷新我国海管铺设纪录。其中，日铺管速度最快突破6 km，创我国海管铺设最快速度纪录；海管铺设深度最深达到1409 m，是我国海管铺设最深深度，世界第二"S-LAY"海管铺设深度，推动了我国海管自主铺设能力达到亚洲领先以及世界先进水平，为我国海洋油气开发利用提供了有力的技术支撑。

于2019年开工建设，并由我国承建的孟加拉国首条海洋管道工程100多千米的管道铺设，采用我国自主研发的多功能模块化海床挖沟机，已创造了"海陆定向钻穿越"和"航道后深挖沟"两项世界纪录，标志着我国海底管道建设水平进入世界前列。

1.5 小结

到目前为止，我国总共建成60多条长距离海底管道，总长超过7000 km。随着我国海洋石油工业的蓬勃发展和原油的进口，特别是未来南中国海的石油开发，将会有更多、更长、更深的大口径海底管道工程。同时也将对我国海底管道工程的设计、施工技术、科学实验研究、工程建设、检验法规以及人才培养等方面提出更高的要求。

我国的管道建设水平逐步向世界看齐，现阶段，海底管道已经成为我国海上油气资源运输的主要方式，且不可替代。20多年前，中国海油单日铺管最多1 km，如今最快能铺6 km[9]。

海底管道多采用钢质管道，腐蚀破坏是海底管道失效的主要形式，其占比高达35%，腐蚀严重影响海底管道的使用寿命，使其损坏率逐年增大，泄漏和断裂破坏事故逐渐增多，因此有效防护海底管道的腐蚀、延长海底管道的使用寿命就显得非常重要。

参考文献

[1] 白勇，龚顺风，白强，等.水下生产系统手册［M］.哈尔滨：哈尔滨工程大学出版社，2012：555.

[2] Oil States Poster 2019［EB/OL］.［2022-10-11］.https//oilstates.com/wp-content/uploads/OilStatesPoster2019.pdf.

[3] 康庄，孙丽萍.深海工程中立管系统的设计分析［M］.哈尔滨：哈尔滨工程大学出版社，2018：12-13.

[4] Guo Boyun，Lin TianRan.近海管道：设计、安装与维护［M］.吴玉国，王卫强，译.北京：中国石化出版社，2016.

[5] 安德鲁 C. 帕尔默，罗杰 A. 金.海底管道工程［M］.2版.梁永图，张妮，黎一鸣，译.北京：石油工业出版社，2013.

[6] 周延东，刘日柱.我国海底管道的发展状况与前景［J］.中国海上油气（工程），1998，10（4）：1-6.

[7] 张兆德，白兴兰，李磊.海洋管道工程［M］.上海：上海交通大学出版社，2018.

[8] The start of offshore construction of the Turkstream offshore pipeline in Russia［EB/OL］.［2022-10-11］.https：//allseas.com/?s=TurkStream.

[9] 中国石油管道公司管道科技中心信息与经济研究所.世界管道概览［M］.北京：石油工业出版社，2004：318.

第2章

海底管道腐蚀

地球上海域辽阔，所蕴藏的海底资源是陆地无法相媲美的，而随着海底油气等资源的大面积开发，油气的输送方式已经逐步被管线输送所占据，正因为海底输送管线的出现，海洋油气田的油气井组、平台、陆上终端才能联结为一个高效的整体。然而，海洋环境又是一种极端苛刻的腐蚀环境，以钢铁为主要材质的海底管道时刻都经受着腐蚀介质的危害，并且因为腐蚀所造成的基体减薄、开裂等严重影响到了海底管道的使用寿命和安全。

海底管道建设是一个技术与资金密集型工程，资金投入量大，施工难度高，技术复杂，并且维护、检修极为困难，所以防腐蚀是人们重点关注的问题之一。据统计，美国每千米油气管道每年出现管道损伤泄漏的概率为1次，而在我国管道泄漏概率远高于此，尤其是海底油气管道。海底管道的失效类型比较多，不同的原因所导致的失效比例为：腐蚀占35%，外力损伤占30%，管道设计占15%，操作失误占12%，其他占8%。可见海管的防腐蚀保护多么重要[1]。

截至2014年年底，中国海洋石油总公司拥有的海底管道共有292条，总长度达到了5926 km，除特殊的连接管段，包括主长输管道在内基本全部采用了碳钢管道。碳钢管道在陆地上耐蚀性能就非常差，在海水这样的强腐蚀环境中，更容易发生腐蚀破坏。据不完全统计，从1995年至2012年的17年间，中国海洋石油总公司所属海洋管道共发生38起故障，其中内腐蚀原因引起的故障有11起，外腐蚀及其他外部原因引起的有27起。海管腐蚀会造成巨大的经济损失和严重的环境污染。2007年，我国南海涠洲12-1至11-4原油管道因腐蚀发生泄漏，油田停产近200天，造成了巨大的经济损失。2008年12月22日，阿塞拜疆里海一条铺设30多年的海底管道发生腐蚀泄漏，泄漏的原油漂浮于海面形成长达几公里的污染带[2]。所以，只有对海洋管线的腐蚀有深入的了解，才能有的放矢地减缓、降低腐蚀破坏的发生。

2.1 海洋腐蚀环境

海洋腐蚀环境复杂，可以简单地区分为大气腐蚀环境和海水腐蚀环境，实际上从海平面开始到海泥是一个复杂的区域腐蚀环境。

2.1.1 海洋大气腐蚀

海洋大气环境处在海平面以上，是由海水蒸发而形成的特殊环境区域。此区域盐雾含量高，对金属有很强的腐蚀作用。普通碳钢在海洋大气中的腐蚀速度比沙漠大气中高 50～100 倍。一般海洋大气的影响范围界定为 20 km 左右[3]。

（1）海洋大气腐蚀环境特点

① 盐分含量高。盐分存在于水膜中，使得附着于金属表面的水膜形成强腐蚀电解质。

② 相对湿度大。一般高于腐蚀发生的临界值。

③ 干湿环境交替明显。更容易引起碳钢的腐蚀。

（2）海洋大气腐蚀影响因素

① 大气相对湿度。同一般的大气腐蚀相比，由于海洋大气环境具有高的湿度，钢铁表面通常存在较厚的水膜，随着水膜厚度的增加，腐蚀速度变大。

② 大气含盐量。海洋大气中因富含大量的海盐粒子，形成了含有大量盐分气体的环境，这是与其他气体环境的重要区别。

③ 干湿交替的影响。暴露于海洋大气环境下的金属材料，表面常常处于干湿交替变化的状态中，干湿交替导致金属表面盐浓度较高，从而影响金属材料的腐蚀速率。干湿交替变化的频率受到多种因素的影响。

2.1.2 海水腐蚀

海水是自然界最丰富的天然电解质，具有较强的腐蚀性。海水含有多种盐类，并溶有一定量的氧，这就决定了碳钢在海水中的腐蚀电化学特征。在海水中都属于氧去极化腐蚀，即氧是海水腐蚀的去极化剂，这种腐蚀称为吸氧腐蚀或耗氧腐蚀[4]。

碳钢浸在海水中，由于金属及其合金表面层物理化学性质的微观不均匀性（如成分的不均匀性、相分布的不均匀性、表面与应力变化的不均匀性，以及界面处海水物理化学性质的微观不均匀性），导致金属海水界面上电极电位分布的不均匀性，形成了无数个微电池。碳钢中铁素体属于电极电位低的阳极区，发生氧化反应：

$$Fe \rightarrow Fe^{2+} + 2e$$

而碳钢中的渗碳体相属于电极电位较高的阴极区，发生还原反应：

$$\frac{1}{2}O_2 + H_2O + 2e \rightarrow 2OH^-$$

碳钢在海水中的腐蚀以微电池腐蚀为主。

（1）海水的主要特点

海水腐蚀性大；含盐量高，盐分一般在 35 g/L 左右；海水中动物、植物、微生物多；海水所含各种离子的组成比例比较稳定（表2-1）；弱碱性环境，且 pH 值变化小，表层海水的 pH 值在 8.1～8.3，深层海水 pH 值在 7.8 左右。

表 2-1　海水中主要离子成分

成分	含量/(mg/L)	成分	含量/(mg/L)
Cl^-	18980	Br^-	65
Na^+	10560	Sr^{2+}	13
SO_4^{2-}	2560	NO_3^-	2.5
Mg^{2+}	1272	B^{3+}	4.6
Ca^{2+}	400	F^-	1.4
K^+	380	总含盐量约 34400 mg/L	
HCO_3^-	142		

（2）海水腐蚀的特点

海水是典型的电解质溶液，金属的海水腐蚀是典型的电化学腐蚀。主要特点如下。

① 海水中氯离子含量高，所以铁等金属在海水中不能建立钝态。在海水腐蚀过程中，阳极的阻滞率（阳极极化率）很小，因此腐蚀速率相当高。在海水中用提高阳极阻滞的方法提高钢的耐腐蚀性效果有限。

② 钢等金属在海水中的腐蚀是依靠氧去极化反应进行的。尽管表层海水被氧所饱和，但氧通过扩散层到达金属表面的速度有限，小于氧还原的阴极反应速度。在静止状态或海水以不大的流速运动时，阴极过程一般受氧到达金属表面速度的控制，所以此类金属在海水中的腐蚀几乎完全取决于阴极阻滞。由于扩散层中氧的扩散通道已被占满，通过合金化或热处理阴极相的数量和分布对腐蚀速率的影响不大。一切有利于供氧的条件，如海浪、飞溅、增加流速，都会促进氧的阴极

去极化反应，促进钢的腐蚀。对于普通碳钢管等来说，海水环境因素对腐蚀速度的影响远大于钢本身组织成分的影响。

③ 由于海水的电导率很大，海水的电阻性阻滞很小。所以在海水腐蚀中，不仅腐蚀微电池的活性大，而且腐蚀宏电池的活性也大。海水与不同金属接触时很容易发生电偶腐蚀，即使两种金属相隔数十米，只要存在电位差并实现电连接，就有可能发生电偶腐蚀。

④ 海水中易出现小孔腐蚀，且孔较深[5]。

（3）海水腐蚀的影响因素

① 盐类及浓度。盐度是质量分数，指100 g 海水中所溶解的固体盐类物质的总克数。相同海洋中的总盐度和各种盐的相对比例基本一致，公海表层海水盐度范围为3.20%～3.75%，所以对一般金属的腐蚀无明显的差异。海水的比电导率是影响金属腐蚀速度的重要因素，其值的变化直接受海水盐度波动的影响，比电导率又因海水中含有大量的氯离子，可破坏金属的钝化，所以很多金属在海水中会遭到严重腐蚀。盐类以 NaCl 为主：一方面盐浓度增加会加强海水的导电性，使海水腐蚀性更强；另一方面，盐浓度的增大会促使溶解氧浓度下降，当其超过一定值时金属腐蚀速度反而会下降。

② pH 值。碱性环境对金属的腐蚀影响不大，而海水 pH 值在7.2～8.6之间，呈弱碱性。

③ 碳酸盐饱和度。在海水弱碱性条件下，达到饱和的碳酸盐会沉积在金属表面而形成保护层，若未达到饱和状态，形成不了保护层，反而增加腐蚀速度。

④ 含氧量。海水腐蚀是以阴极氧去极化控制为主的电化学腐蚀过程。海水中溶解氧的含量是影响海水腐蚀性大小的重要因素。海水的盐度和温度决定了氧在海水中的溶解度，当海水盐度增加或温度升高，氧的溶解度就会降低。如果海水中完全不含氧，金属就不会腐蚀。对于碳钢、铸铁和低合金钢等，含氧量增加，阴极过程加速，腐蚀速度增加。但对铝和不锈钢等依靠表面钝化膜提高耐蚀性的金属，含氧量增加反而利于钝化膜的形成及修补，使钝化膜的稳定性提高，点蚀或者缝隙腐蚀的倾向减小。

所以，溶解氧的含量增加，常规金属腐蚀速度增加。对于易钝化成膜的金属，含氧量适当增加，反而有利于防止腐蚀的进一步发展。

⑤ 温度。温度升高会出现两种相反的结果：一是腐蚀速度增加，二是氧在海水中溶解度下降，腐蚀速度反而会减小。

因为时间、空间上的差异，海水的温度会在一个比较大的范围内变化。海底水温一般接近0 ℃，而海水表面温度从两极到赤道，会从0 ℃ 增加到35 ℃，还随季节呈周期性变化。温度对海水腐蚀的影响比较复杂。从动力学方面分析，海水温度升高，会加速金属腐蚀。但海水温度升高，海水中溶解氧含量就会降低，反而促进保护性碳酸盐的生成，又会减缓金属在海水中的腐蚀。在正常海水溶解氧含量下，温度是影响腐蚀的主要因素。因为含氧量足够高时（在 5 mL/L 以上），是通过氧的扩散速度来控制阴极反应速度的，而不是含氧量。对于钝化金属，海水温度升高，钝化膜的稳定性会下降，点蚀、缝隙腐蚀和应力腐蚀的敏感性增加。

⑥流速。金属腐蚀速度随海水流速增大而增加（表 2-2）。海水腐蚀是氧去极化的阴极控制过程，以氧的扩散速度为主，海水流速以及波浪会改变供氧条件，必然对腐蚀产生较大影响。此外，流动的海水对金属表面有冲蚀作用，当流速超过特定临界值时，金属表面的腐蚀产物膜被冲刷掉，金属表面同时受到磨损、腐蚀与磨损联合作用，促使钢的腐蚀速度急剧增加。

表 2-2　碳钢腐蚀率与海水流速关系

海水流速 /（m/s）	腐蚀率 /[g/（m²·n）]	海水流速 /（m/s）	腐蚀率 /[g/（m²·h）]
0	0.125	4.5	0.75
1.5	0.46	6	0.79
3	0.67	7.5	0.81

⑦ 海洋生物的影响。大多数情况下海洋生物会促进腐蚀，尤其是局部腐蚀。海洋生物释放出的 CO_2 会使其周边海水酸性值加大，海水中的叶绿素类植物可使海水中含氧量增加，海洋生物腐烂后产生的酸性物质和 H_2S，可使腐蚀加速。此外，有些海洋生物会破坏金属表面的涂镀层，有些本身对金属就有腐蚀性。

海洋环境中，在金属附着海洋生物的锈层处，附着生物死亡后遗体黏附在金属表面以及在海泥中都会形成缺氧环境，促进厌氧硫酸还原菌的繁殖，引起微生物腐蚀。而普通碳钢抗细菌腐蚀能力最差。

2.1.3　海洋区域腐蚀环境

海洋区域腐蚀环境划分为海面大气中、飞沫带、海潮涨落带、海水中和海底土中 5 个部分（图 2-1）。

海面大气中，受海上飞来盐分的影响，腐蚀速度比陆地大气中快，为 0.01～0.1 mm/a。

飞沫带直接受到海水的飞溅，影响海洋大气区域腐蚀的环境因素（如海盐含量、湿度、温度、风速、风向、雨、太阳照射等）对飞溅区的腐蚀都有影响。另外，在飞溅区碳钢还要受到浪花的冲击，飞溅区的下部也会遭到海水短时间的浸泡。含盐粒子远高于海洋大气区，水溅湿润时间长，有时反复干湿，供氧也多，是腐蚀最严重的区域，平均腐蚀速度为 0.3～0.5 mm/a。

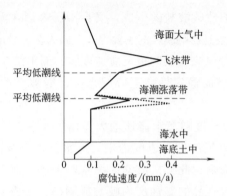

图 2-1 海洋环境中垂直方向腐蚀区域划分

涨落带按照海水涨落反复干湿交替，由于与涨落带正下方海水形成局部电池，具有抑制腐蚀的倾向。潮差区作为氧浓差电池的阴极而受到保护，腐蚀较轻。海水中受溶解氧和流速等的影响，平均腐蚀速度为 0.1～0.2 mm/a。

海水全浸区影响钢腐蚀的主要环境因素有温度、海洋生物污损、碳酸盐沉淀、污染、溶解氧含量、微生物等。海水的 pH 值、盐度变化较小，对钢的腐蚀影响很小。海水温度升高，流速增大，溶解氧含量升高，都使钢的腐蚀速率增加，海洋生物的影响较复杂，大面积有石灰质外壳的海洋生物污损显著减小了钢的腐蚀量，少量污损对腐蚀量影响很小。海洋生物污损可增加钢的局部腐蚀[6]。

钢在海底泥土中的腐蚀速度要比陆地土壤中快，为 0.02 mm/a。

所以飞沫区因为金属所处环境干湿的交替变化，溶解氧的质量分数相对较多，并受海水飞溅的冲击，所以相对其他区域，飞溅区腐蚀也较为严重。这五种海洋腐蚀环境特点如表 2-3 所示。

表 2-3 海洋腐蚀环境特点

海洋环境	环境特点	腐蚀行为
海面大气区	①海洋大气环境中含有飘浮的盐分；②大气环境中的风、霜、雨、雪等影响；③阳光、污染、灰尘等的影响	①阳面因为受阳光的照射相对干燥，腐蚀较阴面小；②暴露在大气环境中，金属表面的盐分能被雨水冲刷掉；③腐蚀与海岸线的距离有关
浪花飞沫带	金属表面接触海水且与大气直接接触，供氧充足，没有海洋生物附着生长	金属腐蚀最为严重，由于经常受外力，引起保护涂层破损形成局部腐蚀
海潮涨落带	潮涨潮落，所以金属表面干湿交替且供氧充足	潮差区金属腐蚀速度快，因此可以作为阳极，潮差区以下的部位作阴极，从而得到保护，潮差区需要涂层保护
海水全浸区	氧含量随着海水深度增加而减少，金属腐蚀受海流、海洋生物附着生长等因素影响	深水区的金属腐蚀较轻，可以采用牺牲阳极保护法进行保护

海洋环境	环境特点	腐蚀行为
海底泥土区	①海底环境中生长着很多靠分解含硫化合物生存的厌氧细菌，这些细菌的代谢产物会对金属产生腐蚀； ②海底沉积物的形状、特征有很大差异	海底沉积物具有腐蚀性，有可能形成沉积物间隙水腐蚀电流

2.2 海管腐蚀的影响因素

（1）管线材质

海水管线多为金属材质，即便为碳钢材料，也包含多种元素，易产生电化学腐蚀。并且海洋环境中运行的管线是复杂的系统，碳钢、不锈钢等不同材质接触，即便相隔3～5m，也会产生电偶腐蚀。管线材料大都与输送介质和外部环境介质直接接触，因此，管线的腐蚀很大程度上取决于材料本身的耐蚀性。常用的海水管线材料耐蚀性能递增顺序为：碳钢、镀锌钢、铝黄铜、铜镍合金等。其中，碳钢的耐腐蚀性能最差，但它的价格也最低。而在海底长输管线建设中，碳钢管处于不可替代的位置，只能采用涂层、阴极保护来进行防腐蚀保护。

（2）海水流速

管道使用时，海水流速越高，越易发生紊流，尤其是含盐量及含砂量高的海水，会加剧管道的磨蚀和腐蚀。不但对管道造成非常大的冲刷作用力，对管道涂层造成损坏，并且使空气中的氧加速扩散到裸露金属表面，使管壁处的氧含量得到充分保证，加剧了电化学腐蚀。当海水流速超过一定极限后，与海水接触的管表面不断有空气泡或蒸汽泡交替形成和破灭，其冲击压力很大，形成气蚀，加剧了电化学腐蚀。因此，海水流速越大，管道腐蚀越严重，相比较静止状态，成倍甚至几十倍增加。碳钢腐蚀速度与海水流速的关系如表2-4所示[7]。

表2-4 碳钢腐蚀速度与海水流速的关系

海水流速/(m/s)	0	1.0	3.0	4.5	6.0	7.5
腐蚀速度/[mg/(cm^2·d)]	0.3	1.1	1.6	1.8	1.9	1.95

海水流速较低时，管线只出现均匀腐蚀。随着流速的增大，腐蚀速率增大，出现坑蚀，并逐渐增大加深。焊缝和弯管处最为严重，说明流体速率变化加剧了磨损腐蚀和空泡腐蚀。

从以上分析可以看出，流速是影响管线腐蚀的主要因素之一。

（3）环境和水温

管道遭受流动海水的冲刷作用。冲刷速度降低时，易遭有机物质的沉积，还可能导致硫酸盐还原菌腐蚀，加速管的破损。海水中含有一些微小的悬浮固体，悬浮固体在低流速部位系统管路中会发生沉积，形成疏松多孔的沉积层，因此，沉积层下部金属容易和周围金属形成浓差电池，造成局部腐蚀。

海水温度高，海水中氧的含量也较其他区域高；另外，空气中含有大量的盐分，使得管子表面极易腐蚀。管路中海水的温度对管路腐蚀的影响，往往取决于氧的扩散速度。一般情况下，温度每上升10 ℃，腐蚀速度增加约30%。所以管道需要涂层和阴极保护等措施，以防止接触腐蚀。

（4）电化学保护缺陷

管道多采用外加电流阴极保护或牺牲阳极方式来减缓腐蚀。而两种保护方式的选择，需要依据管道运行的实际状况来确定，对于长输海底管道多采用牺牲阳极法，在管路上增加阳极环，使碳钢管道在总体上成为阴极而得到保护。

如果阴极保护设计、选型不合理，则会加速管道的腐蚀。

（5）防腐涂层缺陷

采用防腐涂层将被保护的钢管与腐蚀介质隔开，从而提高管道系统的耐腐蚀性。而防腐涂层的选择，首先需要考虑运行管道所处的外部环境，如海水深度、海水温度、海泥特性以及管内部流体的介质特性，如流速、温度、腐蚀性、含砂量等。其次针对涂层包含的防腐材料、防腐层成型工艺等进行选择。

若涂层类型、成型工艺等选择不当，则处在海洋环境中的管道必然会发生腐蚀。

2.3　海洋环境中海管的腐蚀

碳钢在海洋环境中所发生的腐蚀都是氧作为去极化剂的氧去极化腐蚀。腐蚀形式主要有以下三种。

① 均匀腐蚀。整个金属表面都与海水接触，腐蚀程度比较均匀。

② 点蚀。金属表面的钝化膜，在海洋环境中会因为各种因素遭到破坏，破坏后的钝化膜使得金属暴露，形成阳极，钝化膜未破坏的金属表面作为阴极，腐蚀速度加快。

③ 缝隙腐蚀。可能因金属疲劳破坏或外力作用而引起金属表面裂纹，裂纹的存在会引起金属强度的降低，且会加快金属的腐蚀。裂缝上表的氧含量较多，底部较少，所以氧含量较多的部位作阴极，缺氧的底部金属作阳极，导致缝隙腐蚀从底部开始穿透金属。

海水腐蚀金属的电化学过程一般具有以下6个特征。

① 海水中包含的Cl^-等对金属的钝化起迟滞和破坏作用，从而促使阳极反应。Cl^-的破坏表现在：a.破坏氧化钝化膜。Cl^-能渗透并破坏氧化膜。b.吸附作用。Cl^-相较于某些钝化剂更易吸附，从而对钝化过程起到迟滞作用。c.电场效应。

Cl⁻ 能吸附在金属表面和钝化膜上，从而形成电场，使得金属离子更易析出。d. 形成化合物。Cl⁻ 能与金属生成氯化物，使金属溶解过程加速。

② 在高速流动的海水中，金属易发生空泡腐蚀和冲击腐蚀。

③ 碳钢等金属在海水里的腐蚀过程是一种电化学行为。Cu、Ag、Ni 等金属在海水中比较容易发生溶解氧的还原反应，其次是 Fe 与 Cr。所以，针对绝大多数非钝化型金属，海水中氧含量越高，腐蚀速率就越大。因为在接近中性的海水中，氧的去极化作用是最主要的阴极反应，它控制着腐蚀速率。流动的水能将溶解氧送到阴极表面，海水流速越高，腐蚀速率就越快，即为这个道理。如果腐蚀过程中氧的供应不充分，使溶液中存在氧浓度差，则会形成氧浓差电池，水线以下部分氧供应比较少的区域，会形成阳极；而氧供应比较充足的区域，如潮差区，则为阴极，使得缺氧的阳极区发生严重的腐蚀。对于容易钝化的金属，如不锈钢、铝合金等，充足的氧有利于形成钝化膜，因此金属的腐蚀速率降低，而当氧的供应不充分时，腐蚀往往会加剧。

④ 流速和温度对金属在海水中的腐蚀速度影响较大。流速除了与供氧有关外，还与冲蚀作用有关。温度越高，腐蚀反应速度越快。然而当温度升高时，水中溶解的氧含量会降低，所以腐蚀因氧的阴极去极化作用降低而减缓。

但气体的扩散会因温度升高而加速，这使得氧更易扩散到阴极区，使腐蚀加剧。在实际的海洋环境中，温度升高还可以促进海洋生物繁殖，海洋生物大量繁殖促使金属表面被覆盖，造成被覆盖部位缺氧，对非钝化型金属来说，金属腐蚀因氧的去极化作用降低而减轻；对于钝化型金属，局部缺氧形成氧浓差电池，从而引起缝隙腐蚀、点蚀和坑道腐蚀。

⑤ 不同金属相互接触易形成原电池，加速阳极金属腐蚀。海水导电能力远超河水、土壤和大气，所以形成原电池的导电能力更强。互相接触的异种金属间存在海水，原电池效应就会更显著，腐蚀也更强烈。

⑥ 海泥环境中硫电位越负，腐蚀性越强。硫酸盐还原菌（SRB）数量越多，腐蚀性越强。一般含 SRB 的海泥对碳钢的腐蚀率为不含 SRB 的 5 倍以上，在含有 SRB 的海泥中，阴极保护电位至少应达到 -0.95 V（相对于铜/饱和硫酸铜参比电极），所以电阻率不但表征海泥的腐蚀性，同时也是阴极保护设计的基础数据[8]。

2.3.1 海管外腐蚀

目前，如同对陆地管线腐蚀的研究一样，对海底管道腐蚀破坏机理的研究考虑的腐蚀形式也比较单一，以管道局部管壁的减薄作为研究腐蚀的主要模型，通过腐蚀破损位的长度、宽度和深度取最大值来进行模拟。但在实际工况中，腐蚀形状具有一定的随机性。

按照常规腐蚀机理，海底管道腐蚀也是管线金属材料表面与环境介质或流体介质发生化学和电化学作用，引起表面损伤或晶体破坏的过程。海底管道腐蚀后，管壁整体或局部变薄，强度降低或发生应力集中，严重时造成管壁穿孔或破坏，导致海底管道的失效。所以海底管道因所处环境发生化学和电化学作用，是海底管道破坏的主要原因之一。

海洋腐蚀环境包括海水、海底沉积物（海泥）等，无论是海水还是海底土壤中，都含有大量的盐分，如 K^+、Na^+、Ca^{2+}、Mg^{2+}、NO_3^-、Cl^-、SO_4^{2-} 以及其他各种物质，这使得海底管道很容易发生外腐蚀。海底沉积物复杂的物理性能、化学性能和生物性能均会影响腐蚀性。影响的主要因素包括：沉积物类型、含水率、温度、电阻率、pH值、硫酸盐还原菌含量、极化还原电位等。沉积物类型对金属腐蚀的影响主要体现在对含水率、电阻率、硫酸盐还原菌含量、氧化还原电位等有直接影响。

海底管道的腐蚀破坏形式不但与其所处的海洋环境、输送介质、运行工况和采取的防腐蚀措施以及管道材质选取等密切相关，而且在运行过程中，海底管道还受到其他因素的影响，如工作荷载所施加的内外压力、环境及流体温度、环境荷载（如波浪、海流和地震）等。由于海底管道所处环境恶劣，其腐蚀破坏具有很大的随机性和偶然性，其过程往往比较复杂。

此外，海洋环境最适宜微生物的生长，所以微生物种类繁多，这些微生物极易附着于海底管道表面形成生物膜（biofilm），生物膜内部pH值、溶解氧、有机物和无机物种类等都与管线所处的海洋本体环境完全不同，膜内微生物的活性控制着电化学反应的速率和类型，从而引起管线的微生物腐蚀（microbiologically influenced corrosion，MIC）。在各种因素造成的海洋金属材料腐蚀损失中，生物腐蚀占到了20%左右，因此生物腐蚀是海底管道腐蚀中主要影响因素之一，在腐蚀与防护研究中需要引起重视。另外，船锚或拖网等外来移动物在拖拽过程中也会损坏海底暴露管道涂层，造成涂层破损，更有甚者引起管道金属表面的破损。并且悬空状态的海底管道，在海底湍流作用下，极易引起管道随动震颤而损坏管道涂层，这些因素都会导致海管外涂层破损，进而引发腐蚀的发生。

2.3.2 海管内腐蚀

海底管道内腐蚀主要是由于海底管道内输送的油、气中含有氧、水、硫等杂质，这些杂质与铁发生化学反应，使海底管道内发生化学腐蚀。当输送的油、气中含有硫化氢时，海底管道会发生硫化氢应力腐蚀开裂或氢脆开裂，使海底管道在低应力下发生脆断。当输送的油、气中含有二氧化碳时，在一定条件下会发生海底管道内腐蚀，二氧化碳腐蚀主要是由于二氧化碳溶于水生成碳酸而引起的化学反应所致。

引发海底管道发生内腐蚀的因素有[2,9]。

① 管线材料的选用。非金属管道、双金属管道、耐蚀金属管道等防腐蚀效果远高

于碳钢管道,但受距离和输送压力等级要求的限制,碳钢管道的地位很难被替代。

② 防腐蚀设计缺陷。表现为初始设计参数与投产后的运行参数严重不符,主要表现在介质参数(含水量、二氧化碳含量、硫化氢含量以及其他介质含量等)、运行参数(温度、压力、流速等)等,如文昌油田某海管的腐蚀穿孔事件中,原设计的输送原油介质中二氧化碳含量仅为 7.48%,且不含硫化氢,但泄漏后检测发现二氧化碳含量最高达到 20%,并且存在少量硫化氢。

③ 管道自身缺陷。例如管道制管焊接缺陷,管道存放环境所引起的海管质量隐患。

④ 施工质量。施工未严格按照相关标准或规范执行,造成施工质量得不到保证,在管线制作过程及防腐涂装和安装过程的涂层涂覆、涂层补口、焊接等,都有埋下腐蚀破坏的隐患。如焊接时的夹杂、涂层涂装时的针孔或脱落、涂层厚度不达标等都会导致局部腐蚀的发生。

⑤ 管内输送介质。管内输送流体中通常含有腐蚀介质,如 H_2S、CO_2、Cl^-、CO_3^{2-}、SO_4^{2-}、水、细菌、固体沉积物等,对于碳钢管道来说,它们都会引起管壁减薄、坑蚀、氢脆或者应力腐蚀开裂,从而导致管本体遭到严重破坏。

⑥ 出砂。出砂严重的油气进入海管,如果清管作业不彻底,则会导致管道内流体运行速率远小于出砂冲刷速率,导致砂沉积不均匀,出现局部砂层较厚,最终导致流体添加的药剂无法到达管道下游段,起不到应有的防腐作用。

⑦ 运营阶段防腐蚀管理不当。海管投用后没有根据实际生产工况进行化学药剂筛选(添加缓蚀剂、抗凝剂等),没有采取除氧、脱硫、除砂、脱水和露点控制等防腐蚀工艺,都会导致腐蚀加剧。

海底管道主要采用碳钢材质管道,所以输送的介质是造成内腐蚀的主要原因,在含水量大的输油管道以及原油和水交替输送的管道,尤其是含硫油气管道中腐蚀更为明显。

图 2-2 为海底管道发生内腐蚀的形式,主要有均匀腐蚀、点腐蚀、焊缝腐蚀、氢致腐蚀、应力腐蚀开裂、沉积物腐蚀、腐蚀起泡、防护层下腐蚀、其他腐蚀(晶间腐蚀、冲刷腐蚀)。

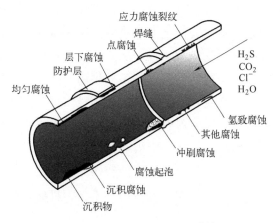

图 2-2　海底管道内腐蚀形式[10]

2.4 海管防腐蚀

海底管道采用的主要材质就是碳钢管,需要对外壁和内壁都采用防腐蚀措施。

2.4.1 外壁防腐蚀措施

铺设于海床上的海底管道,一般以挖沟埋设、半埋设、不埋设和冲刷悬空等几种运行状态存在,因而海底管道所处外部腐蚀环境为海水以及海底沉积物。

(1) 常规防腐措施

管道的外防腐主要依靠外涂层加阴极保护相结合的办法来处理。由于海底管道设计寿命通常比较长,在服役期间基本不考虑维修,而且所处环境的腐蚀性比较强,因此对海底管道外防腐涂层的要求比较高。

(2) 管道外涂层

海底管道涂层类型主要参照陆地管道,采用的涂层类型从最初的石油沥青、环氧煤陶瓷、缠绕胶带,到现阶段最常采用的环氧粉末涂层、3PE 涂层以及适用于更低温度运行的 3PP(-120 ℃)管道涂层,此外还有某些文献上所提到的聚脲涂层、聚氨酯涂层等。对于聚脲涂层,其吸水率是让人诟病的一个缺陷,尤其长期在海水中浸泡。对于环氧粉末单涂层体系同样存在此类问题,海水中盐分的存在、长期浸泡、涂层内有羟基生成和 C—O 键断裂、鼓泡现象是否也会引起涂层剥落或者层下腐蚀,也是涂层应该研究的课题之一[11]。

(3) 阴极保护

要想在管道上得到完美无瑕的涂层几乎是不可能的,总会存在一些缺陷,比如气孔、针孔等,这会影响涂层的耐久性,一旦这些地方发生腐蚀就会导致涂层失效。因此,阴极保护与涂层联合使用是目前海管防腐的通常做法。

阴极保护技术是电化学保护方法的一种,通常在海水和海泥中采用该技术较多,阴极保护的原理是在金属表面上通入足够的阴极电流,使金属电位变负从而达到保护的目的。阴极保护又分为牺牲阳极阴极保护和外加电流阴极保护两种方法,前者是靠电位较负的金属的溶解来提供保护的。在保护过程中,这种电位较负的金属作阳极,逐渐溶解牺牲掉,所以称为牺牲阳极保护法。该方法为一次性投入,一般不需要后期维护,而后者则靠外部的直流电源来提供保护,为了使电流能够流通,还需要辅助阳极,辅助阳极通常为惰性阳极。采用该方法需要增加电源装置,占用一定空间,同时后期的维护和修理费用较高。因此外加电流阴极保护法在国内外应用于海洋工程领域的实例并不多,目前海底管道的阴极保护主要采用牺牲阳极的方法。

2.4.2 内壁防腐蚀措施

海底管道内腐蚀主要有二氧化碳腐蚀和酸性气体腐蚀等。海底长输管线，因为其选材、涂装、建设、维护的特殊性，一般采用的内防腐蚀措施有：

（1）增加合理腐蚀裕量

增加腐蚀裕量是通过适当增加输送管的壁厚作为腐蚀裕度来减少腐蚀泄漏的，是海底管道控制内腐蚀的常用方法，一般在计算壁厚的基础上增加 3～6 mm 的腐蚀裕量[2]。

（2）对所输送介质进行前期处理

如脱水、脱氧、脱硫以及脱二氧化碳等，从而抑制输送介质对管线的腐蚀。

（3）添加缓蚀剂

流体输送时，合理使用缓蚀剂是防止和减缓油气管道内腐蚀的有效手段。缓蚀剂可以在金属表面形成一层非金属膜，隔离溶液和金属，减缓管线内的腐蚀速度，使金属材料免遭腐蚀。缓蚀剂具有见效快、成本低、操作简单等优点，在油田得到广泛应用。

（4）利用内涂层进行防腐

对于大口径输送管道，可以参照陆上运行管道，在管道的内壁涂装液体涂料、固体涂料或砂浆涂层等。内涂层不仅可以有效地减缓管道的内腐蚀速率，而且能降低输送动力消耗，提高输送效率，还能降低沉积物生成的概率，减少清管次数。根据被涂覆管道的输送介质和工作环境要求，选择不同的涂料。通常选用的涂层有环氧树脂、聚氨酯以及环氧粉末等。对于要求耐油、耐温、耐酸腐蚀的输油管道，选用环氧树脂和环氧沥青漆，可延长海管寿命 15～20 年。

（5）碳钢管加内衬[2]

内衬是解决海管腐蚀问题的又一种有效方法，通常使用的有耐蚀合金衬里、玻璃钢内衬、水泥衬里和塑料衬里等。耐蚀合金衬里主要是利用各种耐蚀合金材料（不锈钢、铜、钛、铝合金等）良好的耐腐蚀性；玻璃钢内衬管具有强度高，耐强酸、碱、盐和卤水腐蚀，电和热绝缘性好以及保温等优点，其防腐性能比内涂层要好，尤其适合用作温度和压力较高的集输管道；水泥砂浆无毒、无害、无味，可作为饮用水管道内涂层，厚度 4～9 mm，寿命在 50 年以上。

采用内壁涂层或衬里虽然价格便宜，但处理工艺复杂，一旦出现漏涂或者有涂层剥落等缺陷，出现大阴极小阳极，将导致更严重的局部腐蚀。所以内衬管道在海底长输管道上绝少采用。

（6）定期对海底管道进行检验

由于使用智能清管器进行检测费用较高，同时存在一定的风险。目前海底管道内腐蚀的检测几乎没有采用。最常用的方法是在平台上部安装腐蚀监测装置或腐蚀挂片和腐蚀探头，通过检测流体的腐蚀性来评估海底管道的腐蚀情况。

2.4.3 防腐体系的一般要求

① 在全浸区和大气区的全海洋环境中，铺设的管道必须应用外涂层进行防护。

② 在全浸区，通常采用牺牲阳极的方式进行阴极保护。

③ 在飞溅区，立管不但需要采用特殊的防腐措施，通常还要与腐蚀裕量相结合进行整体考虑。

④ 对输送腐蚀性介质的海洋管道需要进行内涂层防腐，对于管道壁厚的设计同样须经过计算，留有腐蚀裕量。

⑤ 安装在J形管和套管中的立管，要求采用特殊的防腐措施。

⑥ 应采取相应措施避免杂散电流的有害影响[12]。

2.5 小结

对于海底管道，从动态过程或随机性中找出其腐蚀规律，才能选择最佳保护措施，延长其使用寿命，所以在未来的管线腐蚀检测中，应尽可能建立以下数学模型来进一步完善海底管道的腐蚀检测[13]。

① 海底管道的腐蚀是一个随空间、时间等变化的动态过程，具有非常多的不确定性，因此需要建立一种适合随海洋环境变化的扩展模型，通过一些随机因素的空间分布，来研究海底管道的破坏机理。

② 海底管道所处的海洋环境及其管线已经采用的防护措施（承重、稳定、防腐蚀措施）与管线的腐蚀程度和形式密切相关。所以可通过建立管线腐蚀与海洋环境中的温度、酸碱度、盐度及其含量以及微生物种类的关系，研究不同海洋环境中以及不同防护措施下海底管道腐蚀的模型。

③ 海底管道具有局部悬空、大悬跨、半埋地、全埋地和海床平铺等单独或组合铺设形式，极有可能产生不同类型的腐蚀，因此需要针对海底管道的不同铺设形式来分别研究其腐蚀破坏机理。

④ 海底管道在运行过程中受到工作、环境（海水压力、海流、波浪、地震等动力载荷等）多载荷作用，所以其运行过程中存在静止、微震颤、强震颤等各种形态，因此需要加强这些运行状态下海底管道腐蚀的破坏机理的研究。

⑤ 加强海底管道在多种复杂腐蚀形状下的破坏机理研究，同时对腐蚀与疲劳耦合作用对海底管道破坏机理进行进一步的探讨。

海底管道埋入海泥、海砂中或者浸于海水中用来输送石油、天然气、海水、淡水和污水，是投资巨大的永久性工程，一般要求在不加维修的条件下正常服役20年以上[14]，但在腐蚀条件苛刻的海水、海泥环境中，钢质管线的外部腐蚀比陆地管线严重得多，而且很难维修，鉴于海底管道的作业环境和海底的特殊工况以及要求管线的长寿命，因此对海底管道的防腐提出了相当高的要求。

参考文献

［1］ 钱思成，张有慧，张国庆，等.海底管道防腐设计［C］//全国石油和化学工业腐蚀与防护技术论坛，2009：226-235.

［2］ 张炬，陈振栋.海底管道腐蚀与防护措施研究现状［J］.全面腐蚀控制，2015，29（6）：55-58

［3］ 刘翀.工业大气和海洋大气环境的燃机的防腐蚀设计［J］.城市建设理论研究，2013（10）：DOI：10.3969/j.issn.2095.

［4］ 中国腐蚀与防护学会，王光雍.自然环境的腐蚀与防护［M］.北京：化学工业出版社，1997：275-276.

［5］ 陈勇.油田应用化学［M］.重庆：重庆大学出版社，2017：139.

［6］ 曹楚南.中国材料的自然环境腐蚀［M］.北京：化学工业出版社，2005.

［7］ 张敏丽.船舶海水管系腐蚀的原因及其防护［J］.船舶设计技术交流，2009，24（6）：12-16.

［8］ 吴建华，陈光章.海底管道的腐蚀保护——管道腐蚀与防护讲座之六［J］.管道技术与设备，2000（6）：35-38.

［9］ 王红红，刘国恒.中国海油海底管道事故统计及分析［J］.中国海上油气，2017，29（5）：157-160.

［10］ 蔡桂喜，张恩勇.海底管道无损检测技术及最新进展［J］.无损探伤，2009，33（6）：1-5.

［11］ 方志刚，贾芳科，左禹，等.5083铝合金环氧涂层盐水浸泡失效研究［J］.表面技术，2015（7）：86-91.

［12］ 杨明华.海洋油气管道工程［M］.天津：天津大学出版社，1994：144.

［13］ 姜信德，李言涛，杜芳林.海底管道腐蚀与防护的研究进展［J］.材料保护，2010，43（4）：65-67.

［14］ 金晓鸿，朱承德.海底管道外涂层及接口材料防腐性能研究［C］//全国埋地管线防腐蚀工程技术交流会，1999：168-172.

第 3 章
海底管道设计、铺设与运行

海底管道设计标准比陆地管道高,因为海底管道所处的环境比陆地复杂,需要考虑管道所受海水浮力、深海水外压力、海底洋流冲刷,浅海段波浪和潮汐、海水腐蚀、船锚和渔网等对管道的影响。可见,海洋管道与陆地管道有很大不同。对于以上影响因素,设计和施工中都需要有完善的对策。

海底管道同陆地管道一样,分为预制、铺设、运行三个过程,但海底管道所处环境与陆地管道相比更加复杂,管道铺设难度更大,这种环境和难度使得海底管道及其涂层所受的载荷形变远高于陆地管道,同时海底管道长期处在海水浸泡环境,对于涂层材料和结构提出了更高的要求。

海底管道受到载荷造成管道或涂层形变,一般出现在两个过程:一是铺设安装期;二是管道在海底的运行期。了解管道铺设和运行过程中的环境和受力状况,才能选择合适的涂层以及涂层结构,从而满足海管的要求。

海底用钢管定义为柔性管道,在铺设、运行过程中,会出现弯曲、扭曲等变形,在允许形变的范围内,管道涂层不能发生变化,如脱落、开裂、曲折、剥离等。

本章通过钢管铺设和运行过程所受载荷的作用,分析涂层外部受力、内部受力和层间受力等状态,明确海底管道涂层的结构及其涂层材料的选择。

3.1 海管的构成及分类

海底管道输送工艺与陆上管道相同,是海洋油气集输与储运生产系统中的重要组成部分,它包括海底油气集输管道、干线管道、附属的增压平台以及与平台连接的主管等。

(1) 按照工艺过程分类[1]

① 从海底卫星井到管汇之间的油气输送管道;
② 从海底管汇到生产平台之间的油气输送管道;
③ 生产平台之间的输送管道;
④ 从生产平台到陆上基地的输送管道;
⑤ 通过海底的注水管汇;
⑥ 从生产平台到注水井口之间的水或其他化学物质的输送管道。

(2) 按照工作范围分类[2]

① 油(气)集输管道。一般用于输送汇集海上油(气)田的产出液,包括油、气、水等混合物。通常连接于井口平台(或水下井口)至处理平台之间、处理平台(或水下井口)至单点系泊之间,海上油(气)田内部的注水管道和气举管道也属于此范围。

② 油(气)外输管道。一般用于输送经处理后的原油或天然气,通常连接于海上油(气)田的处理平台至陆上石油终端之间,用于输送海上油(气)田经处理后的原油和天然气。

常用的几种输送工艺:原油脱水后输送至陆上终端;脱除游离水的含水乳化原油输送至陆上终端;控制烃、水露点的天然气输送至陆上终端;只控制水露点未控制烃露点的天然气输送至陆上终端;天然气和凝析油两相混输;油、气、水三相混输。

(3) 按其作用进行分类

① 内部管道。内部管道也称为出流管道。连接井口与平台,依靠地下油气层压力输送介质。通常用于输送油(气)田开发过程中产出的流体,包括油、气、水或它们的混合物;生产所需的原料气;用于注水的海水、地下水或处理合格的生产水。

内部管道将油、气井连接到一个带有处理功能的综合平台、浮式处理设施(FPSO)或海底总管,管径通常在 $\phi 100 \sim 254$ mm。

② 集输管道。集输管道一般用于输送汇集海上油(气)田的产出液,包括油、气、水等混合物,通常连接于井口平台(或水下井口)至处理平台之间,处理平台(或水下井口)至单点系泊之间,工作压力 $6.9 \sim 9.7$ MPa,直径 $\phi 203 \sim 406$ mm。

集输管道内流动的介质可能是油、气、凝析油或两相流。集输管道内的流体一般须用增压泵或压缩机来驱动。

③ 干线管道。干线管道也称长输管道,一般用于输送经处理后的原油或天然气,通常连接于海上油(气)田的处理平台至陆上石油终端之间,通常是大口径的(直径通常为 $\phi 406 \sim 1016$ mm),可以是油管、气管或多相流管。对于很长的干线,在中间平台必须有增压泵或压缩机。干线管道是海底管道中的主体管道,

防腐涂层、保温涂层以及配重涂层主要针对干线管道。

④ 装卸管道。这类管道通常连接一个产油平台和一个装油设备，或水下总管和一个装油设备，输送液态油类。装卸管道也可以从一个近海终端转运站连接到陆上设施。

（4）按照铺设和运行状态分类

平铺在海床上的管道、挖沟不埋管道、挖沟浅埋管道，因地形或波浪、海流的掏蚀和冲刷作用导致的悬空管道。管道在海底所处的状态是造成管道腐蚀破损的主要原因之一。

（5）按照输送介质分类

输油管道、输气管道、油气混输管道、油水混输管道、输水管道、化学介质或者其他介质混输管道、输送液化石油气和天然气管道以及输送煤浆和矿物浆管道等。海管内腐蚀就是由管内输送的介质类型决定的。

（6）按结构类型（断面构造）分类

单层防腐管道、单重保温管道、双重保温管道、单重防腐管道、海底集输管道和海底柔性管道。具体结构如图3-1所示。

① 单层防腐管道［图3-1（a）］。只是单纯添加防腐层的管道，输送不需要保温的介质（如天然气）。

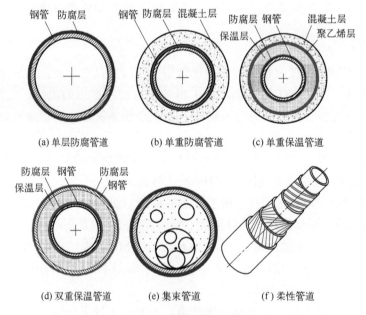

图3-1　海底管道结构图

② 单重（单壁）防腐管道［图3-1（b）］。当要求满足管道在海底稳定，需要抵抗海水浮力作用时，一般采用钢管外设置混凝土配重层的防腐管道。

③ 单重（单壁）保温管道［图 3-1（c）］。具备保温层和混凝土配重层的管道，基本结构主要有三种：钢管＋防腐层＋保温层＋聚乙烯护管＋混凝土配重；钢管＋防腐层＋保温层＋锁口铁皮护层＋混凝土配重；钢管＋防腐层＋抗水型保温层＋混凝土配重。

单重保温管道所采用的保温材料除需要满足保温性能外，还须具备一定的抗压性能，并且管道各涂层之间的抗剪力也要满足管道受热膨胀及管道铺设期间的剪力传递要求[3]。

④ 双重保温管道［图 3-1（d）］。又称为海底"管中管"，双钢保温管。

采用双层具有同心的内管和外钢管，两层钢管之间填充绝热保温材料，减少输送中的热损失，确保原油的流动性能。内管输送生产的流体并且覆盖绝热层，外钢管具有隔水、防腐、保护保温的作用，同时加大管道的负浮力，以取代混凝土配重层，同时提供机械保护。

双重保温管适用于输送高黏度、高含蜡、高凝点原油以及这类需要高温、高压输送的油气，特别是在有很高的绝热要求时。这类管道目前在北海和墨西哥湾作为现有平台海底回接管道的一部分，也有部分用于中国海域，如渤海湾。双重保温管可敷设于浅海和深海。

⑤ 海洋集束管道［图 3-1（e）］。铺设形式是将多种管道汇集在一根大口径的外套管内，如同一根管道一样来预制及安装，该外套管对内置的众多管线形成良好的保护。管外壁根据要求进行防腐和加重处理。

⑥ 海洋柔性管道［图 3-1（f）］。是一种复合软管，柔性复合软管是相对于钢管而言的，用于海底输送油、气、水等介质，和钢管相比具有耐腐蚀性好、适应地形能力强、寿命长、安装铺设简单等优点。近年来在海底管道和立管上都取得了广泛的应用。其结构由内向外依次是基体、耐压护套（内压力）、耐压层（外压力）、金属丝 3 层（拉升）、外护套。

（7）按照管材分类

① 碳钢管道。与陆上管道的选材基本一致，是海底输送管道的主要类型，目前处于无法替代的地位，也是腐蚀与防护所需要重点关注的对象。

② 耐腐蚀合金复合管。也称之为双金属复合管，以耐腐蚀合金管为内衬管，碳钢管为外管，兼顾耐蚀合金管的防腐蚀性能和碳钢管的力学性能，主要解决 H_2S/CO_2 油气的内输腐蚀，管材成本远低于纯耐蚀合金管。

（8）按连接方式分类

① 海底平管［图 3-2（a）］。平铺于海底，是海底油气输送的主力军，可采用挖沟埋设方式。

② 膨胀弯管［图 3-2（b）］。用于连接海底平管与立管。受海水温差的影响，钢管存在着热胀冷缩的现象，膨胀弯管可以补偿海管长度的变化。

③ 立管［图 3-2（c）］。海底处于垂直状态的管道，连接海底平管与海上的生产设施，连接海面上的浮体和水下井口的导管，是深水开发中的重要结构。分为浅水立管和深水立管。

浅水区的立管［图 3-2（d）］管道固定在海洋平台的桩腿上。深水区立管［图 3-2（e）］通常以自由状态立于水中，例如顶部预张力立管（TTR）、钢悬链立管（SCR）、柔性立管、塔式立管等。

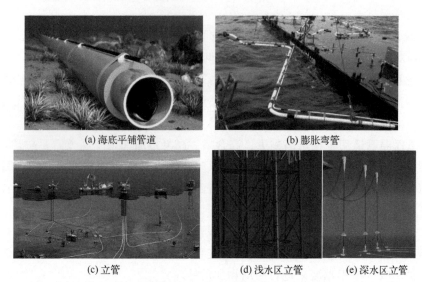

图 3-2　海底管道连接示意图（来源：OILSTATES.com）

3.2　海管的设计及选材

3.2.1　海管设计

海底管道的设计通常按照国际通用规范进行。一般考虑的主要因素有：

（1）选用的设计条件、规范和规定

设计条件包括：①输送流体（油气类别、流量、组分、密度、黏度、燃点、温度、压力、比热容、导热性等）性能；②工程地质（海床土壤性能和力学性能，海床土壤结构、海床地貌、海床断面等）状况；③海洋学资料（水深图、海冰、潮汐、波浪、海水盐度、水温、海域植物分布、海水可见度）；④气象资料（风向、风速、气温、气压）；⑤其他资料（穿越的管道、电缆、水下障碍物、航道、捕鱼区等）。

我国海底管道设计所遵循的标准规范主要有：①《海底管道系统》（SY/T 10037—2018）；②《滩海海底管道保温技术规范》（Q/SY 1732—2014）；③《海

底管道用大口径无缝钢管》(SY/T 7044—2016);④《滩海海底管道防腐蚀技术规范》(Q/SY 1619—2013);⑤《石油天然气工业海底管道阴极保护》(GB/T 35988—2018);⑥《海底管道混凝土配重涂层技术规范》(SY/T 7398—2017)。

(2)管道路由、海底状况、起始点坐标、路径及接口。

(3)管道设计使用寿命、操作数据、参数及使用条件。

(4)管道尺寸、环境数据、钢管材料特性与外防腐涂层等[4]。

3.2.2 海管选材

选用的海底管道管材制造方式无特殊要求,无缝钢管以及各种保护焊的直缝钢管等均可。一般限制使用螺旋焊缝钢管,因为螺旋焊缝钢管在成型过程中若产生的残余应力过大,容易引起应力腐蚀开裂,并且管端尺寸误差大,不利于铺管过程中的快速焊接。

所以海底管道的选用,在能满足设计和安装要求的前提下,选用最经济的管材。我国已铺设的海底管道中,小口径管[管径范围50.8~254 mm(2~10 in)]全部采用无缝钢管;中口径管[管径范围304.8~609.6 mm(12~24 in)]大多采用电阻焊直缝钢管(ERW);大口径管[管径范围609.6~863.6 mm(24~34 in)]采用高频电阻直缝焊接钢管(UOE)。

钢管的制造严格按照美国石油学会(API)的API SPEC5L规范执行。

API SPEC5L规范是为石油和天然气工业提供用于输气、输油和输水的管道标准。该规范提供了各种钢级的无缝钢管和焊接钢管,包括其制造工艺和材料、化学和物理性能要求、试验方法和标准尺寸等。规范中包含的钢级有A25、A、B、X42、X52、X56、X60、X65、X70等。对各种钢级的钢管尺寸、重量和试验压力,列有详细的公制表和英制表[5]。

海底管道选用的碳钢管等级为API 5L PSL 2 X65和X70,这主要由海底管道的力学性能决定。

3.3 海管建设主要特点

(1)涂层要求高

海底管道建设过程为铺装和运行的过程,海管铺装是一个复杂过程,一般采用陆基铺设基地或铺管船进行，带涂层的管道从陆地或铺管船上，以水平方式或垂直方式送入海底。为保证管道稳定匀速地送入，需要采用张紧装置固定传送管道，此时带涂层的管道受到张紧力作用，并且受到入水管道的张力作用，对涂层材料及结构提出了非常高的要求。海管在海底运行过程中，受到海水浮力、海水静压力、海水周向作用力以及海底砂石的冲击等，要求涂层能够耐受静水压、外力冲击，并且要求涂层管道抗浮力，能在海底稳定敷设。所以，海管涂装的涂层是陆地管道的一种或多种涂层的叠加，或采用满足水浸泡的新型涂层，并且为保证管道在海底运行时的稳定性，需要配重层这种特殊的稳管涂层。因此海管特殊涂层的存在，对于铺管设备提出了更高的要求。

（2）施工投资大

海底管道施工包含两个环节：陆上预制并组装［制管、涂层涂装（防腐层、配重层等）、焊接、补口等］和海上铺设安装，因此除与陆地管线类似的常规工作外，在海底管道入水前还需要建造陆地海管预制基地，完成管道的防腐层涂装和加重层涂装，并使管道在入水前的限定时间内完成已经完成涂装的钢管的焊接、补口等一系列工作。在管道铺设过程中，还需要一支包含铺管船、挖沟船和多条辅助作业的拖船组成的庞大专业船队，船队的大小与铺设管径有关。此外，还需要供应材料、设备的船只等，而专业的铺管船队的租用费用是非常高的，并且因为这一费用，致使海底管道建设费用每千米达到50万～150万美元。

（3）施工质量要求高

因海底管道长期处于海水浸泡的特殊环境，人员无法到达，监测、检修、维护非常困难，并且在耗损巨大人力和物力的情况下，不一定能够取得良好的效果。所以海底管道的施工质量要求远高于陆上管线建设。这里包含管道材质的选择、管道涂层的涂装、管道运行稳管系统、管道铺装等全过程。

（4）施工环境多变

海底管道建设除陆地基地外，大部分在施工船上完成，平稳的海洋环境才能保证施工的顺利进行。而海洋环境的变化迅速而剧烈，如台风、海浪、暴雨等，均会影响施工船队的稳定性。

（5）施工组织复杂

海底管道施工过程中，管道的预制、涂层涂装、焊接、补口、船队的送管、配件和材料及其补给等，都需要依靠岸上的陆地基地，并且船队方位、移动方向、行走路线的确定，必须依靠海管陆地基地电台的指挥和紧密配合。

（6）维护费用高

海底管道深入海底几百甚至上千米，所以不论在管道施工期间还是投产以后，海底管道若发生事故，其维修比陆上管道困难得多，费用也远高于陆地管线。

3.4 海管的铺设方法

长输管线最先是在陆地上发展起来的,海洋管道铺设就是以陆上管道穿越河流、湖泊水域的施工方法拓展的。海底管道铺设主要方式有三种:浮游法、拖管法和铺管船法[6]。

(1)浮游法

浮游法铺管是指管道在铺管船上(浅水避风水域)或者在陆上基站完成管线连接。采用浮筒使管线漂浮在水面上,通过工程拖船将管线拖到管线设计路由处,解除浮筒使管线下沉到海底的铺管方法。这种铺设方法会受海面波浪的影响,为了能够控制漂浮的管道,还需要一条牵制拖船。采用水面或者近水面浮游铺设管道的方法还容易受到水面情况的影响,从而对海上交通产生影响。浮游法可采用管内充水下沉、浮筒控制下沉和支撑控制下沉等方法。

(2)拖管法

陆上拖管法分为接管拖管法和弃管拖管法。接管拖管法,首先铺管船在水面管轴线上就位,其次需要将陆地上安装的绞车拖拉索具的一端送上铺管船,使其连接管道拖拉头,然后利用铺管船上安装的工程节点线接管,用陆地绞车拖管,频率为接一根拖一节,最后逐渐将管道拖向登陆点。弃管托管法,指的是铺管船就位后,先做一正常的铺管管段,等其达到设计管段长度后进行弃管作业,此时陆地绞车往岸边拖管,铺管船绞车进行放缆,当管道的末端位即将与铺管船初始位置齐平时停止拖拉,铺管船开始向回移动,并收起管道末端继续接管,再弃管,再接管,用此方法完成管道的登陆铺设工作。

(3)铺管船法

铺管船上安装有一套完整的管道吊装、节点焊接、补口、牵引传输、下管等施工机具,并且与船舶之间相互配合,可以在铺管船上完成全部接管铺设作业,适用于长距离以及水深能满足铺管船吃水要求的海管铺设。铺管船法分为S形、J形和卷管式铺管法。铺管作业过程中选择何种方法根据管道直径、海水深度、海洋状况和离岸距离等条件确定。

铺管船铺设海底管道始于1940年的美国墨西哥湾,到目前为止世界上大型铺管船已有几百艘。铺管船铺设海底管道的特点,是利用管线所允许的弹性变形,以铺管船为中心,组成铺管船队,并配以其他的船机设备,如起重船、潜水设备等;单节钢管或双节钢管由制管厂按照规格加工好(包含防腐层、保温层或配重层),加工好的钢管直接在船甲板上一根一根地焊接,并按照要求在节点处加工制作防腐绝缘层、隔热保温层等,边加工边利用张紧器、托管架等铺设入海底。

3.4.1　S形铺管法

S形铺管法是目前海底管道铺设最常用的方法。一般要安排多艘起抛锚拖轮来支持铺管工作，工程在展开之前，需将一个锚定位在海床上。在铺管船上采用张紧器固定管道，托管架进行导向，管道自重作为牵引力，托管架改变管道的离去角，张紧器液压控制张紧力，张紧器上的柔性垫块夹装管道产生的摩擦力控制钢管恒速下沉。铺设过程，管道通过张紧器、托管架以及管道触底后弯曲形成S形状，具体铺管形态如图3-3所示。

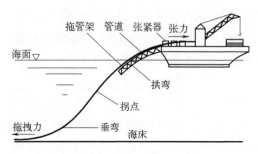

图 3-3　S形铺管法示意图[7]

整个管线根据受力点分为三个区域：为上弯、中间以及下弯段。上弯段是管线从铺管船上的张紧器起始位开始向下延伸至管道脱离托管架支撑止；下弯段是从拐点到管线在海底的着地点止；中间段，一般为上弯段和下弯段之间的部分。目前，S形铺管技术可使用多条作业线进行管线预制，一个托管架，配置多个焊接站。伴随水深的增加，托管架长度也须按照要求增加，则张紧力也会增大，但它的稳定性会减弱，风险也会增加[8]。

（1）S形铺管法优缺点[9]

① 铺设技术成熟，对浅海和深海都有良好的适应性；
② 铺管效率高；
③ 管道在浮式装置上使用单节点或双节点进行装配；
④ 根据海水深度，托管架需要配置单一刚性或铰接的部件，长度可能达到100 m；
⑤ 张紧器要求非常大的张紧力；
⑥ 适用于浅近海（10～450 m）、深水区的小管径管线的铺设；
⑦ 随着水深的增加，需要加长的托管架，管道的稳定性受到影响；
⑧ 深海管道铺设风险较大。

2002年5月28日，我国陵水17-2项目海管铺设，"海洋石油201"船采用S形铺管技术，把直径305 mm（12 in）的管道铺设到1542 m水深。

（2）铺管作业受力状态分析

顾永宁等[10]给出S形铺管时管线状态几何特征（图3-4），静力计算范围包括

从托管架上端 P_1 至海底管道曲率为零处的区段，管线由铺管船上的张紧器夹持，然后通过船尾的 P_1 点，经由曲率为 R 的托管架支撑，在升离点 P_2 处与托管架分离，呈上凸状态向下延伸，其曲率逐渐减少至反曲点 P_3 处变为零，之后管线变为下凹状态向下，直到与海底相切。

图中 H_1 为张紧器距离海平面高度，H_2 为海平面距离海底高度。

计算管道受力需要考虑管道的潜重，管道弯曲的长度 L 和 S 等。

管道表现出几种弯曲状态，每种弯曲状态管道的受力不同，在这里以力的平衡原理给予简化。

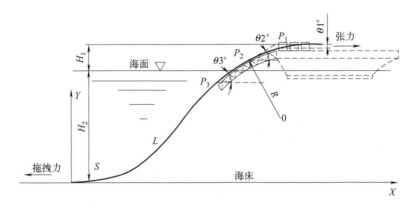

图 3-4　管线状态几何特征

管道在张紧器、托管架和进入海底时，形成一个 S 形，管道受力可分为四个部分：张紧器的夹持段，托管架的弯曲段，海浪作用的反弯段和进入海底的下弯段。

① 张紧器管子受力。张紧器的夹持段，管道水平放置，受张紧器的张紧与管道产生的摩擦力。

管道铺设过程中，涂层内部受力为涂层间的抗剪切力以及涂层与管道本体间的抗剪切力。把管道看作一个整体，则张紧器夹持段管道表面的滚动摩擦力必须与管道自重产生的张力和海浪的作用力以及浮力达到平衡，并且要求涂层有足够的强度，满足张紧器上百吨的夹持力，通过计算张紧器与管道外表面的接触面积计算涂层的抗压强度，并且在夹持力的作用下，涂层间的黏结强度能够抵消这种力的作用，所以要求涂层具备高强度，层间具备高抗剪切力等。

海管下垂段管线潜重等产生的张力（F_1+F_2），等同于张紧器的张紧力 N 转换给管道涂层表面的摩擦力 f（图 3-5），即 $F_1+F_2=2f$。

对单个涂层进行分析，因为拉应力 F_1 的作用，要求张紧器对涂层外表面的剪切应力 f，在抵消钢管与涂层界面的剪切应力 f_1 后达到平衡（$F_1=2f-2f_1$）（图 3-6）。而钢管与涂层界面的剪切应力 f_1 则等于钢管所受到的拉应力 F_2，公式 $F_2=2f_1$（图 3-7）。

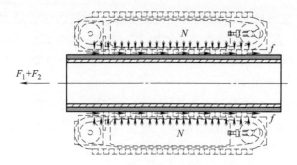

图 3-5 张紧器作用下管道受力示意图

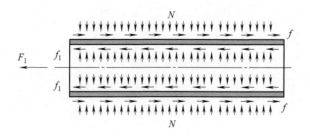

图 3-6 张紧器作用下涂层受力示意图

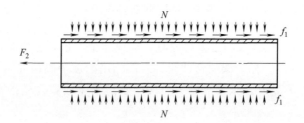

图 3-7 张紧器作用下钢管受力示意图

② 托架管道受力。托管架上，管道以托管架的曲率形成一个定圆弧弯曲，管道涂层受弯矩作用，上圆弧段产生拉应力，下圆弧段产生压应力，要求各涂层的弹性模量满足拉应力和压应力而不发生形变破坏，并且层间内应力应满足两种应力作用而不发生层间破坏。涂层的下弯段在托管架上受到滚动摩擦，并且由于海管的潜重、海浪作用力等全部作用于托管架上，因此要求涂层强度足够抵消这些外力的作用而不发生破坏（图3-8）。而在伸离点 P_2 处，管道还容易产生塑性变形，例如双钢管涂层或湿式保温管等。

上弯段管道受力为远离点 P_2 下潜管道产生的拉应力 F_3+F_4，等于管道在导向架上的摩擦力 f_3 与管道在张紧器上的摩擦力 f 之和（图3-9）。

对单个涂层进行分析。涂层受到的拉应力 F_3 与涂层内外界面所受剪切力等值（$F_3=F_1+f_3-f_4-f_5$）（图3-10）。而在导向架上，管道内外弯曲弧度不同，变形量也不同，这里以 S 表示变形量，管道外圆弧变形量 S_1 大于管道与导向架接触面变形量 S_2（图3-11），这种变形由管道及涂层本身强度去抵消，否则易发生塑性变形。而管道本体所受的拉应力 F_4 同样由涂层外部剪切力和涂层与钢管表面剪切力来平衡（图3-12），$F_4=F_2+f_4+f_5$。

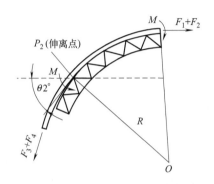

图 3-8　上弯曲受力示意图

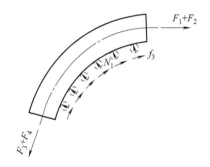

图 3-9　托管架管道受力示意图

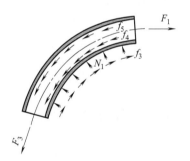

图 3-10　托管架管道涂层受力示意图

③ 上弯段受力。上弯段，管道受到自重 W 和海浪作用，外涂层所受的力，除弯曲产生的拉、压应力和弯矩 M 外（图3-13），最主要的是海浪作用产生的扭转力，涂层要具备在这种力的作用下，抵抗扭曲形变而不产生破坏的能力。

④ 下弯段管子受力。下弯段，受海浪影响较小，弯曲的管道基本只受到拉、压应力和弯矩作用（图3-14），同样要求管道涂层具备一定的抗拉和抗压强度。

以上管道受力状态只是一种理想状态下力的平衡，实际工况下管道受力非常复杂，管道在海浪等外力作用下，还会产生扭转、摆动、塑性变形等。这些形变等产生的应力都需要通过张紧器的张紧力来平衡。S 形铺管法管道的受力形式涵盖了其他铺管法铺管时管道的受力。

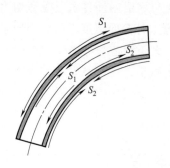 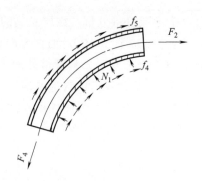

图 3-11　托管架上管道涂层形变受力示意图　　　图 3-12　钢管受力示意图

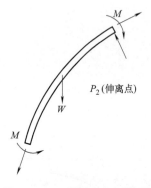 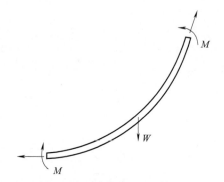

图 3-13　S 形铺管上弯段受力图　　　图 3-14　S 形铺管下弯段受力图

3.4.2　J 形铺管法

J 形铺管法是在 20 世纪 80 年代,为适应管道铺设的海水深度不断增加而发展起来的。管道铺设的形态,即管线以几乎垂直于铺管船的方式送入海中,沿悬垂段向下,直至铺入海底与海底相切。由于铺设过程中管线整体形态呈"J"形而得名(图 3-15)。J 形铺管法被认为是深水和超深水铺管最适用的方法。近年来随着海洋油气开发向深海迈进,应用 J 形铺管的工程实例也越来越多。

J 形铺管法铺管过程中,通过托架上的倾角和管道承受的张力来改善管道的受力状况,达到安全作业的目的。

J 形铺管法的管道受力。J 形铺管法基本以直线形式入海,不受海浪作用,与海底基本垂直,所以受力比较简单,在托管架上受张紧器的作用,施加张紧力,以张紧轮产生的摩擦力来抵消管道的整体重力,涂层要求强度满足张紧器的张紧作用而不发生破坏,涂层及其层间界面能够抵消管道重力、海浪等引起的层间应力。J 形铺管法优缺点如下:

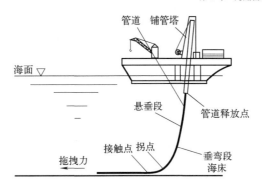

图 3-15 J 形铺管船铺管示意图

（1）优点[9]

① 铺设管道近似于垂直入海，所以管道下垂后与海床的接触点接近铺管船，便于动力定位。

② 铺管船上的水平动力要求大幅度降低。

③ 消除了 S 形铺管法所特有的托管架，不存在 S 形铺管过程中的拱弯段，因此消除了弯曲等的残余应力，并且降低了管道的水平拉力，减少了悬挂段的长度。

④ 管道铺设完成后其残存应力也比 S 形铺设法小得多。

⑤ 适用于深海、大管径管线的铺设。

（2）缺点[11]

① 以近乎垂直的角度进行铺管操作，作业难度较大，铺管速度缓慢。

② 受到铺管塔高度以及铺管工艺的限制，铺管作业线（焊接、补口等）变短，因此工作站利用率不高，工作效率降低。

③ 需要拥有更大装机功率的铺管船来进行不同作业环境下的动力定位，并对铺管设备提出了较高的要求。

④ 主要应用于深水管道铺设作业，有最小的铺管深度限制。

⑤ 铺管船上作业线构筑物过高，船体稳定性会受到影响。

3.4.3 卷管式铺管法

卷管式铺管法铺设，是在陆地管道预制厂将涂装完成的管道连接，卷在专用的滚筒上，送到海上铺管船进行铺设的方法。铺设过程中管道的形态与"S"形接近。因为受铺管船尺寸、滚筒直径以及管道挠度的限制，卷管式铺管法只适用于柔性好的小直径管道的深水铺设（图 3-16）。卷管法中所用滚筒的放置方法一般有水平放置和竖直放置两种。卷管式铺管法优缺点[9]如下：① 99% 以上的焊接、补口工作在陆地可控环境中完成，效率高，费用低，质量有保证；② 工程风险小，可以连续铺设；③ 铺管过程所需张力小，因此与 S 形铺设相比可以更好地控制；④

管道属于卷曲后铺设状态,限制了应用的涂层类型;⑤适用于管径较小的管道,最大应用管径为 406 mm;⑥卷筒直径有限,管道长度受到限制;⑦需要陆地预制基地的支持。

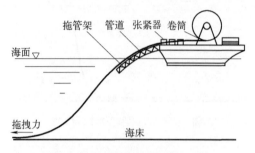

图 3-16　卷管式铺管船铺管示意图

3.4.4　不同海管铺设方法优缺点

表 3-1 中总结了多种海底管道不同铺设方法的优缺点[7]。

表 3-1　不同海底管道的铺设方法的优缺点

海底管道	安装方法			
	S 形铺管法	J 形铺管法	卷管式铺管法	拖拽式铺管法
湿式保温管道	①中等尺寸输送管道离开船尾托管架会产生残余塑性变形; ②水深限制(2000 m)	除铺管速度外,无其他已知缺点	①中等尺寸输送管道,径厚比 16～24; ②累计应变变形; ③水深限制(2500 m)	不推荐
挠性管	不适用	①垂直铺设; ②缺点与挠性技术有关	①挠性输送管道可以缠绕在卷筒上,利用滑道张紧器铺设; ②产品技术缺陷	不推荐
复合管	①中等尺寸输送管道离开船尾托管架会产生残余塑性变形; ②水深限制(2000 m)	除铺管速度外,无其他已知缺点	不推荐	不推荐
双钢管（双重保温管）	①中等尺寸输送管道离开船尾托管架会产生残余塑性变形; ②水深限制(2000 m)	①需要刚性节点; ②铺管速度受限	①为了能够缠绕,用隔离液代替刚性节点; ②中等尺寸输送管道,径厚比 16～24; ③累计应变变形; ④水深限制(2500 m)	大型输送管道
干式集束管道	不推荐	仅适用于固定在主输送管道上的集束管道	仅适用于固定在主输送管道上的集束管道	水深限制(1000～1500 m)

续表

海底管道	安装方法			
	S形铺管法	J形铺管法	卷管式铺管法	拖拽式铺管法
湿式集束管道	不推荐	①仅适用于固定在主输送管道上的集束管道；②铺管速度受限	①仅适用于固定在主输送管道上的集束管道；②铺管速度受限	底拖法无已知缺点

海底管道在铺设过程中，无论采用什么形式，必然在平面和立面存在不同程度的弯曲（冷弯），这种弯曲会导致管体内产生弯曲应力和应变，力的变化必然会导致管道及其外覆盖层的形变。

综上所述，在进行海底管道铺设时，要求涂层与钢管表面之间、涂层与涂层之间、涂层与配重层之间必须有良好的黏结力和抗剪切能力，以抵抗管道安装时承受的剪切应力。例如，牵引设备的牵引力可从混凝土外套通过涂层逐层传递到管道本身，因此需要足够的抗剪切能力以抵消这种力的传递。

铺管船在铺设海底管道时，将涂装好的钢管一节一节地焊起来，并通过滑道和导向托架下放到海底。在此过程中管道会出现较大的弯曲和轴向应力，管道在水下安装的深度越深，这种应变也越大。因此，涂层应具有更高的抗弯、抗拉伸形变能力，同时要在受力的情况下，保持与钢管的黏结力，不得产生断裂和剥离。

3.5 海管运行受力

铺设在海底海床上的流体管道一般采用钢管外涂层+混凝土配重层或双重管道结构。运行管道一方面受到海洋流体升力及推力的作用，另一方面受到流体的质量力、土体的摩擦力、海床的支撑力及自身重力的作用。

3.5.1 海管涂层所受载荷

涂装于海底管道上的涂层，所受到的外部载荷与管道所受载荷一致，海底管道涂层结构及其强度设计的关键就是抵抗载荷作用。在满足管道铺设和在海底长期稳定运行的条件下，在管道使用寿命期限内，应充分合理地发挥管道涂层材料的强度及其结构完整性。

作用于海底管道的载荷有环境载荷、工作载荷（包括安装和运行过程）以及偶然载荷等[12]。

3.5.1.1 环境载荷

环境载荷为风、洋流、海浪、冰、地震和其他自然环境所产生的载荷，虽然属于随机载荷,但产生的作用力在随机状态下同样会造成涂层损坏,所以在进行管道特殊区段的涂层设计时,需要对这种随机载荷加以考虑。

这种随机载荷有可能由各种不同的自然环境现象叠加产生或者单独作用,所以在管道安装和正常运行期间需要考虑它们同时发生的概率,将有可能发生的多种环境载荷效果进行正确的叠加。

环境载荷,对于正常管道运行期间应考虑不少于 50 年所发生的最大载荷;对安装过程,应取预定作业周期的 3 倍时间作为设计周期,最短不少于 3 个月;对 5 天或少于 5 天的短期作业环境载荷,可根据天气预报确定。以上载荷虽然针对的是工作管道的设计,但同样在载荷所产生的力的作用下,对管道涂层或附加层提出特殊要求。

3.5.1.2 工作载荷

指在理想状态下管道所承受的载荷,理想状态指无风浪、无海流、无流冰、无地质灾害等环境载荷作用。

(1)运行过程的工作载荷

① 重力。包括管道自重、外加涂层、加重层、管子附件在内的管道重力和管内输送介质的重力以及辅助防腐用牺牲阳极块的重力等。

② 浮力。所有浸入海水中,包含管道及其满足管道安装和运行的依附在管道上的构件所受的浮力。

③ 压力。包含管道所输送的流体压力、外部海水的静水压力、管道埋设所施加的土壤压力以及作用于管道上的稳定压块等所产生的人为外加压力等。

④ 胀缩力。管内输送介质温度与海水环境温度的温差所引起的管道膨胀力或收缩力。

⑤ 预应力。是指管道在拉拔、卷管等成型、对接安装以及焊接过程中所产生的预应力。预应力的大小,在一定程度上会影响管道承受外部载荷的能力。

(2)安装过程中的工作载荷

包括管道重力、管道浮力、外部压力以及起主要作用的安装过程作用力。管道的重力和浮力共同作用时产生轴向作用力。安装作用力作用于管段上,是安装过程中施加在管道上的全部力,如铺管过程中所施加的夹持力、张力,挖沟时所产生的力、管道与铺管设备以及土体间的摩擦力等,均为典型的安装作用力。另外,管道检修过程中管段起吊、复位以及弃管作业时的受力为特殊的安装作用力。

3.5.1.3 偶然载荷

包括船舶的撞击、拖网、渔具的撞击和其他坠落物的撞击等。这就对管道涂层的外护形式提出了要求,要求涂层须满足在遭受撞击时不发生致命性破坏,并且不伤及管道本体。

海底管道所受的各类载荷，分为动载荷和静载荷，具体见表3-2。

表 3-2　作用于海底管道的载荷类型与性质

载荷类型 载荷来源	重力	环境	建设期间	运行期间
重力	J	—	—	—
浮力	—	J，D	—	—
阻力	—	J，D	J（牵引力）	J
浮托力	—	J，D	J，	—
惯性力	—	—	D	—
张力	—	—	J，D	J，D
弯曲与扭转	—	—	J，D	J
外压	—	J，D	J	J
内压	—	—	J	J，D
冲击力	—	D	D	D
振动力	—	D	D	D
压缩力	—	D	J，D	J，D

注：J 为静载荷；D 为动载荷。

3.5.2　影响海管稳定性的因素

因为海洋环境的特殊性，运行的海底管道几乎处于一种不稳定状态。如果管线受到冲刷而悬空、管道周向受力不均以及横向发生位移等都会引起弯曲，从而造成管道涂层的损坏，甚至作用到管体本身。而影响海底管道稳定性的因素比较多，包括海流、波浪、管线周围土体性质以及承重土体是否有液化发生等多个方面。

（1）海流作用

海流对于管线稳定性的影响，主要是海流对管道进行包裹或支撑的海底沉积物的作用。例如，当管线周围为非黏性土时，海流的作用将会导致支撑或包裹管线的土体被冲蚀，从而影响到管线的稳定。

（2）波浪作用

如果运行的海底管道周围发生绕流，并且流场相对集中时，则表现为波浪的应力集中在管线周围的土体，加速了承载土体的冲蚀，管线的稳定性会受到影响。此外，存在的海水重力波将会加大直接作用于管线以及沉积物上的水力荷载，进一步影响到海底管道的抗压和抗剪切能力。

（3）管线周围土体性质及液化

管线下部的承载土体作为持续受力层，对管线的稳定起两方面作用：一是要承受管线及管内流体的自重；二是当管线受到横向力作用时产生反向阻碍力，起到平衡作用。因此管线周围土体的力学性质对管线的稳定性会产生巨大影响。

海底管道接触的表层土一般多为砂土，当受到波浪海流的振动荷载的反复作用时，容易发生液化。发生液化时土体的自身承载能力就会丧失，严重时会导致支撑的管线发生下沉或横向移动，破坏其稳定性。并且如果土体受波浪、海流侵蚀严重，甚至产生管线悬空状态，对管线的稳定性构成严重威胁[13]。

① 土体对管线的极限承载力。在海床铺设的管线，在管线自重作用下而部分没入土中，当承重管线的土体对其产生足够的支撑力时，土体就会达到维持管线稳定的平衡状态，此时土体处于平衡态，也就是所谓的极限状态。这种极限平衡态的存在，确保了管线不会因发生悬空、外推力作用而产生弯曲应力等而导致管线涂层发生变形。

影响土体极限荷载的因素主要包括：

a. 土的物理力学指标。土的物理力学指标中与土体极限荷载有关的是土的强度以及密度：土体的强度和密度越大，则极限荷载相应也越大。

b. 荷载作用方向。因为管线与土体接触为弧面形状，一般情况下会出现倾斜方向的载荷，并且载荷的倾斜角越大，相对应的倾斜系数就会越小，因而极限荷载也就越小，反之则越大。因此，倾斜荷载为不利因素。

c. 荷载作用时间。如地震等作用时间很短的荷载，可使极限荷载提高。对于管线周围的黏性土体，其可塑性就会高。在长期荷载作用下，土产生蠕变从而会降低土的强度，即极限荷载降低。

② 土体对于管线的横向阻力。置于海床的海底管道当受到波、流等横向荷载作用时，会影响到运行管线的稳定性。为了维持管线运行时的稳定性，土体自身需要产生足够的反向力（阻力）来抵消横向荷载所造成的影响。土对管线的横向阻力包括两部分：一部分，是管线与土体接触界面所产生的摩阻力；另一部分，是管线对土的横向挤压作用下土体产生被动推力。管线与土体之间的摩阻力取决于两者之间的摩擦系数，而摩擦系数取值，随土体类型不同而不同，一般的砂土摩擦系数为 $0.4 \sim 0.7$，粉质黏土的摩擦系数为 $0.25 \sim 0.55$，一般黏土则取 $0.25 \sim 0.60$。

③ 土体液化。海底表层的砂或粉土主要是单粒结构，处于不稳定状态。在循环荷载（如地震或波浪海流）的作用下，这种疏松且不稳定的砂粒与粉粒会移动到满足其状态稳定的位置，此时的海底表层土则为饱和状态，表现为土孔隙被水完全充满，在循环荷载的作用下，充满的孔隙水无法快速排出，则砂粒与粉粒被孔隙水漂浮，此时的土体有效应力趋于零，从而丧失了对管线的承载力。所以当管线承载土体发生液化时，如果管线的自重大于液化土的承载力，管线就会下沉，从而有发生涂层损坏（撕裂、层间滑移、脱壳）的风险，更有甚者会影响到管本体的安全[14]。

3.5.3 地震对海管涂层的影响

随着海上油气田的开发和利用，对地震设防区域范围内的海域进行管道铺设作业前，就必须考虑管线的抗震设计。

地震的发生除引发地层断裂、坍塌和火山爆发外，在海上还可能引起海啸现象。地震时管线受到的破坏形式为：当地震波沿管道的轴线方向通过时，管道周围包裹或支撑的土体发生变形，当管道（包含涂层等）的自身强度不足以抵消这种变形时，迫使管道产生同样的形变，造成损坏。

当管道或者涂层发生的形变不足以适应土体的形变时，就需要管道承受较大的应力，这种应力首先会传递给管道涂层，因为管道涂层的弹性模量同样很难适应土体的形变。所以在管道承受形变的应力许可范围内，要求涂层同样能够承受这种应力而不发生形变，这就要求管道、涂层与管道界面、管道整体涂层以及涂层和涂层之间具备抵抗应力的能力。这时管道涂层引起的变形以轴向变形为主。对于弯曲管段和大口径的管道涂层还应计算弯曲应变。所以，埋设管道在地震时的涂层破坏是由于承受的轴向拉应力和弯曲应力所致。

由于地震力不均衡和地基土体变形不等，在不同地段管道会受到不同的土体变形的影响。这样有以下几点可作为管道涂层抗震力设计的基础：

① 地震时管道涂层要求与周围土体具有几乎相同的随动形变，或使管道涂层能够承受轴向力来克服这种不等变形。

② 地震时管道本体的（直线段）变形以轴向应变为主，而弯曲管段和大直径管道还应考虑弯曲应变，管道涂层设计以这种应变为主。

地震荷载作用于海底管道是一种偶然并且特殊的荷载，所以涂层的设计应以管道的稳定运行状态为准。

3.5.4 海管冲击保护

有两种载荷能够引起海底管道发生破坏，即冲击力（落物）和挂钩力（拖网作业和收放锚）。其破坏形式表现为管壁凹陷、穿孔以及承受过量的弯矩及稳定性失效。

落物直接作用于海管表面，在冲击力的作用下，落物的外部各类（楔形、尖角、圆形等）形状会造成管道涂层，甚至管体出现形变或锐角损坏状态。海底的拖网或者缆绳钩挂在管道上，在大力拖拽的过程中，拖拽和挂钩就会导致管道位移或局部悬跨增大，超出范围后将会在截面处发生涂层压馈或管本体发生屈曲失效。所以海管也可以采用涂层来减少冲击所造成的破坏，例如混凝土配重层、聚合物涂层等。

混凝土配重层。管道外加的混凝土层，在设计厚度下受到重物冲击时，可以吸收部分冲击能量。例如，海洋深度为 30 m 时，45 mm 厚的混凝土涂层的海管受冲击，其吸收能量为 40 kJ。

聚合物涂层。管道外涂层一般是由几层不同厚度和材质组合形成的聚合物涂层，这类涂层同样可以吸收冲击能量，其吸收冲击能量的数值一般由试验获得，具体可参考表 3-3[14]。

表 3-3 聚合物吸收能量情况

涂层类型	涂层厚度 /mm	能量吸收 /kJ
防腐涂层	3～6	0
典型多层防腐涂层	6～15	约 5
	15～40	约 10
	＞40	约 15
机械保护（如外护套）	—	5～10

3.6 海管不建议敷设原则

海底管道建设投资金额巨大，尤其长距离管道更加明显，主要体现在管线准备、生产、建设、运行、维护等各个方面。与陆地管线相比，管道建设的工作量非常大，并且困难重重。所以在海底管道建设前必须与常规的油轮外输方式进行比较，在综合各种因素的情况下，再决定是否采用管线输送。一般在下列情况下，不建议敷设海底管道[15]：

① 输送距离影响。油田离岸很远或属于边际油田，管输距离太长，施工难度按照目前的技术无法解决，或者资金的投入与产出不成正比，完全不适合大量资金的投入。

② 非连续开采油田。油田储量有限，油气储备不具备连续开采的能力，就根本不需要建设海底管道。

③ 海底屏障限制。海底存在无法穿越的天然屏障，限制海底管道铺设。这是一种常规理论，根本不需要进行论证是否需要铺设海底管道。

④ 海底多变的地质条件限制。如存在火山多发区、地震多发区而管线无法绕行。

⑤ 原油品质所限。长距离输送高凝点和高黏度原油，这也需要进行投资分析，因为需要增加的加热站、加压站等设备的投资及其运行费用远超油轮运输费用。

3.7 小结

综上所述，海底管道在铺设、运行过程中，会受到各种载荷的作用，在这种状况下，就需要通过涂层来对管道提供足够的保护，以减少载荷对管道造成的直接损坏。

因为作用于管道的外部载荷首先要由涂层来承受并抵消，因此要求涂层有足够的强度来抵抗冲击、弯曲等应力。处在海底的管道受到海水浮力，造成管道状态不稳定，则需要采用附加的配重层等来进行抵消。同样海底管道除要求能够抵抗外部载荷的作用外，还需要满足流体及其环境温度所造成缩胀的保温涂层以及防止海水腐蚀的防腐涂层等，并且这类涂层均需满足海水的长期作用。

因此由多种涂层才能组成海管保护体系，满足海管最基本的要求，而这种多涂层体系的存在要求涂层界面间具有高强度黏结能力，以提供海管在铺设及运行过程中涂层的高抗剪切能力，这也是对海管涂层最基本的要求。所以海底管道的涂层结构、涂层类型等要求比陆地管道更高、更复杂。

参考文献

[1] Guo Boyun, Lin Tianran. 近海管道：设计、安装与维护 [M]. 吴玉国, 王卫强, 译. 北京：中国石化出版社，2016.

[2] 中国石油管道公司管道科技中心信息与经济研究所. 世界管道概览 [M]. 北京：石油工业出版社，2004：318.

[3] 张煜, 冯永训. 海洋油气田开发工程概述 [M]. 北京：中国石化出版社，2011：68.

[4] 谢梅波, 赵金刚, 王永清. 海上油气田开发工程技术和管理 [M]. 北京：石油工业出版社，2005：329.

[5] 勘察设计注册工程师石油天然气专业管理委员会. 勘察设计注册石油天然气工程师资格考试专业基础考试复习指南（下）[M]. 北京：中国石油大学出版社，2006：240.

[6] 余建星. 深海结构与船舶设备 [M]. 天津：天津大学出版社，2017：206.

[7]《海洋石油深水工程手册》编委会. 海洋石油深水工程手册 [M]. 北京：石油工业出版社，2011：149.

[8] 王朝, 袁晓林, 于振华, 等. 海底管道铺设技术及发展 [J]. 商品与质量·建筑与发展，2013（9）：262-263.

[9] 周俊. 深水海底管道 S 形铺管形态及施工工艺研究 [D]. 杭州：浙江大学，2008：7.

[10] 顾永宁. 海底管道铺管作业状态分析 [J]. 海洋工程，1988（2）：13-25.

[11] 何宁, 徐崇崴, 段梦兰, 等. J 形铺管法研究进展 [J]. 石油矿场机械，2011，40（3）：63-67.

[12] 张兆德, 白兴兰, 李磊. 海洋管道工程 [M]. 上海：上海交通大学出版社，2018：47-48.

[13] 史旦达. 基础工程 [M]. 上海：上海浦江教育出版社，2013：147.

[14] 赵党, 夏日长, 李秀锋, 等. 海底管道承受风险载荷作用研究 [J]. 舰船科学技术，2014（6）：63-67.

[15] 沈浩. 油气工程技术问答 [M]. 北京：中国石化出版社，2014：256.

第 4 章

海底管道涂层

海洋环境的复杂程度超出想象,所以海底管道铺设是一项耗资巨大、施工复杂的长久性工程,其最短使用年限要求在 20 年以上,为保证管线在海底这样强腐蚀性、高压力、低温等特殊环境中的正常运行,必须选择正确的管道保护方式。

由于海底管道的特殊性,受条件限制在服役期间基本不考虑维修,对外防腐涂层的要求比较高。所以为确保管线在这样的环境中长期、安全使用,必须选用正确的防腐涂层、补口材料以及涂装工艺等。并且海底管道外防腐涂层不同于其他钢结构涂层,需要专门的涂料和专用的涂覆设备,因此海底管道外防腐涂层需要不断地发展完善[1]。而海底管道的内涂层则可以借鉴陆地流体输送管线的涂层,除非有特殊要求。

4.1 海管涂层作用

海底管道涂层的发展离不开陆地管线涂层的发展。针对内涂层,因为所输流体介质没有大的变化,所采用的涂层类型可以说完全一致,并且在多数情况下,管道内壁并不采用涂层进行涂装保护。而管道外涂层,虽然涂层类型和结构形式同样借鉴了陆地管道,但针对海洋的特殊环境等,须采用特殊的涂料及其涂层结构。

4.1.1 内涂层作用

海管内涂层分两种:一种为减阻涂层,主要作用是增大管道内流体的输力,减少结蜡现象的产生,可以采用涂层厚度 ≥ 40 μm(API RP 5L2)的减阻涂层;第二种为防腐涂层,用以减缓管道内壁腐蚀,降低流体输送阻力,减轻管内壁结蜡状态，要求涂层厚度实干达到 200 μm 以上。两种涂层均可以采用双组分液态环氧涂料。

针对海洋管道的特殊性，除涂装内涂层以外，也可采用以下形式与涂层管道配合，提高管道内壁的防腐蚀：①增加合理腐蚀裕量；②对所输送介质进行前期处理，如脱水、脱氧、脱硫以及脱二氧化碳等；③在输送的流体中添加缓蚀剂（减缓腐蚀或形成钝化层）、杀菌剂（减缓细菌腐蚀）、pH值缓冲剂、甲醇或乙二醇（防止生成水化物）、分散剂（油中水的乳化）、缓冲剂、净化剂（去除低浓度腐蚀成分）等；④定期对海底管道进行检验清管作业。

4.1.2 外涂层作用

海底管道所处的环境与陆地管线相比更加复杂，所以海底管道的外涂层在满足防腐性能的前提下，还需要满足特殊的工况环境，例如深海铺设要求、海洋环境稳定安全运行要求、高凝原油加热输送要求、特殊铺管方式的铺设要求等，所以海底管道外涂层需要具备的功能如下。

（1）防腐蚀功能

防腐蚀是管线涂层所要求具备的最基本也是最主要的功能，要求具备能够隔离外腐蚀环境的防腐涂层。

（2）维稳功能

海底管道在滩海中铺设大多采用埋设方式。海流及波浪的冲刷、软土基础对铺设管道的承载能力是影响埋设管道运行稳定性的两个重要因素。由于海底环境复杂，埋设管道在波浪、海流冲刷作用下易形成悬空状态，致使管道产生大位移和应力集中；或在海流作用下管道产生涡激振动；抑或在波浪的周期作用下管道出现周期振动等。另外，振动使埋设在软土地基上的管道上下浮沉，这都将严重危害管道的运行安全。因此，保持海底管道稳定是管道铺设的主要要求之一[2]。

（3）保护功能

海洋管道在铺设或运行过程中，总会遇到铺管设备的机械载荷或者其他不确定载荷的作用，这类载荷一般会对管道本体或管道涂层造成挤压或者冲击。为防止这种现象产生，某些辅助涂层就能够起到保护作用，例如配重层就可以为钢管外护层和钢管本体提供机械保护，防止钢管在吊装、安装、运行期间发生机械外力损坏。

而常规的保温涂层水渗透率较高，会采用专门的涂层来阻止水的侵入。而这种涂层在不采用混凝土配重层作为外保护的情况下，也可以为其他功能性涂层提供铺设、拖拽或运行过程中抵抗机械外力的防护作用。

（4）保温功能

随着海洋深度的增加，油气输送的管线会处在比陆地环境更加恶劣的环境中，例如海洋环境中的低温、静水压力、水浮力、洋流冲刷等，并且海洋油气产品中的高凝原油、含蜡原油以及油品中含胶质或存在生成水化物的风险，当温降时，可能引起输率降低或油品分离问题。低温时含蜡原油就会在管壁上沉积结晶蜡，致使管道直径减小或阻塞。所以高凝原油需要更高的输送动力。

4.2 海管涂层类型

海底管道涂层发展延续了陆地管道，最初采用的涂层多为煤焦油瓷漆和石油沥青类，当然经过多年的发展这种状况已发生了改变。一些新的防腐性能更好的涂层，如熔结环氧粉末、三层聚烯烃不仅在陆地管线上被广泛应用，而且在海底管道也得到了大力推广。但是淘汰的涂层并非不具备优点，只是因为涂层的综合评价值低，或有致命的缺陷而被淘汰，例如沥青类涂料与混凝土配重层的相容性远大于熔结环氧粉末与混凝土层，但是在抗弯曲应力、抗阴极剥离、与金属黏结力、抗冲击、耐磨性等方面的综合评价值远低于熔结环氧粉末涂层，所以必然被淘汰，而像环氧煤沥青涂料所造成的环境污染和对人体健康的极大危害，也使其处于淘汰之列。

保温涂层除采用常规保温层外，为适应海洋深水及全水浸泡要求，又有一些特殊的保温涂层。海底管道因为所处环境的特殊性，涂层又区别于陆地涂层，如保证海底管道稳定的配重涂层以及增阻涂层等。所以海底管道涂层包含：

（1）外防腐层

海底管道的腐蚀机理虽然参照陆地管线，但因其所处环境更复杂，所以防腐涂层的要求既有相通的地方，又有不同。因此，针对海底油气管道的特点，应对其防腐及防护层进行有针对性的选择。

（2）内涂层

海底管道在天然气等的输送中，为增加管道的输力，降低内腐蚀的风险，同样需要采用内涂层，因为输送介质性能的相通性，海底管道的内涂层同样借鉴了陆地管线，并与其一致。包括：①液态环氧减阻涂层；②液态环氧防腐涂层；③熔结环氧粉末涂层；④液态聚氨酯涂层。在海底长输管道中，采用的涂层主要是液体环氧涂层和熔结环氧粉末涂层。因为与陆地管线涂层一致，本书并不过多描述。

（3）保温绝热涂层

海底环境的低温特征以及所输油品自身的低凝点等，在油品输送时，必须采用保温层来保证流体输送的正常流动温度，所以必须采用保温涂层。主要包括：①硬质聚氨酯泡沫保温层；②无机保温层；③湿式保温层，如聚丙烯泡沫保温层、聚氨酯弹性体保温层等。

浅海保温管道最常用的涂层为硬质聚氨酯泡沫。深海管道则采用了新型的湿式保温涂层。

（4）混凝土配重层

保持海底管道稳定性是管道铺设的主要要求之一。配重涂层除提供负浮力、抗水静压力，维护管道稳定之外，还提供机械保护，防止钢管在吊装、安装、运行期间发生机械外力损坏。并且配重层还能增加管子的绝热程度，增加管道对屈服稳定的抵抗能力[3]。

世界上第一条带有混凝土配重层的钢管出现在1981年英国北海，当时成功地安装了管径为 $\phi762mm$ 的3条熔结环氧粉末加混凝土配重层的管道[4]。

目前海底管道的一个发展趋势是，直径小于 $\phi508\ mm$ 的管道采用增大管壁厚度而不加混凝土配重层。这主要是由于小直径管道受到的浮力较小，浮力易于控制。例如，1995年在加利福尼亚海岸铺设的3条直径 $\phi325\ mm$、长度达到16 km 的输气管线，就采用了加大壁厚的做法[4]。但当铺设海水深度增加时，上述理论不一定成立，需要更进一步的论证。

（5）增阻涂层

增阻主要作用于混凝土配重层和管道的有机涂层之间，主要目的是增加涂层界面之间的剪切力，防止混凝土配重层出现滑移或者滑脱现象，以增加涂层整体结构的稳定性，满足海底管道铺设和运行的要求。增阻涂层一般分为两种：一种是在有机涂层外增加一层减阻涂层，成为名副其实的增阻涂层；另外一种是对有机涂层进行外部机械加工等形成沟槽类减阻带，成为名义上的增阻涂层。

4.3　海管涂层选择及设计

4.3.1　涂层设计时应考虑的因素

① 环境因素。环境因素是管道防腐涂层选择的首要因素。海洋环境复杂，从腐蚀的角度来说，一般把海洋环境分为5个腐蚀区：海洋大气区、浪花飞溅区、潮差区、海水全浸区和海底泥土区。在各腐蚀带，管道的防腐蚀要求不同。海底管道运行，可能是单一区域或几个区域混合。

② 海水深度。海水的深度决定了管道在运行过程中外壁所受到的压力等级，并以此来确定管道敷设的最基本方式、钢管壁厚、是否设置配重层以及配重层的厚度等。

③ 管线安装和施工方法。海底管道的安装方式决定了管道受挤压、弯曲等外力的程度，由此决定了涂层的类型和涂装方式。到目前为止，海管铺设主要方式有：浮游法、悬浮拖法、底拖法、离底拖法、铺管船法及深水区域的J形铺管法等。任何一种方式的铺管过程均为：陆地上预制海洋管道，在铺管船或陆基上沿

托架滑入水中，滑落过程中，在弯曲应力、牵引力、张力等多种力的作用下，对管线各涂层之间的黏结力、涂层类型及其配重层的强度影响各不相同。

④ 地理位置。海底管道建设，不是在单一、特定的环境中，几百上千米的铺设距离，地理位置各不相同，从而影响到管线的铺设、连接及其强度要求等。

⑤ 管线直径、储运和成本费用。根据管线长度选用合理的管线直径，根据管径范围选择防腐层等级和配重层厚度等。

⑥ 海水各种化学物质的含量。管道所处海水的含盐量、微生物含量等都会影响到涂层的选择。

⑦ 工作及其环境温度。输送介质温度和工作环境温度，不但会影响涂层的性能，也会影响到涂层与钢管的黏结力，并且当环境温差变化较大时，受到温度冲击，涂层的性能改变会更加明显。

⑧ 阴极保护等的要求。阴极剥离是检验涂层性能的关键参数，涂层只有满足阴极剥离的要求，才能使阴极保护起到更好的作用。良好的涂层才能与阴极保护系统匹配，并降低阴极保护所用的电流。

⑨ 管线输送介质类型。管内输送的流体特性和输送速度，决定了内涂层的选择与使用，实际应用中，管道内涂层类型选择与陆地管道一致。

⑩ 经济性。经济性是影响管道涂层选择的又一重要因素。海管涂层选择的前提是满足即为合理，选择一种满足使用寿命期限的涂层，即为最经济合理的涂层，没有必要把最苛刻条件下所采用的涂层当成万能涂层。

4.3.2 涂层性能要求

海底管道涂层均为多层结构，虽然是从常规陆地管道涂层向海底管道涂层转换的逻辑进程，但也具有与常规涂层不同的特殊要求[5]。

① 抗冲击及良好的抗力学性能。为防止施工机械、海底的岩石以及外部重物，如船锚、拖网等对管线产生较大的撞击，要求涂层具有一定的抗冲击以及机械外力的破坏作用。

② 抗拉伸、抗弯曲和良好的黏结力。海底管线在铺设过程中，不管采用何种铺设方式，涂层都应具有较高的抗弯、抗拉伸形变能力，同时要在受力情况下，保持层与层之间以及涂层与钢管之间的黏结力，不得产生撕裂和剥离。

③ 操作温度的范围和设计寿命。选择涂层是否满足运行温度的要求，例如要求的低温达到 -40 ℃或高温 150 ℃。而设计的寿命决定了采用涂层的类型及等级。

④ 抗阴极剥离。海底管道采用阴极保护辅助防护时，须选用抗阴极剥离的涂层。海底管道多采用牺牲阳极保护方式，若采用 3PE 涂层，其剥离电位要求 ≤ -2.0V，而牺牲阳极的开路电位 ≥ -1.7 V，故牺牲阳极不会导致 3PE 防腐层

发生阴极剥离[6]。

⑤ 抗物理、化学和生物降解能力。海洋环境中的管道涂层受到介质中所含盐、微生物的影响会发生降解、溶胀等多种情况，造成涂层的剥落。并随海洋深度的增加，涂层的受力也会增加，造成涂层长期受压产生剥离。

⑥ 良好的抗蠕变性能。海底管道长期处在一定的静水压作用下，或依据地形产生一定的弯曲，在这种外部长期的应力作用下，要求涂层具备抗蠕变能力，以期达到在特定状态下，管道涂层不发生改性，造成管道腐蚀或者使其丧失保护、保温能力等。

⑦ 满足铺管要求的快速补口工艺。铺管船铺设管道是一个连续过程，要求管道所采用的涂层类型满足短时间内完成补口。

⑧ 抗水渗透。水气渗透会引起海底管线涂层的老化、变性、脱壳等一系列问题。并且随着海水深度的增加越发严重。因此，海底管线应避免采用对潮湿和水渗透敏感的涂层。

⑨ 严格选用对环境的危害性和对健康的损害程度最低的涂层。

⑩ 特殊涂层结构要求。海底管道外涂层的作用不但要求满足防腐功能以及管内流体所要求的保温功能外，还需要一些特殊的涂层来满足海底管道铺设和长期稳定运行的要求，例如海底管道的混凝土配重层或钢外套配重层。

⑪ 层间结合的重要性。与陆地管道一样，单涂层要求与钢管基体有好的黏结性，多涂层要求层与层之间有良好的结合力，而海底管道在铺设或运行过程中，受到的外力远高于陆地管道，并且相对于一些特殊环境，涂层还要具备多样性，因此更需要重视涂层之间的黏结性。涂层之间的结合力表现在海管上就是抗剪切能力，尤其是防腐涂层或保温涂层与配重层之间的抗剪切能力。

⑫ 涂层厚度的特殊要求。海底管道所处的环境远比陆地管道恶劣，虽然涂层结构、基本参数等可以参考常规涂层标准，但针对特定的环境，所要求的涂层厚度完全不同，如海底管道采用3PE涂层时，其中环氧粉末涂层的典型膜厚为$200 \sim 400$ μm，复合涂层总厚度$\geqslant 2.5$ mm，海底管道采用熔结环氧粉末涂层时，典型膜厚为$400 \sim 600$ μm[7]。

⑬ 新型涂层材料要求。海底管道建设逐渐向深海发展，在这种特殊工况下，常规的涂层材料已经无法满足在海底管道上的应用，例如硬质聚氨酯保温材料。而一些满足深海铺设的管道涂层结构，因为工程造价和铺设难度等限制了其应用，例如双重保温管道。从而要求更适合深海应用的管道涂层，如湿式保温层，这类保温层满足其单独或与混凝土配重层共同涂覆于深海的海底管道上。

4.3.3 涂层设计

海底管道最基本的设计要求是，满足管道在设计寿命期限内安全稳定运行，并完成其所担负的油气输送任务。所以防腐蚀是管道涂层设计首先要考虑的，其次需要保证在海底环境下的稳定运行，包括一些特殊状况，如海啸等。

海底管道的涂层包括外涂层和内涂层，其结构形式由管道内输送的流体介质、管道运行所处的海洋环境以及管道的铺设工艺所决定。其中流体介质的特性、温度、流速、杂质等影响了内涂层结构的选择，而外涂层结构类型不但与管道所处的外部环境、铺设工艺有关，同样也受到管道内输送流体温度特性的影响。

所以海底管道涂层的设计是在管道运行环境状况下并参照流体特性等多种因素的一个完整流程（图4-1），包括以下几个方面：

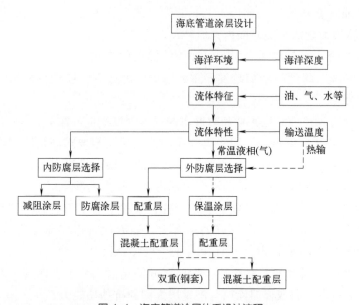

图4-1　海底管道涂层体系设计流程

（1）管道运行工况条件

海底管道涂层设计，第一步需要确认的是管道运行的海洋环境、海洋深度以及流体介质的特性等，这是建立海管涂层体系的首要资料。

（2）涂层体系的确立

海底管道涂层全部为内涂层除外的外多涂层体系，在满足管道防腐蚀的前提下，需要其他的辅助涂层来共同完成，如防腐涂层、防腐涂层+配重涂层、防腐涂层+保温涂层、防腐涂层+保温涂层+配重涂层，先期的涂层体系确立后，才能进行各涂层的设计选型。

（3）防腐层选用

海底管道防腐涂层完全借鉴了陆地管道，并在海洋管道建立之初就采用了环氧煤沥青、煤焦油瓷漆等常规涂层，并在海底得到了应用验证，只是随着海底管道建设发展规模的不断扩大，对涂层的耐用性、材料的环保性等提出了更高的要求，所以目前可选择的涂层类型主要为熔结环氧粉末（FBE）涂层、三层 PE 涂层和三层 PP 涂层，这类涂层能够与阴极保护完美匹配。针对海底管道，环氧粉末涂层建议选用双层环氧涂层，三层 PE 涂层和三层 PP 涂层，同时增加环氧粉末涂层的厚度。

相关规范给出了三种涂层的详细性能参数，见表 4-1～表 4-3。

表 4-1 环氧粉末涂层性能参数[8]

涂层特性	单层	双层
涂层厚度参数 /mm	普通：300；加强：400	普通：600；加强：800
运行温度	-30～80℃	
适用范围	埋地或水下环境钢质管道	
抗弯曲	3°，无裂纹	普通级：2°，无裂纹；加强级：1.5°，无裂纹
耐阴极剥离 [(65±3)℃,48 h,-1.5 V]/mm	≤5	≤5
耐阴极剥离 [(65℃或最高运行温度±3)℃,28 d,-1.5 V]/mm	≤15	≤15
耐划伤（20±3）℃	—	普通级（30 kg）：≤350 μm，无漏点；加强级（50 kg）：≤500 μm，无漏点
耐磨性（1000 g/1000r,CS-17）/mg	≤100	—
弯曲后涂层耐阴极剥离 [(20±3)℃,28 d,-1.5 V]	2.5°，无裂纹	1.5°，无裂纹
抗冲击	(-30±3)℃，无漏点	普通级：10 J，(20±3)℃，无漏点；加强级：15 J，(20±3)℃，无漏点
断面孔隙率级	1～3	1～3

表 4-2 三层 PE 涂层性能参数[9]

涂层特性	LDPE	MDPE、HDPE
环氧涂层厚度参数 /mm	≥125 μm	
运行温度	-20～40℃（LDPE），-40～60℃（MDPE、HDPE）	
适用范围	埋地或水下	
抗弯曲	2°，无裂纹	—
耐阴极剥离（23℃，28d，-1.38V）/mm	≤5.0	
耐阴极剥离（65℃，24 h，-3.38 V）/mm	≤4.0	
剥离强度 /(N/mm)	≥10（≥23℃）≥2（≥60℃）环氧层与钢管无剥离	≥18（≥23℃）≥5.0（≥80℃）环氧层与钢管无剥离
聚乙烯层断裂应变（20±3）℃ /%	≥400	≥400

涂层特性		LDPE	MDPE、HDPE
耐磨性（1000g/1000 r, CS-17）/mg		≤ 100	—
抗冲击（20±3）℃ /（J/mm）		> 5	> 7
压痕	（-23±3）℃ /mm	≤ 0.3	≤ 0.2
	最高设计温度 /mm	≤ 0.4	≤ 0.4
耐热水浸泡试验		≤ 2（平均值），≤ 3（最大值）	—

表 4-3 三层 PP 涂层性能参数[9]

涂层特性		PP
环氧涂层厚度参数 /mm		≥ 125 μm
运行温度		-20 ~ 90 ℃
适用范围		埋地或水下
抗弯曲		2°，无裂纹
耐阴极剥离（23 ℃, 28 d, -1.38 V）/mm		≤ 5.0
耐阴极剥离（65 ℃, 24 h, -3.38 V）/mm		≤ 4.0
(最大操作温度超过 90 ℃, 28 d, -1.38 V) /mm		≤ 15
剥离强度 /（N/mm）		≥ 25（≥ 23℃） ≥ 6.0（≥ 90℃，如果超过 90℃ 选择最高操作温度） 环氧层与钢管无剥离
聚丙烯层断裂应变（20±3）℃ /%		≥ 400
耐磨性（1000g/1000r, CS-17）/mg		≤ 100
抗冲击（20±3）℃ /（J/mm）		> 10
压痕	（20±3）℃ /mm	≤ 0.1
	最高设计温度 /mm	≤ 0.4
耐热水浸泡试验		≤ 2（平均值），≤ 3（最大值）

由上表可见，除常规性能参数外，海底管道涂层参数主要体现在涂层吸水率、涂层耐磨性、涂层抗冲击性、涂层抗弯曲性能以及涂层的厚度等。其中，涂层厚度虽然没有明确设计依据，但须满足运行环境以及介质特性的要求。

① 内涂层厚度。内减阻层设计依据应以填充管道内壁最深锚纹坑深度，并加一定耐磨裕量来确定，所以一般要求最终涂膜厚度 ≥ 40 μm，但现阶段考虑流体冲刷磨蚀，涂层厚度放大到了 150 μm；内防腐涂层厚度需要完全遮盖管道内壁的最深凹坑（含除锈后的锚纹），并且高于凹坑深度一定的数量值，要求满足使用年限内耐冲击、抗弯曲、耐磨损以及耐化学侵蚀等所造成的减薄量，所以一般要求涂层厚度 ≥ 200 μm。

② 外涂层厚度。外防腐涂层所考虑的因素较多，如耐冲击、抗弯曲、耐磨以及耐阴极剥离等综合性能，所以不但要考虑涂层总厚度，多涂层体系还要考虑底

层防腐层厚度，例如某项目中以 3LPE 作为海底管道防腐层，其熔结环氧粉末层（FBE）厚 $200 \sim 300\ \mu m$，聚乙烯层厚度为 $2.5 \sim 3.5\ mm$[10]。

防腐涂层设计选用还需要满足破损处的可修复性、破损处的防腐性能、补口材料的匹配性以及与外加涂层的相容性。

（4）保温涂层设计选用

介质需要热输的管道，必须采用外防腐涂层复合保温涂层。最佳的保温材料是硬质聚氨酯，其极低的导热系数是陆地直埋保温管道的首选材料。海洋热输管道发展初期，采用的就是硬质聚氨酯保温层，为防止压溃现象产生，采用了辅助混凝土配重层来满足浅海铺设要求，或采用钢套钢结构形式，对于高于 140 ℃ 的输送流体，则采用无机材料（气凝胶等）等辅助钢套钢结构。

当管道向深海发展时，硬质聚氨酯保温层的缺陷限制了其使用，而钢套钢（双重）结构又因为经济性和铺设的困难同样无法在深海使用，因此湿式保温层应运而生，其高密度、低导热系数、高强度、低吸水率以及耐高温性能能够更好地满足深海保温层的要求。

所以海底管道保温层设计，除具备保温性能要求外，浅海铺设还需要满足钢套或者混凝土配套使用要求，深海保温层则要求满足防压溃、低吸水率等要求。而当采用混凝土配重层时，还要求保温层具备与其相容性。

（5）配重涂层设计

海底管道抵抗海水浮力的最基本措施就是在管道外添加配重涂层，海底管道应用初期的配重层采用了钢套结构（双重管道），满足管道保温要求的同时，外套钢管提供了机械保护和加重作用，但因为双重管道的经济性以及深海应用的限制，配重层就过渡到了混凝土层。

混凝土层是满足海底防腐和保温性能最佳的配重层，混凝土层与接触涂层最重要的是相容性，这种相容性表现为混凝土层与接触涂层在涂层界面的融合或者嵌入，因为新型涂层的应用，物理嵌入是涂层与混凝土层增加剪切力的最佳方式，而相容性则渐去渐远。

混凝土配重层的容重是体现其性能的关键参数，密度越小满足配重要求的涂层体积越大，体积越大管道所受水的浮力越大，所以需要在许可范围内增加混凝土材料的密度。

混凝土层设计时需要考虑混合物的设计（如粗细骨料比例）、钢筋布置等。

（6）涂装工艺设计

涂装工艺是建立完整涂层体系的保证。海底管道多涂层体系的涂装，首先确立单涂层的涂装工艺，这里包括防腐涂层、保温涂层、混凝土配重层等。

其次是各独立涂层之间，逐级涂装过程中涂装工艺的确立。例如采用混凝土配重层，与其接触的防腐层或者保温层外需要添加增阻层或者物理增阻界面。

因此，按照涂层性能要求和功能以及层间界面要求来选择涂层参数，制定涂层涂装工艺规程和施工质量控制要求。并参照相关标准规范，选择涂层的推荐做法。

4.4 海管涂层结构形式

通过上面的描述，可以明确海底管道的涂层参照了陆地管道，涂层类型及其结构基本相同，其中内涂层完全一致，为减阻和防腐涂层两类。而外涂层，除常规涂层外，又增加了混凝土配重层，以及满足特殊海洋环境而采用的一些新涂层，如 BaiShaw 公司的聚丙烯保温涂层[11]等。

4.4.1 防腐管结构形式

（1）单防腐层管道

海管防腐层，参照陆地管道涂层，除特殊要求外，基本采用单层结构（如熔结环氧粉末涂层）或多层结构（如三层聚烯烃涂层）。

单防腐涂层（图 4-2），涂层结构为：1—钢管，2—单层防腐涂层。涂层材料一般选择环氧粉末、石油沥青、环氧煤沥青等，但因为材料或涂层自身缺陷等原因，石油沥青、环氧煤沥青已经被淘汰，主要以环氧粉末涂层为主。

（2）多防腐层管道

多防腐涂层（图 4-3），涂层结构为：1—钢管，2—FBE 层，3—黏结剂层，4—聚乙烯涂层或聚丙烯涂层。因为涂层的整体性能优异，是海底管道防腐的首选类型。也可采用两层结构的环氧涂层（双层环氧）。防腐管道针对输气、输水、排污等管道，所以不采用保温结构。

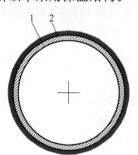

图 4-2　单层防腐管
1—钢管；2—单层防腐层

图 4-3　多层防腐管
1—钢管；2—FBE 层；3—黏结剂层；4—聚烯烃外防护层

4.4.2 保温管结构形式

（1）聚氨酯保温管道

硬质聚氨酯保温层是最早应用于海洋管道的保温涂层，因为其优异的绝热性能以及良好的防水层结构,能够满足一定的水深要求。

海底管道聚氨酯保温层是在防腐层外添加保温层,满足需要保温流体的输送。涂层结构如图4-4所示:1—聚乙烯防护壳,2—聚氨酯泡沫保温层,3—钢管外防腐层,4—钢管。防腐涂层可以采用单层环氧涂层或3PE(3PP)涂层。聚氨酯保温管道在海底的应用,需要采用钢套结构或者混凝土配重复合结构,基本不单独使用。

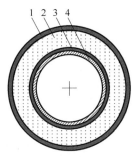

图4-4 聚氨酯保温管道
1—聚乙烯防护壳;2—聚氨酯泡沫保温层;3—钢管外防腐层;4—钢管

聚氨酯保温层"管中管法"成型的混凝土配重保温管道满足50 m海底铺设要求,喷涂法成型的聚氨酯混凝土配重保温管道满足200 m水深要求。而钢套聚氨酯保温管道可以满足深海铺设要求。

(2)双重保温管

双重保温管道结构形式完全参照了陆地的钢套钢保温管道,是陆上保温管道向浅水海底保温输送管道发展的一个等同结构,采用了成熟的技术和材料。由一个输送钢质管道(工作管)加防腐层以及外部钢管(保护钢套管)加防腐层组成,同心的双钢管形成环形空腔,在空腔内填充聚合物泡沫(图4-5),或者单层/多层无机材料(如硅酸盐微球体、气凝胶)(图4-6),或者创造一个主动真空环境,可以改善保温效果。

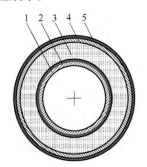 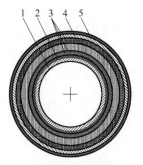

图4-5 聚氨酯泡沫保温层双重保温管道　　　图4-6 无机保温层双重保温管道
1—钢管;2—外防腐层;3—聚氨酯泡沫保温层;　　1—钢管;2—外防腐层;3—无机材料保温层;
4—外护钢管;5—外护钢管防护层　　　　　　4—外护钢管;5—外护钢管防护层

双钢管保温管道有 75 ～ 100 mm 厚的保温层，总传热系数（U 值）范围为 0.8 ～ 3.5W/(m²·℃)。表 4-4 列出了一些双重管用绝热材料应用实例[12]。

表 4-4　双重保温管系统详细说明

保温材料名称	U 值（总传热系数）[W/(m²·K)]	管道尺寸 /mm
多微孔材料，热导率为 0.021 [W/(m·K)]	0.8	工作管 =168.6 × 11 外套管 =279.4 × 18
聚氨酯泡沫，热导率为 0.05 [W/(m·K)]	0.8	工作管 =168.6 × 11 外套管 =318.6 × 15

（3）湿式保温管道

湿式保温管道的结构分为：无防护层的湿式保温管道、带防护层的湿式保温管道以及双保温层湿式保温管道。

① 无防护层的湿式保温管道。

图 4-7 所示的保温材料一般为抗压的聚氨酯弹性体，涂层结构为：1—钢管，2—外防腐层，3—聚氨酯弹性体保温层。防腐层可以根据设计要求进行选择。

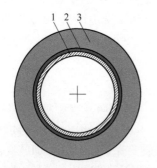

图 4-7　无防护层湿式保温管道
1—钢管；2—外防腐层；3—聚氨酯弹性体保温层

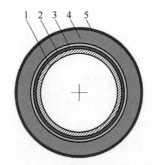

图 4-8　带防护层湿式保温管道
1—钢管；2—外防腐层；3—聚丙烯黏结剂层；4—聚丙烯泡沫保温层；5—聚丙烯外壳

② 带防护层的湿式保温管道。

采用聚丙烯泡沫等保温材料，适用于海底深冷管道，抗压强度好，如四层聚丙烯保温层。涂层结构（图 4-8）为：1—钢管，2—外防腐层，3—聚丙烯黏结剂层，4—聚丙烯泡沫保温层，5—聚丙烯外壳。

五层聚丙烯涂层，适用于操作温度 -35 ～ 150 ℃，并可在 800 ～ 3000 m 深海域埋设。涂层结构（图 4-9）为：1—钢管，2—外防腐层，3—聚丙烯黏结剂层，4—硬质聚丙烯层，5—玻璃微珠填充复合聚丙烯泡沫保温层（或其他聚丙烯泡沫），6—硬质聚丙烯外护壳。

③ 双保温层湿式保温管道。

区别于无机保温层的多层结构，采用了两层有机保温层，如七层聚丙烯保温涂层（图4-10），应用于海底1500 m以下海域，以及温度达155 ℃的环境中。涂层结构为：1—钢管，2—环氧粉末层，3—聚丙烯黏结剂层，4—聚丙烯外护层，5—玻璃微珠复合聚丙烯泡沫涂层，6—硬质聚丙烯隔离层，7—聚丙烯泡沫保温层，8—聚丙烯外护壳。

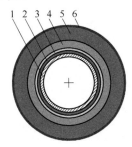 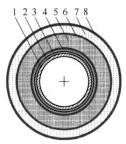

图4-9　五层聚丙烯涂层　　　　　图4-10　双保温层湿式保温管道
1—钢管；2—外防腐层；3—聚丙烯黏结剂层；　　1—钢管；2—环氧粉末层；3—聚丙烯黏结
4—硬质聚丙烯层；5—玻璃微珠填充复合　　　　剂层；4—聚丙烯外护层；5—玻璃微珠
聚丙烯泡沫保温层（或其他聚丙烯泡沫）；　　　复合聚丙烯泡沫涂层；6—硬质聚丙烯隔离层；
6—硬质聚丙烯外护壳　　　　　　　　　　　　7—聚丙烯泡沫保温层；8—聚丙烯外护壳

湿式保温管道是否选用混凝土配重层不能一概而论，如果管道有海水浮力的要求，同样需要采用混凝土配重层。

保温管道本章只做简要结构描述，具体内容可参见第5章5.4节。

4.4.3　配重管道结构形式

与陆地运行管道的明显区别是，海底管道在已经涂装的防腐层或保温层上施加钢套配重层或混凝土配重层，主要是增加海底管道敷设和运行的稳定性，抵抗海水浮力，并防止管道在海底运行期间受到拖网、船锚或其他外来物的机械损伤。

（1）钢套配重管道

钢套配重管道就是4.4.2（2）小节所述的双重保温管，以涂层外套钢管作为配重层，但仅仅应用在保温管道上。

（2）混凝土配重管道

混凝土配重管道分为混凝土配重单层防腐管和混凝土配重保温管，以防腐层或保温层外涂混凝土层作为配重层。

混凝土配重单层防腐管结构形式如图4-11所示。多应用于不需要保温的传输介质，如天然气等。基本结构形式为：1—钢管，2—外防腐层，3—混凝土配重层。

混凝土配重保温管结构形式如图4-12所示，又称单重保温管。其结构为：1—钢管，2—外防腐层，3—聚氨酯保温层，4—聚乙烯防护层，5—混凝土配重层。以混凝土层代替双重保温管道的外管，不存在外管腐蚀和防护问题，减少了敷设焊接工作量，从而提高了工作效率，降低管道系统的造价。

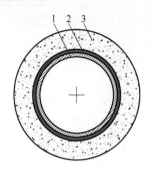
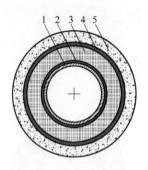

图 4-11　防腐层配重管道
1—钢管；2—外防腐层；3—混凝土配重层

图 4-12　聚氨酯保温配重管道
1—钢管；2—外防腐层；3—聚氨酯保温层；
4—聚乙烯防护层；5—混凝土配重层

湿式保温管道给人的概念是，涂层直接接触海水，由湿式保温层来满足海底管道的保温及其稳定运行。但实际上在海管涂层设计及其铺设过程中，湿式保温管道是否采用混凝土配重层并非绝对，这需要通过设计提供相应的参数来确定，所以湿式保温管可以采用混凝土配重层，其涂层分为不带保护层的湿式保温管道复合配重层（图 4-13）和带保护层的湿式保温管道复合配重层结构（图 4-14）。

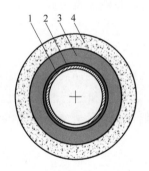
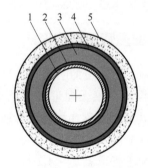

图 4-13　无防护层湿式保温层配重管
1—钢管；2—外防腐层；3—湿式保温层；
4—混凝土配重层

图 4-14　带防护层湿式保温层配重管
1—钢管；2—外防腐层；3—湿式保温层；
4—外防护层；5—混凝土配重层

4.5　海管外防腐涂层

目前海底管道按其用途不同可分为跨海供水管线、油/气输送管线和深海排污管线等。因环境的不同，涂层类型要求并不一致。在海底管道中，涂层类型的选择主要以管道外防腐层为主，海底管道外防腐层包括埋入海泥中的水平管、浸入海水中的立管及管接头处的涂层。

4.5.1 涂层种类

由于海底管道设计寿命通常要求比较长，受条件限制在服役期间基本不考虑维修，但因为其所处的海洋和海泥环境，其腐蚀情况非常严重，且海底管道耗资巨大，一般要求使用年限超过 20 年，因此对外防腐涂层的要求比较高。适用于海底管道的外涂层主要有下列几种。

(1) 石油沥青涂层

石油沥青涂层以汽油溶解的石油沥青为底漆，待底漆实干后，在管道外表面浇涂熔融石油沥青，同时缠绕玻璃布用以增强，最后外层覆盖聚氯乙烯薄膜。在良好的自然环境和严格的施工条件下，使用寿命可达 30 年，但一般仅为 15～20 年（国际上公认的寿命是 15 年）。用石油沥青作埋地钢质管道外防腐涂层，曾经在中国居垄断地位。但因为其明显的缺点，如力学性能差、吸水率高、不耐微生物等限制了其在海底管道中的应用。

(2) 煤焦油瓷漆涂层

这种常规热涂覆的煤焦油瓷漆已应用了很多年，用于海底管道及陆地管道外部防护，其性能优异，防腐蚀寿命有时可达 60 年。

由于煤焦油瓷漆是由多种高分子碳氢化合物组成的复杂混合物，芳香族环约占 90%。为环状双键分子结构，所以具有良好的黏结性、低吸水性和低水渗透性，而且电绝缘性能优异，防微生物侵入能力强，不与泥土中的化学物质起反应，抗烃类侵蚀和溶解。煤焦油瓷漆毒性小、易施工、价格便宜。当管道需要加配重层时，采用这种涂层最为适宜。因为混凝土配重层容易嵌入其表面层内，增加层间摩擦力，有效地防止了铺管过程中层间的滑移。

我国曾在南海西部的崖城油气田和东海海域的平湖油气田海底管道项目中采用煤焦油瓷漆加玻璃丝纤维的防腐形式，经过一定的使用周期证明该防腐涂层具有良好的防腐性能，但由于在涂覆过程中产生环境污染及影响操作人员健康而被逐渐淘汰。

(3) 环氧煤沥青涂层

环氧煤沥青是我国独创的管道涂层结构[6]。环氧煤沥青防腐蚀涂料以环氧树脂和煤沥青作为基料，与填料、颜料和稀释剂等合成双组分防腐蚀涂料，在我国仍保留有单独的环氧煤沥青涂层技术标准。

环氧煤沥青优点是吸水率低、力学性能好，与混凝土配重层有良好的相容性，但其质脆的弱点增加了其作为海管涂层时的铺设困难。

(4) 熔结环氧粉末（FBE）涂层

FBE 涂层是 20 世纪 50 年代发展起来的一种高质量的薄膜涂层（图 4-15）。采用粉末态环氧树脂与钢管表面在高温下熔融结合，与其他任何传统的管道涂层系统相比有许多特性,如涂层坚韧,富有柔性,附着力强,有极好的抗化学、抗阴极剥离性能,有很高的绝缘性能等,在与阴极保护相结合时,只需很小的电流量。

熔结环氧粉末涂层是国内外管道内外防腐的主要体系之一,并且在涂覆 FBE 的管道上还没有发现应力腐蚀开裂的案例,是满足海管应用的最佳涂层。但也存在涂层抗力学性能差、与混凝土配重层相容性差的缺点。

图 4-15 熔结环氧粉末(FBE)涂层管道示意图

由于固有的韧性及其表面光滑状态,不易与混凝土配重层相嵌合,在海底管道铺设时,混凝土配重层会发生滑移。因此,在复合混凝土加配重层的情况下,如果表面不加特殊处理,一般不推荐采用这种涂层。

单层熔结环氧粉末涂层也有自身的缺点,如不耐机械损伤、脆性比较大,所以有特殊要求的海洋环境,可以采用双层环氧粉末涂层,用塑性更高的外环氧粉末涂层来增加涂层的抗力学性能。并且双层环氧粉末涂层的耐温可以从单层熔结环氧粉末涂层的 90 ℃ 提高到 130 ℃,而其耐低温可达到 -20 ℃。

1981 年,英国 Marather 石油公司首先成功地在北海安装了一条熔结环氧粉末涂层和水泥配重涂层管线(直径为 762 mm)[4]。1992 年,美国在 Exxon's Santa Ynez 海底管道项目(一条位于水深 400 m 以下的深水管线)中,全部采用熔结环氧粉末外涂层防腐技术。2005 年,我国杭州湾和镇海海底管道项目的海底管道全部采用熔结环氧粉末外涂层和混凝土配重层管线,目前已铺设完成并投入运营。大量的应用表明,熔结环氧粉末涂层是海底管道防腐的理想手段。

(5)三层聚烯烃涂层

因为熔结环氧粉末涂层的脆性(抗力学性能较差),为了利用其优异的防腐性能,采用熔结环氧粉末为底层的三层聚烯烃涂层,表层可以采用聚乙烯涂层(≤ 80 ℃)(图 4-16)或聚丙烯涂层(≤ 110 ℃),其优点是耐磨、耐冲击、抗海水渗透,还能满足特殊流体温度的输送要求(改性聚丙烯涂层达到 140 ℃)。

未改性聚丙烯在 0 ℃ 下即发生低温脆断,但改性材料可以用于 -20 ℃ 低温环境,而聚乙烯材料的脆化温度为 -65 ℃,所以在 0 ℃ 的海底可以采用熔结环氧粉末涂层、三层聚乙烯涂层或改性三层聚丙烯涂层。

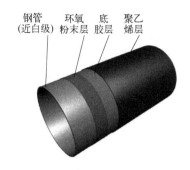

图 4-16　三层聚乙烯涂层结构示意图

1996 年墨西哥湾一条长 247 km，管径 508 mm 的海底管道采用了三层 PE 外加混凝土配重层[4]。

（6）高性能复合涂层（HPCC）

随着海洋油气开采深度的增大及基于油气田本身高温、高压等恶劣的开采环境，目前对海洋管道的防腐引入了高性能复合涂层 HPCC（high performance composite coating），HPCC 涂层结构与 3 LPE 防腐涂层完全相同，从内到外依次为熔结环氧粉末底层、黏结层、聚乙烯层。其不同之处在于，HPCC 涂层采用三层全粉末涂装技术，使涂层系统不存在明显的分层界面。与 3 LPE 防腐涂层相比，HPCC 对管道表面的黏结力更强，具有优良的剪切阻力特性、低温柔韧性、非常低的渗透性、优良的抗冲击性和抗阴极剥离性，可在 -40～85 ℃ 的环境中使用，基本涵盖了 3LPE 和 3LPP 防腐涂层适应的温度范围。该工艺可应用于螺旋焊缝钢管的防腐，能有效保证焊缝区域防腐层的厚度，从而降低防腐成本。

HPCC 涂层技术已应用于加拿大和美国海域多条管道，管道直径范围为 406～1016 mm，管道长度达到了 50～200 km[11]。如加拿大的 Godin 复线，将 HPCC 技术应用到直径 610 mm 的 X70 管材上。HPCC 防腐管道装船之前检测没有任何漏点，在 -45 ℃ 的低温环境中成功地经受住了弯曲检验，防腐层没有损伤[13]。

HPCC 涂层开发时间比较长，是一种特殊的防腐涂层，在海洋深冷环境下有不可替代的优越性，但在国内并没有推广。

海底管道在实际应用中，涂层选择会受多种因素的影响，目前常用的涂层为：熔结环氧粉末涂层（FBE）、三层聚烯烃（3LPE、3LPP）外防腐涂层、双层熔结环氧粉末（双层 FBE）。

海底管道的腐蚀机理虽然参照陆地管线，但因其更为复杂，所以防腐涂层的要求更高。因此，针对海底油气管道的特点，应对其防腐及其防护层进行有针对性的选择。对于双层（双钢结构）保温海底管道、单层（单层工作钢管）不保温海底管道，通常采用三层 PE 外防腐涂层。对于单层保温海底管道，通常采用 FBE 外防腐涂层。

4.5.2 涂层参数比较

① 3PE 涂层与 3PP 涂层参数比较见表 4-5～表 4-8。

表 4-5　涂层最小抗剥离性能

操作温度 /℃	测试温度 /℃	抗剥离性 /（N/10mm）	
		聚乙烯涂层	聚丙烯涂层
＜ 20	23±2	＞ 150	＞ 250
20～50	50±2	＞ 80	＞ 100
50～60	60±2	＞ 30	＞ 80
60～80	80±2	＞ 30	＞ 80
＞ 80	操作温度 ±2	＞ 30	＞ 40

表 4-6　涂层最小抗冲击性能

DN	抗冲击性 /J		
	PE（23℃）	PP（0℃）	PP（23℃）
≤ 100	17.5	6.5	18
100＜DN≤250	19	8.5	20
250＜DN≤500	20.5	11.0	22
500＜DN＜800	22.5	12.5	25
＞ 800	26	12.5	25

表 4-7　涂层抗压痕性能

操作温度 /℃	测试温度 /℃	最大压痕 /mm	
		聚乙烯涂层	聚丙烯涂层
＜ 20	23±2	＜ 0.2	＜ 0.1
20～50	50±2	＜ 0.3	＜ 0.2
50～60	60±2	＜ 0.3	＜ 0.2
60～80	80±2	＜ 0.3	＜ 0.3
＞ 80	操作温度 ±2	＜ 0.4	＜ 0.4

表 4-8　涂层抗阴极剥离

操作温度 /℃	测试温度 /℃	最大阴极剥离半径 /mm			
		聚乙烯涂层		聚丙烯涂层	
		28d	48h	28d	48h
＜ 20	23±2	7	3	3	1
20～50	50±2	10	5	5	2
50～60	60±2	10	5	7	3
60～80	80±2	15	7	7	3
＞ 80	操作温度 ±2（最高温度 95±2）	15	7	7	3

② 3PE 涂层与 HPCC 涂层参数比较见表 4-9。

表 4-9 3PE 与 HPCC 涂层参数比较

项目		3PE	HPCC
厚度 /mm		最大 4.2	≤ 1.5
抗冲击 /J		20（-30～20℃）	9.7（20℃）～11（-30℃）
抗弯曲 /(°)	-30～20℃	14	11
阴极剥离 /mm	23℃, 28d	7	4
	65℃, 28d	15	13
	95℃, 28d	15	12
层间结构		层间结构明显	存在过渡层
焊缝涂层		减薄	无减薄

海底管道的外防腐涂层类型完全采纳了陆地管道涂层，以熔结环氧粉末和三层 PE 涂层为主，只在特殊深海环境中才采用三层 PP 涂层。但是我们也注意到，高性能复合涂层（HPCC）在某些方面优势更加明显，也是海底管道外涂层可以应用的涂层类型。

4.6　海管涂层推荐标准规范

海底管道的外防腐涂层和内涂层多借鉴常规管道涂层标准，而混凝土配重层和湿式保温涂层有专门的应用标准，国外涂层标准特别注明水下（submerge）使用，我国则以陆地埋设为主。保温管道中的聚氨酯涂层就参照了陆地直埋保温管道，双重保温管道则参照了陆地的钢套蒸汽管道相关规范。

（1）外防腐涂层应用标准

①《埋地钢质管道聚乙烯防腐层》（GB/T 23257—2017）；

②《钢质管道熔结环氧粉末外涂层技术规范》（GB/T 39636—2020）；

③《钢质管道聚丙烯防腐层技术规范》（SY/T 7041—2016）；

④ Petroleum and natural gas industries-External coatings for buried or submerged pipelines used in pipeline transportation systems-Part 1: Polyolefin coatings（3- layer PE and 3- layer PP）（三层 PE 和三层 PP）（ISO 21809-1-2018）；

⑤ Petroleum and natural gas industries External coatings for buried or submerged pipelines used in pipeline transportation systems-Part2: Single layer fusion-bonded epoxy coatings（熔结环氧粉末）（ISO 21809-2-2014）；

⑥ Factory Applied External Pipeline Coatings For Corrosion Control（DNV-RP-F106-2003）；

⑦ Polypropylene coatings on steel pipes and fittings - Requirements and testing（聚丙烯防腐管道）(DIN 30678—2013)；

⑧ Polyethylen coatings of steel pipes and fittings -Part2: Requirements and testings of factory-applied sintered or flame sprayed coatings.（聚乙烯防腐管道）(DIN 30670-2012)。

（2）内涂层应用标准

① 《钢质管道熔结环氧粉末内防腐层技术标准》（SY/T 0442—2018）；

② 《钢质管道液体环氧涂料内防腐技术规范》（SY/T 0457—2019）；

③ ISO 10301: 2004, Steel tubes and fittings for on and offshore pipelines - Internal coating for the reduction of friction for conveyance of non corrosive gas（减阻涂层）；

④ ISO 15741: 2021, Paints and varnishes - Friction-reduction coatings for the interior of on- and offshore steel pipelines for non-corrosive gases（减阻涂层）；

⑤ API RP 5L2（R2015），Recommended practice for internal coating of line pipe for non-corrosive gas transmission service；

⑥ ISO 10339: 2008, Steel tubes for onshore and offshore water pipelines - Internal liquid applied epoxy linings for corrosion protection（液体环氧涂层）。

（3）保温涂层应用标准

① 《高密度聚乙烯外护管硬质聚氨酯泡沫塑料预制直埋保温管及管件》（GB/T 29047—2021）；

② 《埋地钢质管道防腐保温层技术标准》（GB/T 50538—2020）；

③ 《硬质聚氨酯喷涂聚乙烯缠绕预制直埋保温管》（GB/T 34611—2017）；

④ 《水下管道和设备干/湿式保温推荐作法》（SY/T 7430—2018）；

⑤ EN253: 2019, District heating pipes. Bonded single pipe systems for directly buried hot water networks. Factory made pipe assembly of steel service pipe, polyurethane thermal insulation and a casing of polyethylene（直埋保温管道）；

⑥ ISO 12736: 2014, Petroleum and natural gas industries-Wet thermal insulation coatings for pipelines, flow lines, equipment and subsea structures（湿式保温）。

（4）涂层补口应用标准

① 《管道外防腐补口技术规范》（GB/T 51241—2017）；

② 《钢质管道内涂层液体涂料补口机补口工艺规范》（SY/T 4078—2014）；

③ 《埋地钢质管道机械化补口技术规范》（SY/T 7477—2020）；

④ DNV-RP-F102-2003, Pipeline field joint coating and field repair of linepipe coating；

⑤ ISO 21809-3-2016, Petroleum and natural gas industries-External coatings for buried or submerged pipelines used in pipeline transportation systems-Part 3: Field joint coatings。

（5）混凝土配重层

①《海底管道混凝土配重涂层技术规范》（SY/T 7398—2017）；

② ISO 21809-5: 2017, Petroleum and natural gas industries-External coatings for buried or submerged pipelines used in pipeline transportation systems-Part 5: External concrete coatings；

③ DEP 31.40.30.30-Gen，Concrete coating of linepipe；

④ PTS 20.147-1994，Concrete coating of line pipe。

参考文献

[1] 《海洋石油工程设计指南》编委会.海洋石油工程海底管道设计［M］.北京：石油工业出版社，2007: 249-250.

[2] 中国石油管道公司管道科技中心信息与经济研究所.世界管道概览［M］.北京：石油工业出版社，2004：318.

[3] 丁新龙，韩雪艳，张长民，等.海底管道混凝土加重技术现状分析［J］.石油工程建设，2007，33（4）: 8-12.

[4] 朱一林，尹航.海底油气管道防腐层的选择［J］.焊管，2005（4）: 32-33.

[5] 马长福，杨印臣.牺牲阳极是否导致3PE防腐层阴极剥离的探讨［J］.煤气与热力，2010，30（8）: B01-B02.

[6] 朱蕴辉，林玉珍，曹备，等.防腐蚀监理工程师应用手册［M］.北京：中国石化出版社，2011: 359.

[7] 国家能源局.滩海管道系统技术规范：SY/T 0305—2021［S］.北京：石油工业出版社，2021.

[8] 国家能源局.钢质管道熔结环氧粉末外涂层技术规范：GB/T 39636—2020［S］.北京：中国标准出版社，2020.

[9] International Organization for Standardization. Petroleum and natural gas industries-External coatings for buried or submerged pipelines used in pipeline transportation systems-Part 1: Polyolefin coatings（3-layer PE and 3-layer PP）: ISO 21809-1-2018［S］.

[10] 魏伟荣，郑国良.海底管道外防腐涂层设计及涂敷工艺探讨［J］.材料开发与应用，2013（2）: 30-33.

[11] Shi wei, Guan William. 先进的陆地和海底管道涂覆技术［J］.油气储运，2005，24（B12）: 110-114.

[12] 《海洋石油深水工程手册》编委会.海洋石油深水工程手册［M］.北京：石油工业出版社，2011: 129-130.

[13] 陈海涛.海底管道的防腐保温技术的探讨［J］.乡村科技，2014（6）: 197-198.

第 5 章

海底保温管道

全球油气储备,有 2/3 来自近海或深海。输送油气的管线处在比陆地更加恶劣的环境中,例如海洋环境中的低温、静压力、洋流冲刷等,并且海洋油气产品含有高凝原油、含蜡原油、胶质,存在生成水化物的风险。当温降时,可能引起输油效率降低或油水分离问题。高凝原油需要更高的输送动力,低温时含蜡原油会在管壁上沉积结晶蜡,致使管道直径减小或阻塞。同样,在一定低温下,原油变成一种胶质,并可能引起析出问题或形成水合物,在管道运行或停输期间阻塞管道,从而发生事故。

所以为了确保管内流体的正常输送,需要对管道进行保温绝热,以消除或减轻管内流体所受到的外部环境的影响,减少热损。一般海底管道的保温绝热方式分为主动保温和被动保温两种:主动保温采用泵送平台加热流体,或对管道进行电加热等对流体进行预热,并增加清管程序,或在流体内加入减阻剂或脱乳剂;被动保温通过管外涂装保温涂层来实现。其中,最经济最有效的方式是在管道上采用保温层(被动保温),来降低因海洋环境造成的输送流体的热损失,保证流体的正常流态[1]。

5.1 保温层结构要求

因海洋环境的特殊性,运行管道长期浸泡在海水中,除此之外,还会受到海水静压力、海水浮力、海水水平作用力、管道悬空产生的振动等作用。所以要求海底管道保温涂层结构具备以下性能。

(1) 保温及防腐性能

保温是管道输送流体需要抵抗外部环境所引起的热损的最基本要求,可以减少输送过程中流体的热量散失，确保输运安全。而管道运行安全的另一个重要标志就是防腐蚀性能，所以管道涂层须具备保温和防腐双重功效。

（2）防水或耐水浸泡性能

任何保温材料都具备一定的吸水率，随着保温材料吸水量的增大，保温性能就会下降。海管中采用的普通保温材料，如硬质聚氨酯泡沫的吸水率接近10%，只能采用防水涂层阻止水渗透，以保证涂层的保温性能。而特殊的湿式保温材料能够直接浸泡在海水或海泥中，不需要防水涂层，因为湿式保温层性能要求就是在海水环境中维持其保温性能不发生大的改变。

（3）高抗弯曲和抗压屈服强度

海管在运行过程中，需要承受铺管设备带来的巨大挤压力，为防止涂层挤压破损，需要非常高的抗拉强度。并且在海底敷设时，受到海水巨大的静水压，同样要求涂层具备高抗压屈服强度，以免压损破坏。

（4）高抗剪切力

管道涂层在使用铺管设备进行铺设时，要求涂层的层与层之间、涂层与钢管表面之间具有高抗剪切能力，从而防止涂层之间出现滑移或者滑脱，以保证涂层的完整性。

（5）抗水浮力和稳管系统

海洋管道敷设在海底时，其自身重量需要大于海水浮力，以保证管道在海底敷设，并保证其不受海水的水平等作用力的影响，确保其在水下的稳定性，所以须在管道外表面添加配重层。

（6）高的机械强度

海管敷设比较特殊，须采用铺管船上的专用夹持设备将其送入大海，要求涂层在张紧器的夹持作用下，能够保证全涂层不发生损坏。

（3）～（6）所要求的涂层性能需要保温层外的辅助涂层来完成，如混凝土配重层等。

5.2 保温管结构分类

（1）按钢管结构层分类

钢管结构层分类，指的是保温层结构中的钢管数量，一般有单壁保温管和双重保温管之分，也是行业内惯用的分类方法。单壁指只包含一层工作钢管；双重指双层钢管结构，内层与流体接触的是工作钢管，外层为抵抗浮力的配重层钢管。

（2）按配重层结构分类

海洋管道在敷设和海底运行时，需要克服海水的浮力，并且须满足管道运行期间的稳定性，要求管道的自身重量足以克服这些力的存在，一般采用钢套保温管

（双重保温管），涂层外加厚壁钢套管增加管重，或在涂层外涂装混凝土配重层达到同样的效果。所以有双重/钢套保温管和混凝土配重管之分。

（3）按保温层耐水性能分类

海洋管道保温层处在海水环境中，针对所选的保温层材料，有高吸水性的，有低吸水性的，对于吸水性高的保温材料成型的保温管需要外涂防水层，这样的保温层成型管道称为干式保温管；而吸水率低，密度高，能够承压并承受机械外力，且满足海水浸泡的保温层称之为湿式保温管。

（4）按保温层结构分类

按有机保温层结构（数量）分为单层结构（单保温层）和多层结构（多保温层），现阶段主要有多层保温层结构（例如七层聚丙烯保温层）和单层保温层结构（常见结构层），而常见的多层无机保温层结构归类到单层保温层。

（5）按海洋敷设深度分类

浅海（水深＜300 m）保温管道：满足 0～60 m 水深的干式保温管道（普通硬质聚氨酯泡沫保温层加混凝土配重层），满足 50～200 m 水深的干式保温管道（喷涂聚氨酯泡沫保温层加混凝土配重层），满足 200～300 m 的双重保温管（聚氨酯泡沫或气凝胶保温层等）。

深海（水深≥300 m）的保温管道：有双重保温管（干式保温材料）满足 2000～3000 m 水深；湿式保温管，满足 600～1500 m 或≥3000 m 以上水深等。

5.3　海管用保温材料

陆地管道用保温材料完全可以应用到海底管道，只要保温层结构能够满足防水要求，例如采用钢外套保护层，保温层结构完全可以达到密封要求，则可以采用任何满足管道输送要求的保温层材料，无论是有机还是无机材料。采用其他防水涂层，只能采用与防水涂层结合紧密的保温材料，例如硬质聚氨酯保温层等。所以海底管道采用常规保温层的类型，完全由外护层或者防水层的结构及其特性来决定。

5.3.1　有机保温材料

由有机原料制成，如树脂、动物皮毛，使用温度 -100～150 ℃，密度小，高温分解，单位绝热性能好，质量轻，施工性能好，填充性能好，密实度高。以人造为主，如合成纤维、泡沫塑料、橡胶类的泡沫聚氯乙烯、泡沫苯乙烯等。其中，泡沫塑料最为常用。

泡沫塑料，是以聚合物或合成树脂为原料，添加发泡剂和稳定剂后经加热发泡制成的。常见泡沫塑料有聚苯乙烯泡沫塑料、聚氯乙烯泡沫塑料、聚氨酯泡沫塑料、酚醛泡沫塑料、脲醛泡沫塑料等。

泡沫塑料具有堆密度小、热导率低、耐低温、耐振动、绝热性能好、弹性好、防潮性能好、施工方便及热膨胀系数大、性能衰退不明显等特点。不同种类的泡沫塑料其性能也不相同，例如聚苯乙烯泡沫塑料，其吸湿性小，力学强度高，但极易燃烧；聚苯酯泡沫塑料，其质轻柔软，绝热性能优良，并可进行现场发泡；脲醛泡沫塑料，其堆密度最小，但力学强度差，吸湿性大。泡沫塑料一般容易成型、切割与施工，因而它们的用途非常广泛。

常见有机保温材料性能见表5-1。

表5-1 有机保温材料性能表

材料	密度/(kg/m³)	导热系数/[W/(m·K)]	抗压强度/MPa	适用温度/℃
聚苯乙烯泡沫塑料	表观密度：20～50	0.038～0.047	0.13～0.34	70
聚氯乙烯泡沫塑料	表观密度：12～75	0.031～0.045	—	-196～70
轻质聚氯乙烯泡沫塑料	27	0.052	—	-60～60
硬质聚氯乙烯泡沫塑料	≤45	0.043	≥0.40	—
聚氨酯泡沫塑料	表观密度：30～65	≤0.035	≥0.244	-60～120
软质聚氨酯泡沫塑料	30～42	0.023	—	-50～100
泡沫橡塑管	40～60	≤0.036	—	105
聚异三聚氰酸酯泡沫	—	0.019～0.021	—	-196～120
脲醛泡沫塑料	≤15	0.028～0.041	—	—

5.3.2 硬质聚氨酯泡沫塑料

（1）常规硬质聚氨酯泡沫塑料

保温管道中最常用的为硬质聚氨酯泡沫塑料，可以采用"一步法""管中管法"和喷涂缠绕法成型，针对不同的成型技术，聚氨酯泡沫塑料的性能指标不尽相同（表5-2～表5-4）。

表5-2 聚氨酯泡沫塑料性能指标（管中管法）[2]

检验项目		性能指标	备注
表观密度/(kg/m³)		≥60	≥50（管径≤500 mm）；≥60（管径>500 mm）[3]
压缩强度/MPa		≥0.3	径向压缩强度，回火径向形变为10%时的压缩应力
吸水率/%		≤10	—
闭孔率/%		≥88	≥90[3]
导热系数（50℃）/[W/(m·K)]		≤0.033	
耐热性	尺寸变化率/%	≤3	试验条件100℃，96 h
	重量变化率/%	≤2	

表 5-3 聚氨酯泡沫塑料性能指标（一步法）[2]

检验项目		性能指标	备注
表观密度 /（kg/m³）		40～70	—
压缩强度 /MPa		≥ 0.2	—
吸水率 /%		≤ 15	—
闭孔率 /%		≥ 88	—
导热系数 [（23±2）℃] / [W/(m·K)]		≤ 0.033	—
耐热性	尺寸变化率 /%	≤ 3	试验条件 100 ℃，96 h
	重量变化率 /%	≤ 2	

表 5-4 聚氨酯泡沫塑料性能指标（喷涂缠绕法）[2-4]

检验项目		性能指标	备注
表观密度 /（kg/m³）		≥ 60	—
压缩强度 /MPa		≥ 0.35	径向压缩强度，回火径向形变为10%时的压缩应力
吸水率 /%		≤ 8	—
闭孔率 /%		≥ 90	—
导热系数（50℃）/ [W/(m·K)]		≤ 0.033	—
耐热性	尺寸变化率 /%	≤ 3	试验条件 100 ℃，96 h
	重量变化率 /%	≤ 2	

硬质聚氨酯泡沫保温管道国家标准有：《埋地钢质管道防腐保温层技术标准》（GB/T 50538—2020）；《硬质聚氨酯喷涂聚乙烯缠绕预制直埋保温管》（GB/T 34611—2017）；《高密度聚乙烯外护管硬质聚氨酯泡沫塑料预制直埋保温管及管件》（GB/T 29047—2021）。其中，GB/T 50538—2020 涵盖了三种保温层成型工艺。针对聚氨酯泡沫保温层成型工艺，三项标准所要求的材料性能指标也并不完全相同，所以标准统一也是一项紧迫的工作。

（2）改性硬质聚氨酯泡沫塑料

改性硬质聚氨酯泡沫塑料具有质量轻、强度较高、导热系数低、防腐等主要优点。并且经过改性后，更能满足 140 ℃ 高温要求。改性的硬质聚氨酯泡沫塑料与普通聚氨酯泡沫塑料性能指标比较见表 5-5。

表 5-5 改性前后聚氨酯材料性能指标比较

材料	容重 /（kg/m³）	导热系数（50℃）/ [W/(m·K)]	抗压强度 /MPa	吸水率 /%	闭孔率 /%	最高使用温度 /℃	备注
普通聚氨酯	≥ 60	0.033	压缩（10%）0.3	≯ 10	> 80	120，瞬时 140	质密匀，孔径细小
耐高温改性	50～70	0.035	压缩（10%）0.3	≯ 8	88～93	140	泡质相对硬，孔径微大

5.3.3 无机绝热材料

无机材料为高温管道常用材料，有岩棉（矿渣棉）及其制品、玻璃棉及其制品、硅酸钙绝热制品、硅酸铝棉及其制品、硅酸盐复合绝热涂料、膨胀珍珠岩及其制品、膨胀蛭石及其制品、泡沫石棉、泡沫玻璃、泡沫橡塑绝热制品、硅酸铝纤维纺织品。各类无机绝热材料性能见表5-6。

表5-6 高温管道用绝热材料性能

材料	容重/(kg/m³)	常温导热系数/[W/(m·K)]	抗压强度/MPa	最高使用温度/℃	350℃时导热系数[W/(m·K)]	备注
泡沫玻璃	112~152	0.055	0.51	-196~300	0.12~0.15	易碎，抗热震性差，黏结用玛蹄脂耐温低
岩棉（管）	160~200	0.044	0.02	400（600）	0.09~0.12	遇水蹋落，破坏形状，高温下黏结剂挥发
改性珍珠岩（管）	200~350	0.058	0.3	650	0.10~0.12	易被碰碎，掉渣，保温性能低，造价便宜
硅球聚合保温材料	160~350	0.039	0.5	350	0.08~0.11	强度高，高温下黏结剂炭化
复合绝热硅酸盐	干密度180~220	0.06~0.08	0.1	600	0.06~0.11	浆体湿涂干收缩成型
轻质硅酸钙制品	170~240	0.051	0.4	650	0.08~0.11	耐煮沸，多次交变性能不变
离心玻璃棉	48~60	0.031	压缩（10%）0.2	538	0.05~0.09	轻质耐水，须设专门支架支撑
硅酸铝毯	80~180	0.041	压缩（10%）0.5	1100	0.07~0.10	耐高温及火烧

（1）矿棉、岩棉和玻璃棉

矿棉、岩棉和玻璃棉制品是最早出现的工业化纤维状绝热材料。矿棉以矿渣（高炉矿渣、粉煤灰、磷矿渣等）为主要原料，经过重熔、纤维化制成的一种无机纤维材料；岩棉系人造无机纤维，是一种轻质绝热保温材料，采用天然岩石（玄武岩、灰绿岩等）为基本原料，经熔化、纤维化制成；玻璃棉采用天然矿石（石灰石、石英砂、白云石等）为主要原料，辅以硼砂、纯碱等化工原料熔成玻璃态，在吹制或离心（离心玻璃毡）等外力方式甩成絮状细纤维，纤维与纤维间立体交叉，缠结在一起形成细小间隙，也可视为多孔材料，属于人造无机纤维。岩棉、毡等软质材料在管道外部以捆扎形式完成，在高温管道上会出现保温材料滑移、下沉的问题，使上下层出现严重不均匀现象，严重降低保温效果。

(2) 硅酸铝纤维

硅酸铝纤维以硬质黏土熟料为原料，高温熔融后喷吹成纤维状，可以制成不含黏合剂的硅酸铝纤维毯。

(3) 膨胀珍珠岩

为粉末状材料（术语：固体基质不连续气孔连续材料）。美国在1940年研制成功，采用珍珠岩或膨胀珍珠岩磨制而成。

(4) 硅藻土和蛭石

也属于粉状绝热材料，由天然干硅藻土、蛭石制成。

(5) 硅酸钙

多孔性材料，从1972年开始使用。以 SiO、CaO 以及增强纤维材料（如玻璃纤维、石棉等）为主要原料，再加入水、助剂等，经搅拌、加热、凝胶、成型、蒸压硬化、干燥等工序制成。产品耐热温度达不到650℃，超过450℃时制品就产生裂缝、变形。

(6) 微孔硅酸钙

多孔性材料，具有容重轻、导热系数低、抗折、抗压强度高、耐热性好、无毒不燃、可锯切、易加工、不腐蚀管线和设备等优点。由硬钙石型水化物、增强纤维等原料混合，经模压高温蒸氧工艺制成瓦块或板；可以与硅酸铝、聚氨酯等复合，是高温管线应用较多的绝热材料。

微孔硅酸钙尽管是绝热性能比较好的硬质保温材料，但在管道保温层应用中均以瓦块状成型，瓦块对接后拼缝涂抹密封胶，密封处理不当就会产生缝隙，管线震动会使得缝隙增大或瓦块脱开，造成较大热损失，并且硬质材料易出现破裂。

(7) 球硅复合材料

多孔性材料。以球硅为骨料，改性泡沫为黏合剂的复合绝热材料。具备不吸水、防水、防腐性能好、高韧性、高弹性、含湿率低等特点。作为绝热材料，抗压强度高，在管道保温上应用，不会下沉、脱落（岩棉等纤维状材料的缺陷），也无热桥散热问题（硅藻土、蛭石等瓦块状材料的缺陷），材料的憎水率99.9%，可有效防止水进入保温层。

(8) 复合硅酸盐

复合硅酸盐未定形前呈黏稠状浆体，具备绝热材料和涂料的双重特点，可采用涂抹方式均匀覆盖在管线表面，干燥后会在管道外表面形成连续的厚浆涂层，此涂层为微孔结构，并具备一定强度、弹性，涂层表面平整，无开裂，表面无气泡。

使用硅酸盐保温层也容易在对接部位因为管线的剧烈震动，出现裂缝，增大热损。

5.3.4 新型海管保温材料

对上述保温材料进行总结归纳，常见应用于海底管道的保温材料特性见表5-7和表5-8。

表 5-7　新型海底管道保温材料性能表[5]

材料	导热系数 [W/(m·K)]	密度 /(kg/m³)	抗压强度 /MPa	应用环境
实心聚丙烯保温材料	0.22	900	—	—
聚丙烯泡沫塑料	0.15～0.18	650～750	—	600 m，闭孔聚丙烯 1500 m
复合聚丙烯	0.15～0.18	670～820	—	实心聚丙烯填充中空玻璃微珠，300 m，140 ℃
实心聚氨酯	0.195	1150	—	3000 m，100 ℃，补口
有机聚合物复合聚氨酯（PSPU）	0.1～0.12	700	—	250 m，110 ℃
玻璃微珠复合聚氨酯（GSPU）	0.145～0.165	780～850	—	3000 m，110 ℃
环氧树脂泡沫塑料	0.185	800	9～10（25℃），7～8（100℃）	120～200 ℃
气凝胶保温材料	0.011～0.015	100～170	—	1500 m，纳米孔硅质保温材料，二氧化硅气凝胶

表 5-8　深水（305～610 m）单层保温管材料性能[6]

材料	导热系数 /[W/(m·K)]	密度 /(kg/m³)	抗压强度 /MPa
氯丁橡胶弹性体材料	0.031	1.44	—
微孔复合聚氨酯弹性体	0.21	1.20	—
聚氯乙烯泡沫材料	0.052	0.20	11.72
聚氨酯泡沫材料	0.030	0.03～0.08	—
聚氨酯固化材料	0.010	0.73	—
聚氨酯合成材料	0.220	0.90	—
聚丙烯合成材料	0.170	0.75	29.99
尼龙织物泡沫材料（无机材料）	0.22	0.80	12.41
玻璃微珠合成泡沫材料	0.150	0.66	33
合成聚丙烯树脂带	0.12～0.14	0.65～0.75	10.69

5.3.5　湿式和双重保温管保温材料

（1）海底保温管道所用湿式保温材料的应用参数见表 5-9。

表 5-9　湿式保温管材料应用参数[7,8]

材料		密度 /(kg/m³)	K 值 /[W/(m·K)]	应用温度 /℃	应用水深 /m
Rubber（Neoprene/HNBR）	橡胶（氯丁橡胶/HNBR）	实心体	—	0.26～0.28	90/140	>3000

续表

材料			密度/(kg/m³)	K值/[W/(m·K)]	应用温度/℃	应用水深/m
Filled (Neoprene/HNBR)	填充(氯丁橡胶/HNBR)	实心体	—	0.12~0.14	90/140	>3000
Syntactic epoxies	聚合环氧	聚合物	—	0.12~0.17	110	2800
Solid PU (Polyurethane)	固体PU(聚氨酯)	实心体	—	0.19~0.20	90湿/115干	>3000
SPU (Polyurethane)	SPU(聚氨酯)	高分子复合	710~725	0.13	90湿/115干	250
GSPU (Polyurethane)	GSPU(聚氨酯)	玻璃微珠复合	780	0.14~0.17	90湿/115干	2800
PP (Polypropylene)	PP(聚丙烯)	实心体	—	0.21~0.24	140	>3000
PPF (Polypropylene foam)	PPF(聚丙烯泡沫)	泡沫	—	0.13~0.20	140	600(2000改性泡沫)
GSPP (Polypropylene)	GSPP(聚丙烯)	玻璃微珠复合	—	0.17	140	2800
Styrenic (solid)	苯乙烯	实心体	—	0.156	120	>3000
Styrenic (foam)	苯乙烯泡沫	泡沫	—	0.115~0.145	120	—

(2)海底双重(钢套钢)保温管道所用材料应用参数见表5-10。

表5-10 双重保温管材料应用参数列表[7]

材料			密度/(kg/m³)	K值/[W/(m·K)]	应用温度/℃	应用水深/m
PUF (polyurethane foam)	聚氨酯泡沫	泡沫	60~120	0.03~0.04	80/144	不受限
mineral wool	矿物棉	岩棉纤维	—	0,04	700	不受限
fibreglass	玻璃纤维	拉丝矿物纤维	240~276	0.032	>150	不受限
micro-porous silica	微孔二氧化硅	微孔陶瓷	—	0.006~0.023	>150	不受限
aerogel	气凝胶	纳米二氧化硅	100	0.014~0.021	650	不受限

5.3.6 国外海底管道保温材料

国外供应商所提供的海底保温管道材料参数见表5-11。

表 5-11 海底管道保温层国外供应商材料参数表

材料		密度 /(kg/m³)	K值 /[W/(m·K)]	最高应用温度 /℃	比热容 /[J/(kg·K)]	供应商	NOTES
microtherm	microtherm	350	0.024	1000	800	Microtherm	需要套管
syntactic epoxy (solid/composite)	复合环氧树脂（实心体/复合材料）	750	0.10~0.15	150	1500	Cumming	现场浇注，最大水深 2300 m
LDPUF closed cell (high temp)	低密度PUF闭孔（高温）	60	0.025	140	1900	Baxenden	套管
LDPUF open cell	低密度PUF开孔	60	0.034	110	1900	Balmoral	套管
melamine open cell	三聚氰胺开孔	11	0.034	220	—	Balmoral	要求套管，最大压力等级>32 bar
LDPUF closed cell	低密度PUF闭孔	60	0.026	135	1900	Perma-Pipe Xtru-Therm	深水主要应用于管中管
polyisocyanurate rigid foam	聚异氰酸酯硬质泡沫	35	0.022	100	1400	Dow	液化天然气保温
rock wool	岩棉	100	0.044	800	840	Rockwool	套管
Ty-Mar 10K	复合环氧树脂	600	0.10	121	—	Textron	复合环氧树脂，最大水深 3000 m
hydrotherm	硅酸铝	420	0.11	200	—	TSSL (Corus)	管中管，套袖，alumina silicat
syntactic PP	复合PP	710 725	0.165 0.21	140 140	2000	Thermotite Socotherm	最大水深 3000 m，5层结构
gsyntactic PU	复合PU	700 864	0.12 0.166	125 100	1700 1800	Hyperlast Uratherm	最大水深 3000 m，普通 2100 m
gsyntactic PU	复合PU	860	0.165 0.154	115	1500	Hyperlast Thermoflow	玻璃微珠复合，最大水深 3000 m
gsyntactic PU	复合PU	780	0.145	100	1500	Hyperlast	玻璃微珠复合，最大水深 3000 m
aerogel	气凝胶	100	0.012	250	1000	Cabot Aspen	最大水深 1000 m，管中管无限制
lzoflex	lzoflex	250	0.007	900	800	ITP	最大水深 800 m，管中管无限制
PP foam	PP泡沫	770	0.18	120	1600	Thermotite	采用聚丙烯实心体外护，最大水深 1600 m

续表

材料		密度/(kg/m³)	K值/[W/(m·K)]	最高应用温度/℃	比热容/[J/(kg·K)]	供应商	NOTES
solid PU	实心 PU	1170	0.195	140	—	Hyperlast BASF Elastogran	用于现场节点聚氨酯复合材料
solid PP	实心 PP	900	0.22	120	1500	Thermotite	最大水深 1500 m
EPDM	三元乙丙橡胶	1150	0.26	130	1500	Various	最大水深 1500 m
med density PUF	中密度 PUF	210	0.055	135	1900	Permapipe	厚壁 PE 套袖，水深＜ 250 m

5.4 海洋保温管道类型介绍

5.4.1 双重保温管

双重保温管道[9]也称双钢保温管道或"钢套钢"保温管，双重保温管道系统是陆上钢套保温管道向海上保温输送管道发展的一个近似过程，采用已经非常成熟的技术以及常规有机或无机保温材料，满足浅海或深海的保温管道敷设要求。

（1）双重保温管结构

由一个输送钢质管道（工作管）加防腐层以及外部钢管（保护钢套管）加防腐层组成，具体结构如图 5-1 所示。同心的双钢管形成环形空腔内填充保温材料，或者创造一个主动真空环境，可以改善保温效果。

双重输送管道的优点是制造简单，材料成熟，厚壁防护钢管套强度更高，几乎可在任何水深条件下使用。然而，深水环境下使用的双钢管保温管道系统对于小型油田或边际油田来说成本非常高。

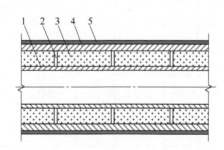

图 5-1 双重保温管结构示意图
1—工作钢管；2—中心定位器；3—保温层；4—外护钢管；5—外护管防腐层

（2）结构分类

① 滑动式双重保温管。中心定位器固定在工作管上，定位器与外护管内壁之间有 3～4 mm 的间隙，外护管可以在中心定位器上滑动。在铺管过程中，节点涂层涂装完成后，只需滑动外护管后进行焊接、涂装防腐层就可以形成一个整体结构，从而起到整体防护作用。

② 固定式结构双重保温管。外护管和工作管通过灌注保温材料成为一个整体，外护管不具备滑动性，节点补口时采用焊接钢质接头或普通保温形式（例如浇注湿式保温材料填充环形节点空腔），使得外护管在保温材料节点填充（或焊接接头）下成为完整、连续的一体化结构。只适用于低温流体输送管道。

（3）辅助装置

① 中心定位器。双重保温管采用外护管套装内工作管，在两管之间形成均匀的间隙，满足保温材料的填充，保证填充保温材料厚度的均匀性，才能确保更高的保温效率，更经济的材料选用。为确保内外管同心，需要采用中心定位器，并且要求中心定位器具备更高强度，以承载外护管及其外部载荷，防止保温材料的破坏，或者保温材料受压变形造成热流损失。

中心定位器之间的间隔距离视管道截面的载荷情况而定。对于卷筒法管道铺设，间隔为 2 m 左右；对于 S 形或 J 形管道铺设，则为 4 m 或 6 m 的间距[10]。

中心定位器安装使用前，需要进行滑脱、耐磨、蠕变以及抗老化试验等，以确保定位器在安装及其使用过程中不会在内管上产生滑移，确定材料在高温条件下的抗延展性以及处于高温受压环境下的材料抗蠕变和抗老化对机械完整性的影响。

中心定位器应该选用质地坚硬、不易变形并且能够减少热量传递的非金属材质，并且结构形式要求具有轻便简洁、安装快速简便、耐磨损性能好、抗压缩性能高、导热系数低、蠕变小等优点。

中心定位器设计。采用聚氨酯泡沫料时，为保证模具内泡沫料浇注过程物料流动通畅，以及物料在启发过程中均匀填充整个空腔，中心定位器必须设计物料流通通道。设计为两半结构，通过夹紧耳上的螺栓固定在工作管上，通孔和空腔结构满足聚氨酯物料的正常流通，具体可以参阅图 5-2，材料有碳钢、聚氨酯以及现在最新的 Devlon 工程材料[11]，但容易导热的碳钢结构不建议使用，尤其高温管道。

需要明确的是，刚性聚合物中心定位器间隔距离设置小于管道直径的 3 倍时，才能对提高外管的抗挤强度起作用[12]。

② 防水封堵器。防水封堵器安装于"钢套钢"环形空腔，当保温体系中的外管出现缺陷时，约束海水在封堵空腔内，防止其涌入保温管道整个环形空间，造成保温层整体浸水。

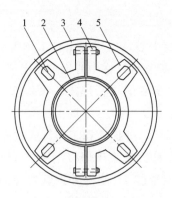

图 5-2 中心定位器结构示意图
1—物料通过孔；2—工作管；3—外护钢管；4—夹紧耳；5—支撑块

防水封堵器的间隔依据管径，并根据工程实际经验来确定。首先，海水浸泡的封堵空腔的最大热损要求在一个可以接受的范围内；同时，防水封堵器的间隔距离须满足维修的要求，例如一次修补备件（管道、管件、保温材料、中心定位器等）数量等的限制。根据经验，一般情况下推荐的典型防水封堵器间隔距离为 914 m[10]。

防水封堵器，使用前须进行加载、静水压以及材料抗老化试验，以模拟当外管出现缺陷时，静水压在防水封堵器密封上所产生的轴向载荷，确定防水封堵器的密封能力，研究因热老化引起的密封完整性。

③ 支撑架。支撑架的作用是对非束缚的"钢套钢"保温体系的内外管之间的重力载荷（海水静水压和外管重量）进行重新分配。没有安装支撑架体系，内管上累积的压力载荷将达到屈服强度的 30%～50%，管道运行期间，因为轴向压力、内压载荷以及附加的热膨胀挤压可能会导致内管的失效（轴向挤压破裂）。常规要求，支撑架的间隔距离应略小于海水深度。

支撑架须进行加载试验，要求通过有限元分析软件来确定支撑架上的最大轴向载荷，试验时的负载系数为 1.1[10]。

（4）保温材料

海洋双重保温管道系统，结构形式完全等同于陆地双钢保温管道体系，只是为达到海管运行时稳管的目的，外层钢管的壁厚较大，从而起到配重作用。而保温材料则依据管内输送流体的温度选取，所以应用于高温型的保温材料有：气凝胶、高密度聚氨酯、聚合物基体中的聚苯乙烯泡沫塑料球体（FT600S）以及常规的无机绝热材料岩棉、耐高温玻璃棉、硅酸铝、微孔硅酸钙、复合硅酸盐等。常温型保温材料则有普通低密度聚合泡沫塑料、气凝胶等，也可采用无机材料。实际应用中主要采用硬质聚氨酯泡沫和气凝胶。成型方式有缠绕（毡带）和灌注（泡沫料），其中气凝胶是近年开始应用的新型保温材料，例如中海油采用美国白杨公司生产的 Spaceloft™46250 气凝胶。

表 5-12 列出了双重保温管道系统常用的主要保温材料[9]。

表 5-12 双重保温管道系统用保温材料

基体材料	热导率/[W/(m·K)]	密度/(kg/m³)
低密度聚氨酯泡沫（EMERSON & CUMMINGS）	0.025	60～70
高密度聚氨酯泡沫	0.05～006	250～500
PT6000S	0.85	534
Lzoflex（INTERPIPE）	0.01～0.022	500
气凝胶	0.014～0.017	100～171

（5）双重保温管结构实例

双重保温管道有 40～100mm 厚的保温层，总传热系数（U 值）范围为 0.8～3.5 W/(m²·℃)。表 5-13 列出了一些双重保温管用绝热材料应用实例[13]。

表 5-13 双重保温管系统详细说明

保温材料名称	U 值/[W/(m²·℃)]	导热系数/[W/(m·K)]	管道尺寸/mm
多微孔材料	0.8	0.021	工作管=168.6×11 外护管=279.4×18
聚氨酯泡沫	0.8	0.05	工作管=168.6×11 外护管=318.6×15
聚氨酯泡沫	—	0.016	工作管=273.1×9.3 外护管=355.6×9.5
聚氨酯泡沫	—	0.016	工作管=323.9×12.7 外护管=457.2×11.13

（6）双重保温管道结构优缺点

优点：①双重保温管，因为外护管采用钢质管道，强度高，结构安全可靠；②采用常规、可见的普通干式保温材料，能够满足 2000～3000m 水深；③可以采用刚性节点和普通节点补口形式。

缺点：①钢材消耗量大，外护管消耗通常为内管的 2 倍，因此外护管占用 2/3 的总用钢量；②成本成倍增加，双重保温管结构成型时，需要对内外管进行防腐处理；③铺管效率低，铺管过程中，节点工作量大，铺管工作时需要对内外钢管进行焊接，并对内外管节点进行防腐处理，外管还须进行探伤检测；④实际应用中，需要对外管进行阴极保护。

5.4.2 单壁保温管

单壁保温管相对于双重保温管，管道结构中只采用了一层钢管（工作管）。主要结构为工作管、防腐层和保温层,一般为保温层直接入水或保温层添加混凝土配重层入水,这里的混凝土配重层所起的作用就是双重保温层的外套钢管的配重作用。

(1)保温层结构分类

单壁保温管保温层结构分为两类。

一类是工作钢管加防腐层加保温层。保温层直接接触海水,这主要由保温层材料的特性决定:保温层的吸水率低,抗压强度高,自身具备保护特性。这类保温层称为湿式保温层结构。

另一类是工作钢管加防腐层加保温层加外护层。这类保温层可以为湿式结构,保温层抗静水压力能力强,外护层起到抗机械损坏的作用,满足深水敷设要求。或为干式保温层结构,保温层吸水率高,不耐高的静水压,保温层外涂覆的外护层起到防水和抗机械保护双重作用,只能敷设于浅海区域。

(2)保温层结构示意

单壁保温管的最初结构为干式保温层复合混凝土配重层结构如图 5-3 所示。

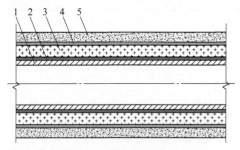

图 5-3 混凝土配重保温管结构示意图
1—工作钢管;2—防腐层;3—保温层;4—保温层外护层;5—混凝土配重层

① 防腐层。

直接涂覆在钢管外,为防止海水渗透而侵蚀工作钢管,造成腐蚀泄漏,从而影响使用寿命。防腐涂层一般设计为耐海水侵蚀的 FBE 涂层、三层 PE 涂层或三层 PP 涂层等。

② 保温层。

为保证工作钢管流体的恒温度输送,需要包裹或涂装保温层。保温层直接涂覆在防腐层表面,常规的干式保温层为硬质聚氨酯泡沫层。聚氨酯泡沫保温层性能指标见表 5-14。

③ 防护层。

硬质聚氨酯保温具备较高的吸水性,吸水后会造成保温性能下降,所以需要在保温层外涂覆防水防护层,其材料为高密度聚乙烯(HDPE),材料性能指标见表 5-15。

表 5-14　聚氨酯泡沫保温层性能指标[2]

检验项目		性能指标	备注
表观密度 /(kg/m³)		≥ 60	—
抗压强度 /MPa		≥ 1.5 倍工作水深静水压	—
吸水率（常压沸水中浸泡，90min）/%		≤ 10	—
闭孔率 /%		≥ 88	—
导热系数（50℃）/[W/(m·K)]		≤ 0.033	—
耐热性	尺寸变化率 /%	≤ 3	试验条件 100 ℃，96 h
	重量变化率 /%	≤ 2	
适用水深 /m		40 ~ 60	—

表 5-15　聚乙烯外护管性能指标[3]

序号	检验项目	性能指标	备注
1	密度 /(kg/m³)	940 ≤ ρ < 960	
2	熔体质量流动速率 /(g/10min)	0.2 ~ 1.4	实验条件，5 kg，190 ℃
3	炭黑含量 /%	2.5 ± 0.5	质量分数，不应有色差
4	屈服强度 /MPa	≥ 19	
5	断裂伸长率 /%	≥ 450	
6	纵向回缩率 /%	≤ 3	
7	耐环境应力开裂 /h	≥ 300	

④ 配重层。

为满足管道在海水中敷设和运行时对抗海水的浮力，以及防止管道保温层出现压溃，必须在保温层外涂覆混凝土配重层。

（3）单壁保温管优缺点

单壁保温管具有如下优缺点：相比于双重保温管，节省 2/3 钢材用量；减轻了管道的整体重量，降低了管道敷设过程中的动力需求；取消了外护钢管，不存在外套钢管防腐以及腐蚀问题；减少了铺管过程的双重管道的焊接量，提高了铺管效率；聚氨酯保温层采用"管中管法"或"一步法"生产的单壁保温管，因为防水帽结构，只能适用于 40 m 左右水深。"喷涂法"虽然避免了防水帽结构，但也只适用于 200 m 左右水深，无法满足深水要求。

所以，单壁保温管针对的是单层工作管，涂覆保温层或增加混凝土配重层。保温管道除采用常规的干式保温材料外，还可采用湿保温层，以满足更深的水域要求。

5.4.3　干式保温管

海洋管道发展初期，保温涂层所采用的材料是直接采用与陆地管相同的材料体系，例如聚氨酯泡沫塑料等有机材料以及岩棉、耐高温玻璃棉、硅酸铝、微孔硅酸钙、复合硅酸盐等无机保温材料。依据不同的设计要求和温度等级进行选用。

这类材料有一个共同的特点，吸水率比较高，不能完全裸露在海洋环境中，需要增加外护防水层，才能隔绝保温层与海水的直接接触。

（1）干式保温管的结构分类

干式保温管的结构分两种：

一种是满足混凝土配重的外加防水保护层的保温体系，例如聚氨酯泡沫塑料保温层，外护采用高密度聚乙烯防护层，这类防护层在混凝土层下满足水浸泡长期使用的要求。这类保温体系也可采用双重保温管结构。

另外一种是采用无机绝热材料类，满足管道输送高温流体的需求，这类保温层采用捆扎结构，层间非密实状态，并且材料的吸水率非常高，无法采用常规的防水保护层，并且自身涂层结构无法满足混凝土配重层的成型，所以只能采用双重保温管结构形式。在双钢管层间填充无机保温材料，外层钢管添加防腐层满足防腐、防水和配重要求。

干式保温管因为结构、材料的特殊性，大部分应用于浅海区域，但采用双重保温管结构的，也可以应用在深海，例如采用气凝胶的双重保温管道就可以在水深1500 m左右进行敷设。

（2）干式保温管优缺点

干式保温管具有以下优缺点：采用常规、普通保温材料，材料的选用方便；材料造价低，经济性好；保温材料普遍导热系数低，不需要改性，保温效果好；从陆地保温管过渡到海洋，涂层成型工艺成熟简单；大部分结构只能应用于浅海区域（60 m左右）；力学性能和抗压强度低，吸水性高；为防止水浸泡保温层，对焊接节点补口要求更高。

5.4.4 湿式保温管

湿式保温管道[9]所用保温材料，是为了满足海洋保温管在深海稳定运行而开发的。这类材料的吸水率低、密度高、导热系数较低，能够直接浸泡在海水中而不发生材料改性，导热系数受到的影响小，长期承受高静水压而不发生压溃造成保温层结构发生破坏。

所以，湿式保温管道没有像双重保温管或混凝土配重层保温管那样采用外护钢管或混凝土配重层的外保护，是将保温材料直接涂覆在钢管或其外涂层上，保温材料直接接触海水或海泥环境。湿式保温层不加保护的前提是，管道必须能够承受深水环境的静水压力以及安装过程中的拉伸、挤压载荷，并能够在水环境下在预计的使用寿命时间内保持湿式保温特性。

关于是否采用混凝土配重层，在海管湿式保温管中并非绝对否定，因为混凝土配重层在海水中不仅具备抗静水压作用，还具备抵抗水浮力作用，满足敷设要求和管道稳定运行要求,所以湿式保温管道在一定条件下也可以采用混凝土配重层。

(1) 湿式保温管道设计要求

① 满足铺管要求,管道深水铺设过程中,可安全、完整地置于海床上;

② 满足较高或很高的操作温度,一般要求达到 120 ℃以上;

③ 要求高的抗压强度,满足深海高静水压下长期稳定运行;

④ 高的机械强度,能够抵抗一定的外力冲击,防止外部作用力造成的冲击损坏;

⑤ 良好的层间结合力,防止铺管等拖拽过程中造成涂层滑移。

(2) 保温材料性能要求

湿式保温材料要求好的保温性能、极低的吸水率、高抗拉以及抗压屈服强度、良好的机械性、低温适应能力、抗蠕变性能等[14]。

① 良好的保温性能。

保温管道的最基本功能就是保证输送的流体在合理温度范围内的正常输送,湿式保温材料同样要求达到这样的功能,而这种功能的实现,由保温层厚度和保温材料的导热系数决定,导热系数又不能因为在海水环境中,受压力和水环境发生根本性的变化。

② 极低的吸水率。

0℃时,水的导热系数是 0.55W/(m·K),是普通聚氨酯保温材料的 10 倍以上,是其他保温材料的 3～4 倍,当保温材料在水环境的吸水率过高时,保温层会随着保温系数的降低,保温效果会急剧下降,所以湿式保温材料最重要的性能参数除导热系数外就是吸水率,只有通过吸水率测试才能初步验证其是否能在海水中作为湿式保温材料。

③ 抗拉、抗压屈服强度。

海管铺设采用多种方式,在铺管过程中,任何一种方式管道都会承受铺管设备带来的巨大挤压力,而这种挤压力需要涂层来承受和抵消,尤其完全接触张紧器等的湿式保温层。而管道在深海中服役时,需要承受非常高的海水静压力。因此要求所采用的保温层要具有高的抗拉、抗压屈服强度。即便采用混凝土等配重涂层,同样不能因为配重层发生挫裂、形变等造成保温层损坏。

④ 抗力学性能。

海洋环境错综复杂,海浪冲击,锚链、海底岩石等外力撞击极有可能发生,要求直接暴露在海洋环境的湿式保温层具备良好的抗力学性能。

⑤ 高温适应能力。

深海管道基本运行在 0 ℃左右,依据流体特性,流体可能需要加温到 120 ℃以上温度,这就要求高温状态下的保温材料不能发生变性,以免造成保温效果急剧下降。

⑥ 抗蠕变性能。

深海环境的保温管道,材料受到极大静水压力作用,可能会发生蠕变行为。蠕变行为的发生,就会造成材料性能的改变。在管道的使用寿命期内,确保材料在长期静水压下不发生蠕变造成变性,才能保证其保温性能。

(3)典型湿式保温系统组成(图5-4)

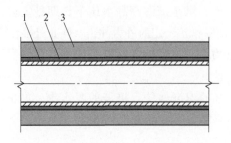

图5-4　聚氨酯弹性体保温管结构示意图
1—工作钢管；2—防腐层；3—湿式保温层

① 工作管为满足海洋油气运行要求的厚壁钢质管道,材质选用碳锰钢、13%Cr 钢、复合钢管或双相不锈钢。

② 工作钢管表面的防腐蚀涂层,可以采用熔结环氧粉末层($\approx 600\ \mu m$)、三层 PE 涂层或三层 PP 涂层。

③ 湿式保温材料涂层,由高密度、低导热系数的有机涂层组成,适应特殊环境,有多层结构。如聚氨酯材料保温体系、聚丙烯材料保温体系、苯乙烯材料保温体系。采用复合聚氨酯(GSPU)保温层厚度一般在 25～100 mm[15]。

(4)湿式保温管优缺点

① 湿式保温层具备保温和防护双重作用,从而保证了海底管道涂层稳定性；

② 高密度,低吸水率耐海水浸泡,高强度以及优异的韧性等,不需要额外的防水涂层,保温层结构简单,出现损坏的概率低；

③ 涂层端部结构密封性能好,无须安装防水帽,因端部缺陷所造成的涂层损坏少；

④ 涂层结构简单,在铺管工作时,节点处理工序少,无防水帽、热缩带等,节省铺管时间；

⑤ 适用于 600～1500 m,或 3000 m 以上水深；

⑥ 材料的导热系数高于硬质聚氨酯泡沫,实现同样保温效果需加大保温层厚度；

⑦ 同普通外护层一致,与混凝土配重层的相互抗剪切能力差,对于模压成型的保温层可以采用沟槽设计模具在保温层表面形成减阻带,或采用车削方式二次成型减阻带；

湿式保温和防腐系统已在北海使用接近 30 年,最初基于沥青和聚乙烯弹性材料。现已开发出了多种固体和泡沫聚合物/弹性材料,可满足海水环境的大多数应用和要求。

随着深水（>300 m）作业的不断增加，固体材料、特殊聚合物复合材料和含有空心玻璃或硅酸盐微球体的合成环氧树脂成为使用的主要材料，这些材料可在水深超过 1000 m、温度为 135 ℃的条件下使用。

湿式保温管道在深水中应用需要解决两个主要问题：①防止在高外部静水压力条件下长期水浸，失去保温性能；②需要适当的机械强度来承受安装过程中产生的载荷。表 5-16 列出了湿式保温管道常用的主要保温材料。

表 5-16 湿式保温管道用保温材料[9]

材料	最大水深 /m	热导率 /[W/(m·K)]	密度 /(kg/m³)
合成聚氨酯+玻璃微珠（ISOTUB、BALMORAL）	1800	0.13	830
合成聚丙烯（ISOTUB）	900～1800	0.16	710
合成聚氨酯+玻璃微珠（BPCL）	1800	0.135	830
试验合成聚氨酯（合资项目）	2750	0.1	700
合成胶带（也用于挠性管道）	1000	0.11	640
实心及发泡聚丙烯	950～1070	0.17	750
保温弹性材料	1000	0.12	—
热塑橡胶	无限值（研发）	0.16	1029

5.5 深海保温管道

随着海洋油气田的发展，海洋近海管道、立管以及深水管道的保温材料的选用、保温层结构及其成型越来越受到重视，进入 400 m 及其以上海洋深度，双重保温管的材料消耗等缺陷显现，并且随着介质温度的不断提高，须采用适应性更高的保温材料，满足深水或更深水域的保温要求，以替代硬质聚氨酯保温层。

深海油气勘探始于 20 世纪 60 年代末，经过几十年的发展，取得了突出的成就，我国深海勘探虽然刚刚起步，但资源潜力大，发展前景好。随着开采技术的不断发展，深海油气开发早已经成为油气开采的重点。

深海是一个动态的概念。20 世纪 70 年代以 100 m 为界限，20 世纪 90 年代晚期为 300 m，2003 年美国矿管机构将水深大于 450 m 的区域定义为深水区，水深大于 1500 m 的区域为超深水区。按照勘测技术发展成熟性，目前将 400～500 m 作为深、浅水的界限。但按照海洋输送管道保温层材料及其结构的发展，我们把小于 300 m 水深定义为浅水区域，300 m 以上为深水，超 1500 m 则为超深水区域。

深海油田所产原油普遍存在密度高、含蜡量高、黏度大的特点，并且深海环境的特殊性,对管道的保温涂层的材料及其结构形式提出了更高的要求。

深水管道涂层涂覆预制技术领域,加拿大的 Bredero Shaw 公司、美国 Perma-Pipe、马来西亚的 PPSC 公司等已走在前列,其中管道的聚氨酯复合涂层体系、多层聚丙烯涂层体系在巴西近海、北海、墨西哥湾、西非得到了广泛应用。而我国的深水管道涂层材料以及涂覆技术才刚刚起步。

5.5.1 深海环境特性

海洋环境中不同区域的温度、压力、溶解氧、pH 值、含盐量、海水流速等不同,导致表层海洋(浅海)环境与深海环境完全不同[16]。

(1)温度

不同海洋深度的温度,从海面下 300 m 下降到 1000 m 时温度下降速度很快,超过 1000 m 时温度的下降速度反而减小,并几乎恒定在冰点的几摄氏度范围内。在 4000 m 的深水区域,不同的海洋温度分布则趋于均匀,此时整个大洋水温差不过 3 ℃左右。

(2)压力

海洋静水压力,因为海水的温度、盐度以及海水密度等因素,并非完全按照下降 100m 增加 1MPa 来进行计算。所以特定海洋深处的确切压力,须经过实际测量,或根据所处位置海水温度和盐度梯度的详细数据进行计算。

(3)洋流速度

海洋表面的洋流速度远大于海洋深层和近(浅)海底。根据监测数据显示,墨西哥湾表面洋流速度最快(9.5 km/h),200 米深处流动速度约 4000 m/h,而百慕大附近 350 m 深海域洋流速度则为 1800～2200 m/h。

(4)海洋生物污损

通过试验数据得出的结论,海洋生物的污损范围为从海面开始到 180 m 深处最为严重,180 m 到 1200 m 为轻度,1200 m 以下非常轻微。

(5)含氧量

海水溶解氧含量标准值约为 0～9 mL/L。一般情况下表层海水的含氧量为饱和或接近饱和状态,300～1000 m 深度的海水含氧量则相对较低,达到 1000 m 以下时海水含氧量又增加,并且一直到海底达到相对较高的水平。

表 5-17 为海洋环境中不同水深下温度、压力和盐度的分布数据。

表 5-17 不同水深下温度、压力和盐度的分布[17]

项目	温度/℃	静水压力/MPa	洋流速度/(cm/s)	盐度(NaCl)/‰
水深 30m	11	0.42	>220	36.5
水深 60m	6	0.72	170～360	36.4

续表

项目	温度/℃	静水压力/MPa	洋流速度/(cm/s)	盐度（NaCl）/‰
水深100m	4	1.13	120～150	36.3
水深150m	3	1.65	75～90	36.2
水深300m	2	3.18	50～60	36.2
水深500m	2	5.19	<20	36.1

5.5.2 深海环境油气特性

陆地、浅海油气与深海油气资源具有较大的差异性，深海油气田：①油气资源丰富，油气田规模大，远超浅水区域；②原油密度高、环境气温低、含蜡量高；③油气具备高倾点、高黏度特点；④勘测输送的油气具有高压、高温、输送量大特点。例如墨西哥湾特深海油气关井压力大于68.95 MPa、井底温度超过176 ℃，且输送流量大[5]。

5.5.3 深海保温涂层性能要求

在特殊的深海环境下，对输运管道的保温层提出更严格的要求，除采用双重保温管结构形式，可以采用一些特殊绝热材料（气凝胶等）外，对用单壁保温管道，尤其在长期水浸泡和静水压作用下，对保温涂层提出了保温性能、耐静水压力、高强度、方便施工、耐腐蚀等性能要求。

（1）保温性能

深海保温管道首先满足的是保温特性，保温特性的体现通过材料的导热系数。满足深海单壁管道的保温材料，导热系数一般为硬质聚氨酯泡沫的5～8倍，所以满足相同热特性条件下，涂层厚度要求较厚。

（2）耐高静水压能力和长期海水浸泡

保温管道处在深海特殊环境下，保温层直接接触海水并处在高静水压下，长期运行要求极低的吸水率，导热系数不发生变化，涂层材料抗蠕变能力强，确保在湿状态条件下，涂层界面的黏结力不发生改变。

（3）足够的抗压强度和抵抗载荷能力

在铺管过程中，保温体系中的层间结合面不但要承受抗剪切、挤压，同样外保温层同样承受这些力，并且保温层厚度较厚，所以涂层内部不但要承受铺管过程所受外力，还需要承受管道运行期间的海水静压力，因此要求保温材料要具有较高的抗拉、抗压屈服强度。

（4）成熟快速的涂层成型工艺

涂层优点不代表其成型工艺的快捷性。要想满足海洋管道铺设的高效性，需要涂层的成型工艺成熟快速，这样才能提高管道铺设效率。并且海洋管道的铺设难度远高于陆地管道，尤其深海管道，在管道铺设过程中，管道节点的补涂同样要求简易快捷。

（5）涂层整体性和黏结性

深海管道的保温材料所形成的涂层要求其完整性，不得在外力或者在水浸泡下造成涂层破损状态出现，从而影响到涂层所要求的保温性能，并且与防腐涂层以及外护或者配重涂层具备良好的黏结性，防止出现涂层滑移脱壳现象的产生。

5.5.4 深海管道保温材料

常用的深海管道保温材料除"钢套钢"用的气凝胶等外，直接与海水接触的，我们称之为湿式保温材料的有：聚氨酯体系材料、环氧树脂体系材料、聚丙烯体系材料和苯乙烯体系材料等。其中聚氨酯和聚丙烯应用最为广泛。

5.5.4.1 气凝胶保温材料

气凝胶（Aerogel），又称为干凝胶，经过化学溶液反应形成的溶胶，凝胶化所获得的凝胶，其通过分子间相互聚集形成纳米级多孔网络结构，这种多孔材料外观呈现固体状，气凝胶孔隙率可达 80%～99.18%，孔洞尺寸一般在 1～100 nm，而密度变化可达 3～600 kg/m³，适用温度范围为 -200～200 ℃。其隔热性能优越，常温下的热导率在 0.011～0.016 W/(m·K) 之间。由于气凝胶中一般 80% 以上是空气，所以有非常好的隔热效果，气凝胶复合绝热材料的保温效果要优于传统保温材料 3～5 倍，一寸厚的气凝胶相当 20～30 块普通玻璃的隔热功能。

针对保温管道，相同热特性条件下，10 mm 厚的气凝胶等同于 20 mm 无碱玻璃纤维、40 mm 的石棉玻璃棉和 40 mm 厚的珍珠岩。

气凝胶具备很好的物理性能同时最高可耐受 1600 ℃ 的高温。一般常见的气凝胶为硅气凝胶，其最早由美国科学工作者 Kistler 在 1931 年制得。

针对深海保温，美国白杨气凝胶有限公司生产的厚度为 6 mm 的毯式结构海底管道气凝胶保温材料（Spaceloft™ 6250），密度范围 100～170 kg/m³，导热系数约为 0.011～0.015 W/(m·K)，可应用于 1500 m 水深的"钢套钢"保温结构形式[5]。我国在 2010 年把气凝胶作为保温材料应用在深海管道中。

5.5.4.2 聚氨酯保温材料

聚氨酯保温材料按照其结构形式分为：硬质聚氨酯泡沫塑料、实心聚氨酯和复合聚氨酯。

① 聚氨酯泡沫塑料，具有闭孔率高、密度低、导热系数小、化学稳定性好等优越性。但也具有吸水率高、机械强度低、抗压强度低等缺点，只能应用于浅海区域的保温层结构中。

② 实心聚氨酯，为经过特殊改性的聚氨酯聚合物，不添加任何复合材料，为无空洞的实心结构，材料密度大、耐压、抗力学性能好、吸水率极低，所成型的保温层能够适用于大于 3000 m 的海水深度使用。

③ 复合聚氨酯材料，是在改性聚氨酯中添加有机聚合物或者无机玻璃空心微球复合而成，材料性能韧性好、较低密度、高抗压性能、耐浸泡。满足 300～1500 m 水深的保温要求。

聚氨酯材料中添加有机空心聚合物复合材料简称 PSPU。微球为聚合物提供高的抗静水压性能，有机微球直径通常在 50～200 μm 之间。

聚氨酯中添加无机空心玻璃微珠复合材料简称 GSPU。空心玻璃微珠为碱石灰硼硅酸盐，平均粒径约 30～100 μm，密度 0.32～0.60 g/cm^3，抗压强度为 14～126 MPa，导热系数为 0.10～0.20 W/(m·K)，壁厚为几个微米。

表 5-18 给出了各类聚氨酯保温材料的性能、使用条件及主要用途[18]。

深海管道的 GSPU 保温材料及其保温技术由国外公司开发并垄断。但在国家科技部和中海油总公司的支持下，2012 年，中海油公司首次实现了 GSPU 材料的国产化，完成了复合聚氨酯保温管道的试制，并最终得到工程验证[19]。

表 5-18　各类聚氨酯复合保温层性能、使用条件及主要用途

性能	实心聚氨酯	PSPU	GSPU
密度/(kg/m^3)	1000～1200	600～800	780～850
管径/mm	100～600	100～600	100～600
运行温度/℃	≤100	-35～115	-35～115
管长/m	8～13	8～13	8～13
最大水深/m	3000	300	1500（3000）
导热系数/[W/(m·K)]	0.195	0.1～0.12	0.145～0.17
比热容/[J/(kg·K)]	1800	1700	1700
用途	补口	平管、立管、补口	平管、立管、补口
涂覆方法	模制	模制	模制

中海油进行了大量的实验对原材料的配比和型号进行优化，获得了综合性能优良的配方，见表 5-19。

表 5-19　聚氨酯弹性体原材料配方

A 组分	质量百分数%	B 组分	质量百分数%
二苯基甲烷二异氰酸酯 MDI-I	60～90	聚合物多元醇 PPG-1	30～60
二苯基甲烷二异氰酸酯 MDI-II	10～40	聚合物多元醇 PPG-2	20～30
单官能团小分子醇 IPOL	2～10	聚四亚甲基醚二醇	5～10
催化剂 BT-G	0.01～0.5	1,4-丁二醇	5～10
苯甲酰氯	0.01～0.5	1,2-丁二醇	5～10
助剂	微量	助剂	微量

从中海油对复合聚氨酯材料的参数指标测试结果（表 5-20、表 5-21）得出，目前国产聚氨酯复合材料达到国外同类产品标准。同样保温产品测试结果也达到了标准要求（表 5-22）。

表 5-20　研制的复合聚氨酯湿式保温材料的性能测试指标（1500 m 水探）

复合材料（GSPU）	性质测试方法	国外材料指标	国产材料指标
密度 /(kg/m³)	ASTM D792	790～850	840
导热系数 /[W/(m·K)]	ASTM C518	0.145～0.180	0.15
硬度（邵氏 A）/(°)	ASTM D2240	80～100	90
吸水率 /%	24 h，90 ℃、20 MPa，蒸馏水	≤3	2.2
撕裂强度 /(N/mm)	ASTM D624	50～70	58
拉伸强度 /MPa	ASTM D412	6～8	7.1
断裂伸长率 /%	ASTM D412	100～150	123
抗压强度（单轴）/MPa	ASTM D695a	≥18	22
剪切强度 /MPa	HG/T 3839—2006	≥12	13.4
杨氏模量（单轴）/MPa	ASTM D638	≥120	145
泊松比	ASTM E132	0.3～0.5	0.42
比热容 /[J/(kg·℃)]	DSC	1.3～1.8	1.5
拉伸强度变化率 /%	7 d、100 ℃模拟海水	≤5	-2
断裂伸长率变化率 /%			-8
硬度变化率 /%			-3
拉伸强度变化率 /%	115 ℃、28d	≤15	-14
断裂伸长率变化率 /%			-11
硬度变化率 /%			-5

表 5-21　复合聚氨酯保温材料性能检测结果[20]

项目	密度 /(kg/m³)	导热系数 /[W/(m·K)]	抗压强度 /MPa	吸水率 /%	硬度（邵氏 A）/(°)	拉伸强度 /MPa	比热容 /[kJ/(kg·K)]
技术要求	600～800	<0.15	<5	<3	88～94	>3	1.70
实测值	772.8	0.1489	15.76	0.48	89	4.48	1.41
检测方法	ISO 2781	BS 874	ASTM D624	ASTM D471	ISO 868	ISO 37	ISO 11357.4

表 5-22　复合聚氨酯保温管道产品性能检测结果[20]

项目	总传热系数 /[W/(m²·K)]	保温涂层与 FBE 涂层的黏结力/(N·mm²)	抗静水压强度 /MPa	全尺寸剪切强度 /(N·mm²)	热老化（80℃, 28d）		
					断裂伸长率变化率 %	拉伸断裂强度变化率 %	硬度变化率 %
技术要求	<3	5	2.5	5	≤-20	≤-20	≤-10
实测值	2.8	6	2.5 未见破坏	5.8	-18	-16	-7
检测方法	GB/T 4272—2008 GB/T 8174—2008 CJ/T 140—2001	ASTMD 76	海油	海油	DIN 53504	DIN 53504	DIN 53504

5.5.4.3 聚丙烯保温材料

聚丙烯材料在管道海底钢管上的防腐性能有目共睹，并且因为其优异的特性，也适合作为海洋管道的保温材料[21]。

20世纪80年代中期，挪威海德鲁（Norsk Hydro）公司与芬兰的Neste Oil公司合作，开发出了采用泡沫聚丙烯作为海底管道的保温材料。经过一系列试验后，泡沫聚丙烯保温系统1989年首次在Oseberg油田实现了工业应用。这个独特的保温系统材料采用直角机头挤出工艺，特别适合多层挤出系统。并且其独特的材料特性，特殊的施工工艺使层与层之间良好的结合成为一个整体，并且能够形成富有柔韧性的系统。其适用温度和水深突破了一定极限，达到140 ℃以上和600～1500 m的水深，实心聚丙烯保温层结构更能够达到3000 m水深[22]。

（1）聚丙烯保温材料特点[21]

① 适用温度范围宽，从-20～140 ℃，发泡聚丙烯在120 ℃下放置22 h，尺寸收缩2%，可以代替硬质聚氨酯保温层应用于高于60 ℃的管道涂层；

② 柔韧性好，采用任何方式进行铺管时，满足张紧器等弯曲应力要求，并且适合在0 ℃环境中使用；

③ 吸水率低，闭式泡孔结构，受潮后对导热系数影响小，不会造成涂层的保温性能下降；

④ 导热系数低，在适合的涂层厚度下，满足保温要求；

⑤ 耐冲击，在水力等作用下，能够抵抗海底岩石以及船锚冲击。例如采用有二元乙丙橡胶分散相的嵌段共聚单体作为管道防腐保温材料，在0 ℃的温度下，依然有很强的抗冲击强度；

⑥ 耐磨损，铺管过程中或运行过程中，或在海浪的作用下，涂层不易磨损；

⑦ 抗蠕变，长期静水压作用下，不会发生蠕变变形；

⑧ 材料加工技术成熟，性能稳定；

⑨ 环境友好，在涂装及应用过程中，对环境影响非常小。

（2）聚丙烯复合保温体系特点

聚丙烯复合涂层体系具有保温、质轻、抗压、不可渗透、稳定、韧性好、可修复、经济环保等特点。可以满足从浅水到深水不同深度和海况下海底管道的防腐保温要求，可在铺管船上采用S形、J形及卷筒铺设法进行海上安装[18]。

（3）聚丙烯保温材料分类

应用于海底管道聚丙烯保温材料分为实心聚丙烯、发泡聚丙烯和复合聚丙烯三大类。

① 实心聚丙烯。

实心聚丙烯保温材料为聚丙烯合成材料，涂层成型过程中不添加任何物理或化学填料，也不经过改性，形成的保温层结构为实心体结构，这种材料形成的保温层密度约为 900 kg/m³，导热系数 0.22 W/(m·K)左右[23]。

② 发泡聚丙烯。

发泡聚丙烯是以聚丙烯树脂为基料，通过机械发泡、物理或化学发泡方式制得。机械发泡借助机械强力搅拌使气体均匀混入树脂中形成气泡。物理发泡则是借助于发泡剂（如氮气等）在树脂中物理状态的改变形成大量气泡。化学发泡是与发泡剂发生化学反应产生的气体使树脂发泡。泡沫塑料常用的成型方法有挤出、注塑及模压成型等。

在合理的工艺条件下，标准聚丙烯材料若采用化学发泡剂发泡，可以使其密度从实心聚丙烯的 900 kg/m³ 降到 700 kg/m³。而其导热系数（K 值）也从实心聚丙烯的 0.22 W/(m·K) 降为 0.17 W/(m·K)，保温能力显著提升[21]。

所以，应用于海底管道保温的聚丙烯泡沫塑料密度一般为 650～750 kg/m³，导热系数为 0.15～0.18 W/(m·K)。一般应用于 600 m 水深的湿式结构或者采用"钢套钢"结构的保温形式应用于深海，而改性的闭孔聚丙烯泡沫塑料则因其良好的力学性能而应用到 1500 m 水深。

③ 复合聚丙烯。

玻璃微珠复合聚丙烯泡沫是一种将无机粒子玻璃微珠作为填充物填充在聚丙烯材料中形成的复合材料。这种材料，从 1995 年开始，已经在海洋石油工业中得到应用，最早的案例是壳牌公司选用这种材料用作 Mars 钢悬链立管（SCR）的保温[23]。这种材料的应用分为三大类：一类处于冷水中（4 ℃），应用于钻井支持立管用的浮舱或者浮子；另外一类为应用于海底设备或作为出油管线的保温材料，复合保温材料要求承受 150 ℃ 的高温，并满足浮力作用下稳定运行的要求；还有一新大类，是生产立管，这类管子需浮力举升，并满足在 40～65 ℃ 的水里长期使用（20～25 年）。所以复合保温材料，既要有能达到的最低密度以满足浮力要求，又要满足长期热流体传输作用下稳定的保温要求[24]。

中空玻璃微珠是尺寸小、表面光滑的空心球，属无机材料，外壳坚硬，壳内充填氮气等，厚径比为 8%～10%，具备高强度和低导热系数［在 20 ℃ 下导热系数为 0.06～0.20W/(m·K)］的特点，保温性能较为优越，具有耐高低温、质量轻、电绝缘性和热稳定性好、耐腐蚀等优点。使它成为海洋管道湿法保温的理想添加剂。这些惰性微珠经过处理后与保温系统里包括聚氨酯、聚丙烯、环氧树脂在内的所有其他组分能够更好地相容，并且其不溶于水，在深水中能更好地应用[25]。

玻璃微珠填充聚丙烯泡沫材料是采用精细的玻璃微珠封包在刚性塑料树脂里，并且往往采用一种或多种规格的玻璃微珠或者碳纤维加强微珠使保温材料达到最大强度和最小重量，以降低材料的密度，达到更好的保温能力，并增加保温管道的抗浮力的作用。

玻璃微珠填充聚丙烯的主要特征是，具有类似硬质聚丙烯的抗压强度和抗蠕变性能，当中空玻璃微珠的厚径比一定时，粒径越大，其内含气体越多（密度减小），而其在聚合物体系中均布，相当于保温材料中包含无数个闭合的泡孔，其导热系数比实心聚丙烯更低，所以可以减薄保温层的厚度（一般比实心聚丙烯小22%）[22]。

在3000 m或更深水域里，"钢套钢"这样传统的保温管结构，虽然具有最好的保温能力，但外套钢管额外增加的重量以及庞大的体积使管道铺设更困难。针对立管采用此结构，因为自身重量，在深水里很难支撑。并且材料费用和铺设费用更高[25]。

而采用充填中空玻璃微珠的复合泡沫保温层的单壁湿式保温管道，其重量不到双重保温管（钢套钢）的一半，并且具备很高的强度，更适合作为立管以及更深水域和长距离管道上的应用。

玻璃微珠为无机刚性粒子同聚丙烯极性差异较大，表面能高，二者相容性很差，需要对无机刚性粒子进行表面预处理，才能熔融共混制备出高性能的聚丙烯复合材料[26]，一般采用偶联剂改善玻璃微珠球体的表面极性，使二者之间形成界面结合。在合适的加工工艺条件下，添加玻璃微珠的聚合物才能具有优良的抗冲击、抗蠕变和耐热性能，材料的尺寸稳定性、绝缘性能、刚性和应力阻尼的能力也有所提高。

玻璃微珠表面预处理。以硅烷液体偶联剂和钛酸酯固体偶联剂作为活性剂举例，玻璃微珠活化流程如下[27]：

a. 硅烷液体偶联剂。硅烷液体偶联剂活化玻璃微珠过程较为复杂。质量比100∶1的无水乙醇和偶联剂，搅拌分散均匀制备成浓度为1%的稀溶液，放置阴凉处静置1 h。预处理的玻璃微珠放入烘箱干燥2 h左右，维持温度在90℃左右，然后加入混配的1%偶联剂溶液，加入量为玻璃微珠的1%，搅拌均匀放入烘箱中干燥6 h，待表面的无水乙醇完全挥发，即为表面活化完成的玻璃微珠，使用中要求保证其表面干燥。

b. 钛酸酯固体偶联剂。钛酸酯偶联剂，为固体颗粒，无须干燥处理工艺，使用时将偶联剂与玻璃微珠直接混合搅拌均匀即可。

(4) 聚丙烯保温层成型

① 挤出成型。

玻璃微珠复合聚丙烯在管道上形成保温层，采用挤出包覆的方式，分为两种[22]：

a. 一步法，省去造粒过程，两种物料混合后在挤出机内热熔挤出，包覆在管道上形成保温层。表面处理的玻璃微珠与聚丙烯化合物料混合，要求在高速混合器中干混3～5分钟，保证其均匀度。不经过造粒的混合料直接进入单（或双）螺杆机挤出涂覆。

b. 二步法，从造粒到挤出两步完成：聚丙烯与玻璃微珠→配料→双螺杆挤出机→造粒→单螺杆挤出机→挤出复合材料包覆在管道上→形成保温层。造粒，混合好的物料置于双螺杆挤出机中经熔融挤出、冷却、切粒、包装成品。其中，双螺杆挤出机温控区温度设定为：从落料段开始 90～210 ℃逐渐递增，再从 210～200 ℃到连接模具段递减，物料的停留时间 1～2 min，压力设定 10～15 MPa。

② 注塑成型。

注塑玻璃微珠复合聚丙烯材料成型同样分为两种方式，一种是混合后直接注塑成型，另一种是挤出造粒后再注塑成型。

混合后一步法直接注塑，不利于玻璃微珠的分散，力学性能差。改用两步法成型，先用双螺杆挤出机挤出造粒，再用注塑机注塑成型。两步法可以减少玻璃微珠粉末对注塑机机筒螺杆的损伤，有利于玻璃微珠在聚丙烯基体中均匀分散，改善各组分之间的界面结合情况。双螺杆挤出机挤出造粒过程中，螺杆转速会对玻璃微珠产生剪切力，因此要控制螺杆转速，降低玻璃微珠的剪切作用。注塑机塑化装置的螺杆长径比较小，对玻璃微珠剪切作用弱，不易发生破碎。

两步法成型注塑机的机筒温度设定为 200 ℃，注射压力 60 MPa，注射速率 50%，螺杆设定恒定转速 55 r/min，选用 4 mm 口径的喷嘴[27]。

玻璃微珠复合聚丙烯与普通聚丙烯闭孔泡沫，因加工工艺参数并不相同，具体差异见表 5-23，所以加工工艺和成型设备选用不尽相同。

表 5-23　玻璃微珠复合聚丙烯和普通聚丙烯闭孔泡沫不同的加工参数比较[22]

项目	玻璃微珠填充聚丙烯	普通聚丙烯闭孔泡沫
熔体强度	差	好
模具膨胀	低	高
模具压力	中等	高
熔体黏度	高	中等
熔体温度	高	中等
剪切敏感性	高	中等

以上只是针对聚丙烯复合或发泡材料成型及其混配的一般举例说明，不能直接应用于海管聚丙烯复合保温层或发泡保温层成型工艺中，聚丙烯保温层的成型还需要经过实验验证，选用合理工艺过程和材料。

海管聚丙烯复合体系一般选用玻璃微珠粒度 100～200 μm，因为它们在高温下能保持大部分的强度。玻璃微球的选择也很重要，硼硅酸盐比普通的高钠玻璃更受欢迎，后者可能会出现溶解性问题。

实心聚丙烯、发泡聚丙烯和复合聚丙烯材料性能对比见表 5-24。

（5）改性聚丙烯泡沫

海洋石油工业的油气勘探向 3000 m 及以上深海发展，对应用的聚丙烯材料及其保温层提出了新的更加严苛的要求。因为更深的水深，要求聚丙烯保温层具备更强的抗压强度，以承受更大的静水压力。因此提出了高熔体强度聚丙烯聚合物和刚性聚嵌段共聚物丙烯保温材料的开发。

表 5-24　聚丙烯材料性能对比[5]

材料	实心聚丙烯 solid PP	发泡聚丙烯 PP foam	复合聚丙烯 syntactic PP
制作工艺	聚丙烯合成材料，无物理加强及改进	聚丙烯为基础，填充大量气泡	在聚丙烯中填充空心玻璃微珠
密度 /（kg/m³）	900	650～750	670～820
导热系数 /[W/(m·K)]	0.22	0.15～0.18	0.15～0.18
适应温度	高	低	中
应用水深	高	低	中
成本	低	中	高
优缺点	力学性能、耐高温性能好；但保温性能差	保温性能好；但力学性能、耐高温性能差	保温、力学和耐高温性能好；加工容易损坏

① 高熔体强度聚丙烯聚合物（HMS-PP）。

高熔体强度聚丙烯聚合物（简称 HMS-PP），主要特性是聚合物熔体的高强度和增强的延伸性。其特征是在聚丙烯聚合物里引入长链支化结构，不但对发泡有积极的影响，并且支化结构会产生应变-硬化特性，显著提高聚合物熔体的延伸性。

改性的高熔体强度聚丙烯聚合物，因气泡发生受控，可以形成泡沫结构稳定的闭孔泡沫。支化结构的聚合物改善了泡沫挤出成形的可加工性，使聚合物熔体强度可承受纵向应力。

② 高刚性聚丙烯嵌段共聚物。

刚性聚丙烯聚合物材料改性，主要目的为提高材料的刚性、抗冲击强度以及抗蠕变性能。这种改性材料，是异相（heterophasic）聚丙烯的高度结晶材料，分布良好的二元乙丙橡胶分散相。改性材料除明显增强了抗磨损和耐化学性外，并在很宽的温度范围体现出良好的力学性能[21]。

刚性聚丙烯支化的均聚物在化学特性方面表现出，比规整等级的聚丙烯更脆的特性。高刚性共聚聚丙烯与高熔体强度 HMS 聚合物进行混合，从而满足制造、安装、运行等所有要求的总的机械特性。与典型聚丙烯比较，刚性聚丙烯具有以下特性（表 5-25）[22]。

表 5-25　典型与刚性聚丙烯性能的差别

特　性	典型等级的聚丙烯	新型等级的聚丙烯
导热系数 K 值/[W/(m·K)]	0.22	0.23
拉伸屈服应力（50 mm/min）/MPa	28	31
拉伸屈服应变（50 mm/min）/%	6	8
挠曲模量（2 mm/min）/MPa	1300	1750

把高刚性聚丙烯与支化聚丙烯结合后，与典型标准的聚丙烯相比较，这样的改性物料具有下列特征[22]：熔体强度更高，高熔体伸长率，更细小致密的气泡结构

（图 5-5），更高的刚度，更强的抗蠕变性能。

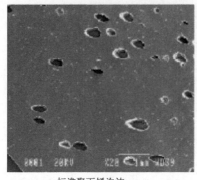
标准聚丙烯泡沫

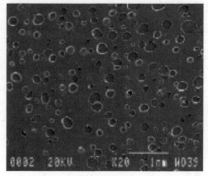
改性聚丙烯泡沫

图 5-5 聚丙烯泡沫结构比较

用刚性线性聚丙烯与高熔体强度聚丙烯聚合物混配料，挤出成型的熔体可以达到更低的泡沫密度，与单纯聚丙烯料发泡的聚丙烯泡沫塑料相比，增加了保温能力。

通过实验研究发现，对刚性聚丙烯、高熔体强度聚丙烯聚合物，以及两者混配料进行化学发泡剂发泡成型，所得泡沫塑料密度值相差较大（表 5-26）。

表 5-26 不同比例的聚丙烯聚合物化学发泡法所得熔体密度

组分及比例	100%A	100%B	10%A+90%B	20%A+80%B	30%A+70%B
密度/（kg/m³）	370	660	550	530	500

注：A 组分—WB130HMS 高熔体强度聚丙烯聚合物（HMS-PP）；B 组分—BA212E 刚性聚丙烯嵌段共聚物。均为北欧化工（Borealis）出品。

刚性共聚聚丙烯和高熔体强度聚丙烯聚合物混合熔融发泡，所得聚丙烯泡沫塑料具备：

① 更高熔体强度，高闭孔率闭孔气泡结构，适合水深超过 1500 m；
② 高熔体伸长率，泡沫更稳定，可以在更靠近钢管外表面的部位发泡；
③ 气泡更小，分布更均匀；
④ 更高的抗压强度，相比单纯聚丙烯发泡的保温材料的抗压强度高 80%；
⑤ 更强的抗蠕变强度，蠕变是控制材料应用长期性能的主导机理。聚丙烯展示的是典型的黏弹特性，泡沫的短期变形与弹性特性有关（为可恢复的变形），而其长期变形则与材料的黏滞特性有关（不可恢复的变形）。由于新型泡沫改善了弹性，所以，新型泡沫的长期抗蠕变性能优于标准泡沫。

表 5-27 归纳了应用于海底管道的新型聚丙烯保温材料与标准聚丙烯保温材料的物理性能。新型聚丙烯保温材料泡沫密度为 616 kg/m³，导热系数为 0.15 W/(m·K)，其保温能力高于标准聚丙烯泡沫材料。比较泡沫密度接近的新型和标准泡沫保温材料，新型材料密度为 716 kg/m³ 时，抗压强度为 20 MPa，标准材料密

度为 740 kg/m³ 时，抗压强度为 12 MPa，所以管道保温层机械强度增强，相同厚度的保温层就能够用在更深的水域中得到应用，或者可以减薄保温层的厚度从而达到相同的保温能力。

表 5-27　不同聚丙烯泡沫保温材料的物理性能

性能	新型聚丙烯泡沫保温材料	新型聚丙烯泡沫保温材料	标准聚丙烯泡沫保温材料	试验方法
密度 /（kg/m³）	616	716	740	ASTMD792
K 值 /[W/（m·K）]	0.147	0.17	0.17	ASTMC177
拉伸模量 /MPa	730	1050	900	ISO6259
抗张强度 /MPa	10	15	14	ISO6259
断裂伸长率 /%	15	20	80	ISO6259
压缩 5% 时抗压强度 /MPa	15	20	12	ASTMD695

实际应用中，可以根据海底管道实际运行状况，选用刚性聚丙烯和高熔体强度聚丙烯按照不同比例极性混配，生产出特殊要求的管道保温泡沫材料。所以，海底管道保温层设计时，满足特定项目水深的条件下，材料密度与抗压强度两者需要兼顾平衡，并且满足涂层保温能力即材料导热系数的要求。

聚丙烯保温材料的发展趋势是开发出刚性更强的聚丙烯。新型材料除聚丙烯共聚物的刚性外，加入高熔体强度聚丙烯聚合物，以提高其抗压强度和保温能力。

所以新型聚丙烯泡沫刚性等特性，会使得泡孔结构能够承受更大的静水压力，而不会发生泡沫压损性结构性破坏，并维持保温能力不发生变化，能够适用于更深的水域。

5.5.4.4　环氧树脂保温材料

环氧树脂泡沫塑料是环氧树脂基体中均匀分散气泡所组成的复合材料，由美国 Shell 公司首先研制出来。分为两种泡沫体系，一种为普通泡沫材料，以环氧树脂为基体，加入固化剂和发泡剂经过特定的发泡工艺制成的发泡材料，材料密度低，强度较差。另一种为复合泡沫材料，环氧树脂中除添加固化剂和发泡剂外，还添加无机空心微珠或聚合物微球等，在保持低密度的同时提高了材料的强度从而改善了材料的性能。海洋管道保温层体系一般采用复合玻璃微球复合材料。

2011 年，北京中建建筑科学院以双酚 A 型环氧树脂为主要原料，以铝粉和 NaOH 溶液为发泡剂，添加空心微珠等材料制得环氧树脂泡沫保温材料。

环氧树脂泡沫塑料，最大的优点是耐高温（>120℃），抗压强度高（室温为 9～10 MPa，100 ℃为 7～8 MPa），泡沫闭孔率高（达到 85%～95%）、密度较小、弹性模量高，可用于极端恶劣的深海环境。其缺点是导热系数较高 [0.07 W/（m·K）]，吸水率较高（1.5%～2.5%），需要设置防水层[28]。

在湿式海底管道保温结构（不含防水层）中，复合环氧树脂材料大约占到5%的份额。与复合聚丙烯和复合聚氨酯相比，该材料具有更高的弹性模量和极好的抗静水压能力[5]。

5.5.4.5 苯乙烯保温材料

海底油田管道的发展，逐渐应用到了深海和高温流体，水深超过2500 m，运行温度高于130℃。这种严苛的条件下，常用保温材料如聚氨酯、聚丙烯等得到了应用。即便如此，这些优异的保温材料所形成的管道保温体系也会受到诸多因素的限制，如静水压限制材料的抗压问题、导热系数过高导致保温层过厚问题、超厚的保温层导致海底管道的稳定性和浮力等问题、经济运行成本等问题、环境保护对材料的限制等问题。

为解决上述问题，2009年加拿大Bredero Shaw公司开发成功了新型的苯乙烯管道保温体系，命名为Thermotite® ULTRA™，此技术在2010年OTC国际海洋技术会议上，荣获新技术创新奖。通过大量生产验证，这种新型苯乙烯保温系统已经从实验室研究成果转化成可靠的海底管道保温产品[29]。

泡沫聚苯乙烯（styrofoam）是一种稳定的工程塑料，具有模量高、尺寸稳定、不易形变的特点。可以在聚合过程中加入丁二烯，或与ABS塑料混合，用来增强材料的抗冲击性，或用苯乙烯马来酸酐共聚物（SMA）树脂增加材料的刚性。因不含螯合基团，浸泡在水中不会使其性能受到影响。

（1）苯乙烯材料特性

聚苯乙烯泡沫塑料是以聚苯乙烯树脂为基料，加入发泡剂等制成。具有：①模量值高，远优于聚丙烯材料；②抗蠕变性能强；③材料易发泡，泡孔为闭孔结构，闭孔率高，导热系数低，蠕变小；④吸水性小，抗水性能强；⑤机械强度好，弹性模量高；⑥尺寸稳定性好，不易变形；⑦低温性能好（玻璃化温度T_g低于-30℃）；⑧容易发泡，可以采用挤出成型和注塑工艺。

（2）苯乙烯管道性能特点

① 保温体系可以采用发泡的、增韧的或实心苯乙烯热塑性材料；

② 新型苯乙烯保温系统不含玻璃微珠，不会因为玻璃微珠碎裂或退化造成保温性能降低；

③ 具备导热系数低而密度高特性，所以涂层更薄，有助于优化立管中的流体动力学响应，改善出油管线在海床上的稳定性；

④ 实心苯乙烯保温层，具有极高的抗压强度（不可压缩性），允许无限水深安装；

⑤ 苯乙烯树脂中不含螯合基团，所以苯乙烯保温体系吸水率低，保温层为可与海水直接接触的湿式保温层；

⑥ 低温延展性好，层间接面剪切强度高（表 5-28），在铺管船上除可采用 S 形、J 形铺管法外也可采用卷筒铺设法进行海上安装；

⑦ 可以直接与电加热系统（DEH）兼容。

表 5-28 新型苯乙烯保温系统周向剪切试验结果[8]

界面类型	剪切强度 /MPa
熔结环氧粉末 FBE – ULTRAbond 黏结剂层（23 ℃）	14
熔结环氧粉末 FBE – ULTRAbond 黏结剂层（95 ℃）	7
三层防腐系统 – 保温层	12
保温层 – 保温层	12
保温层内部	15
保温层 – 外防护壳	12

Thermotite® ULTRA™ 苯乙烯保温系统性能见表 5-29。

表 5-29 Thermotite® ULTRA™ 苯乙烯保温产品规格及参数[30]

性能及规格要求	参数
密度 /（kg/m³）	800～1040
管径范围 /mm	100～914
最大适用温度 /℃	120
热容量（C_p）/[J/（kg·K）]	1220
导热系数 /[W/(m·K)]	0.11～0.16
总传热系数 /[W/(m²·K)]	＞2
应用水深 /m	＞3000（实心苯乙烯无水深限制）

参考文献

[1] K. B. Kaplan. 海底管道的保温 [J]. 国外油气储运，1991，9（3）：55-58.

[2] 中华人民共和国住房和城乡建设部. 埋地钢质管道防腐保温层技术标准：GB/T 50538—2022 [S]. 北京：中国计划出版社，2021.

[3] 国家市场监督管理总局，国家标准化管理委员会. 高密度聚乙烯外护管硬质聚氨酯泡沫塑料预制直埋保温管及管件：GB/T 29047—2021 [S]. 北京：中国标准出版社，2021.

[4] 中华人民共和国国家质量监督检验检疫总局，中国国家标准化管理委员会. 硬质聚氨酯喷涂聚乙烯缠绕预制直埋保温管：GB/T 34611—2017 [S]. 北京：中国标准出版社，2017.

[5] 蒋晓斌，相政乐，张晓灵，等. 深海管道保温材料现状 [J]. 管道技术与设备，2010（6）：47-50.

[6] 林影炼. 惠州 26-1N 水下开发出油管道系统保温层优选设计 [J]. 中国海上油气（工

程），2000，12（1）：29-36

[7] Shi Wei, Guan William. Subsea and deep water flow assurance insulation: Challenges and new developments [C] //Det Norske Veritas Pipelines Open Day, 2012, Singapore.

[8] Jackson A, Wan P. A novel thermal insulation system for bonded subsea single pipe wet insulation application [C] //18th BHR Conference on Pipeline Protection, 2009.

[9] 《海洋石油深水工程手册》编委会. 海洋石油深水工程手册 [M]. 北京：石油工业出版社，2012：129-130.

[10] 蒋晓斌，相政乐，张晓灵，等. 气凝胶型海洋保温管道 [J]. 管道技术与设备，2011（4）：52-54.

[11] 曹静，张晓灵，沙勇，等. 一种双层海底保温管道的支撑架：CN201934857U [P]. 2011-08-17.

[12] 《海洋石油深水工程手册》编委会. 海洋石油深水工程手册 [M]. 北京：石油工业出版社，2011：161.

[13] 《海洋石油深水工程手册》编委会. 海洋石油深水工程手册 [M]. 北京：石油工业出版社，2011：131.

[14] 张成斌. 深海环境下管道湿式保温性能研究 [D]. 青岛：中国石油大学（华东），2017.

[15] 李新仲，相政乐，贾旭，等. 一种海洋深水湿式保温立管：CN 201954195 U [P]. 2011-08-31.

[16] 郭为民，李文军，陈光章. 材料深海环境腐蚀试验 [J]. 装备环境工程，2006，3（1）：10-15.

[17] Yang Xulin, Chen Liqi. Characteristics of salinity distribution in surface seawater of the oceans [J]. Journal of Oceanography in Taiwan Strait, 1990, 9（1）: 88-91.

[18] 相政乐，蒋晓斌，张晓灵，等. 海底保温管道技术发展概况 [J]. 国外油田工程，2010（10）：56-59.

[19] 张晓灵，杨加栋，吴文通，等. 海洋管道湿式保温技术国产化研究 [J]. 中国海上油气，2014，26（A01）：66-69.

[20] 闫嗣伶，蒋晓斌，张晓灵，等. 复合聚氨酯海底保温管道试制 [J]. 油气储运，2012，31（11）：868-870，876.

[21] Rydin C. Polypropylene multilayer coating systems for the offshore pipeline [C] //14 th International Conference on Pipeline Protection, 2001.

[22] Allan Boye Hansen. Cost-effective thermal insulation systems for deep-water west Africa in combination with direct heating [C] //West African Ocean Conference, 2000.

［23］ Greaush F, Roddy L. State-of-the-art on deep water thermal insulation systems［C］//21st International Conference on Offshore Mechanics and Artic Engineering. Oslo, Norway, 2002.

［24］ Wang Wen-Tsuen, Lou Watkins. Long-term performance of syntactic foam materials in unusual environments［C］//Cuming Corporation 24 th International Conference on Offshore Mechanics and Arctic Engineering, 2005 Greece.

［25］ 3M^{TM}增强浮力与保温用中空玻璃微珠–深水管道保温用的高强度低密度中空玻璃微珠.3M公司技术资料.

［26］ 薛颜彬,邱桂学,吴波震,等.玻璃微珠填充PP结构与性能研究［J］.塑料科技,2007,35（5）：34-37.

［27］ 李通.聚丙烯填充中空玻璃微珠轻质复合材料的研究［D］.北京：北京化工大学,2019.

［28］ 武应涛.海底输油管道保温技术现状及进展［J］.化学推进剂与高分子材料,2008,6（6）：22-25.

［29］ Thermotite® ULTRA™. Superior subsea insulation［Z］.Bredero Shaw Product Data Sheet.

［30］ Thermotite ULTRA［EB/OL］.［2022-09-10］.https：//www.shawcor.com/pipe-coating-solutions/products/thermotite-ultra.

第 6 章
海底保温管道涂层成型技术

海底管道的保温涂层成型技术是以陆地保温管道技术为基础发展起来的，其中常规保温材料的保温管道与陆地管道完全相同或进行了技术改进；新型材料，例如湿式保温材料则借鉴了管道保温技术或防腐层成型的工艺过程，依照新技术进行涂装完成。

所以海底管道的保温层成型技术包含了：灌注、喷涂、挤出、缠绕、浇注等。本章主要描述了无机材料（气凝胶）、常规有机材料（硬质聚氨酯泡沫）、湿式保温材料（如聚氨酯弹性体、聚丙烯泡沫、聚丙烯实心体、苯乙烯材料等）的保温管成型技术。

6.1 气凝胶保温管道

无机保温材料气凝胶存在形式为毯式结构，按照保温层厚度的设计要求逐层包裹在工作管的表面形成保温层结构，采用双重（钢套钢）结构形式。工作管表面可以依据实际情况决定是否采用防腐涂层，外护管直接与海水接触，采用外防腐涂层。气凝胶保温管结构示意图如图 6-1 所示。

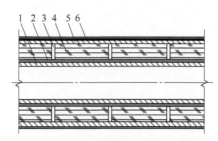

图 6-1 气凝胶保温管结构示意图
1—工作钢管；2—防腐层；3—支架；4—气凝胶层；5—外护钢管；6—外防腐层

6.1.1 气凝胶管道系统的优缺点

（1）优良的保温性能

气凝胶型海洋保温管道的总传热系数值小于 1.0 W/(m²·K)，在不增加保温层厚度、不增大"钢套钢"系统尺寸的前提下，可以达到更好的保温效果。同其他材料相比，为得到同样的保温效果，气凝胶可以使得外护管的管径减小，节省钢材消耗量，大大降低了铺管船所需的承载力，节约大量项目成本。例如，30 mm 厚的气凝胶保温层就能够达到 120～150 mm 左右的硅酸铝、高温玻璃棉和岩棉的保温效果。

（2）适用温度范围宽

硬质聚氨酯泡沫保温管道只能在低于 120 ℃ 的环境下服役。无法满足高温流体输送，而气凝胶适用 -200～200 ℃ 范围内的介质，满足高温流体输送要求。但其缺点也很明显，深海中使用，只能采用"钢套钢"结构形式，经济性不高。

6.1.2 气凝胶管道生产工艺

严格按照管道在海水中的运行要求，选用合适的防腐材料和涂装工艺进行涂层涂装。其安装施工流程[1]如图 6-2 所示。

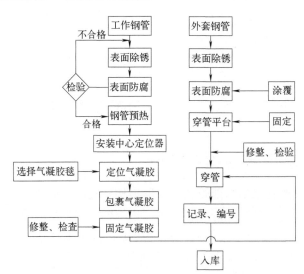

图 6-2　气凝胶海洋管道施工工艺流程图

① 防腐层设计选择。工作管防腐层可以采用熔结环氧粉末涂层（FBE）、三层 PE 涂层或三层 PP 防腐层，也可采用适合高温（≥140 ℃）运行的防腐涂层，双重外护管必须采用能够防水（防腐）的涂层结构，如三层 PE 涂层。

② 气凝胶选择。选择厚度、宽度以及导热系数更低的毯状气凝胶，如中海油

采用 Spaceloft™6250 产品（厚度 6 mm、宽度 1.5 m 的毯式气凝胶保温材料）。

③ 管道防腐涂装。按照防腐工艺要求，进行工作管和外护管的防腐层涂装。

④ 表面清理。确保工作管防腐层外表面干净、无污染。

⑤ 工作管预热除湿。利用无污染的火焰或中频感应加热装置对工作管进行整体预热处理，预热温度 40～50 ℃，注意采用明火时，不得烧损原防腐层。

⑥ 中心定位器安装。距离两管端 1.8 m 进行中心定位器安装，管中部位每隔 3 m 设置一套中心定位器，也可取近似值进行平分安装。

⑦ 包覆气凝胶。取标准气凝胶毯，先在防腐层进行第一层裹缠，然后按照设计要求依次进行五层气凝胶缠绕作业。在缠绕过程中，气凝胶的起始端位置须固定，以确保其不发生滑动。单层材料沿管道缠绕方向的搭接尺寸为 10～20 mm。并要求多层涂装时，纵向搭接缝应该错位，如果五层安装，错缝角度为 36°均分。

⑧ 保温层固定。完成气凝胶毯缠绕后，使用胶带每隔 50 cm 进行环向缠绕固定，胶带缠绕要求 3 周以上。最后采用 40 cm 宽度的气凝胶毯对毯与毯纵向接头位置进行 2 层气凝胶缠绕，然后用胶带缠绕进行固定。

⑨ 检验验收。安装完成后，检查气凝胶毯是否完全包裹工作管表面，气凝胶层与层以及气凝胶与钢管外表面贴合的紧密度，检查接头搭接情况。

⑩ 外护管穿入。采用专门的穿管平台，将完成保温层涂覆的工作管推入外护钢管内，也可采用叉车类挑空装置举升工作管穿入，工作过程注意避免损坏保温层、中心定位器以及工作管内壁等。

⑪ 记录编号。工作管穿套完成后，将工作管号及组对的外护管号、炉号等钢管信息填入管道涂层成型工艺报表内。

⑫ 管端安装保护器。穿管作业结束后，在钢管两端安装管端保护器并堆垛。

6.2 硬质聚氨酯泡沫保温管道

海管聚氨酯保温管采用陆地管道保温层结构形式：防腐层加复合聚氨酯泡沫外 HDPE 保护层。针对不同海洋环境，选用"钢套钢"结构形式（双重保温管）或混凝土配重结构形式。因为海水浸泡，涂层结构需要参考实际工程案例，要求聚氨酯硬质泡沫层特性和 HDPE 外护层特性需要满足海洋敷设要求[2]。

（1）聚氨酯泡沫特性

密度为 60～100 kg/m³（24 ℃时），抗压强度≥0.7 MPa，吸水率≤0.015 g/cm³，闭孔率≥95%，初始导热系数≤0.024 W/(m·K)，老化导热系数≤0.031 W/(m·K)，尺寸变化率<1.5%，质量变化率<2%，强度增长率>10%。

（2）高密度聚乙烯外护

高密度聚乙烯外护的作用：一是作为保温层的防水层；二是可作为混凝土配重

层的支撑层，用来保护保温层。

高密度聚乙烯原材料指标为：密度≥0.94 g/cm³，拉伸强度≥18.5 MPa，熔体流动速率在190 ℃时为0.15～0.80 g/10 min，屈服强度≥20 MPa，断裂伸长率≥600%，维卡软化点≥120 ℃，脆化温度≤-70 ℃，硬度≥60 shore D，耐环境应力开裂时间≥300 h，热老化指标≥65% 原始屈服强度，最小断裂伸长率≥150%。

聚乙烯管壳的各项参数：炭黑含量（2.5±0.5）%，纵向回缩率≤3%（不出现裂纹），轴向拉伸屈服强度＞20 MPa，环向拉伸屈服强度≥20 MPa，拉伸屈服强度偏差率≤15%，断裂拉伸率≥600%，压痕硬度≤0.2 mm，表面张力≥55 dyn/cm。

6.2.1　双重聚氨酯保温管道

海管双重硬质聚氨酯泡沫保温层结构类似于陆地管道的双钢蒸汽保温管，采用单一的聚氨酯保温层可以满足120 ℃及以下流体介质或140 ℃及以下流体介质。与陆地双钢保温管结构类似的是外滑动保温管以及外护管相对于内管完全固定的固定式保温管结构，因为外管间隙是否存在，其保温层的成型工艺完全不同。因为采用钢套保护，一般不采用HDPE保护层结构。

6.2.1.1　外滑动式聚氨酯保温管成型

海洋滑动式聚氨酯保温管，采用中心定位器与外管内壁形成3～4 mm的间隙，即保温层与外护管内壁存在一定的可滑动性，满足工作管热胀冷缩的工况要求。

成型要求，先在工作管上完成保温层成型，再穿套外护钢管，形成滑动结构保温管。其中，保温层成型采用两种方式：模具浇注成型和喷涂缠绕成型。双重保温管成型工艺过程如图6-3所示。

① 外防腐涂层成型。工作管和外护钢管按照外防腐工艺要求，完成管外壁的防腐层涂装。一般要求外护管外壁涂装三层PE涂层，工作管外壁可以采用熔结环氧粉末涂层（510～560 μm）或其他防腐涂层。除特定工况要求外，工作管可不进行涂层涂装，但必须按照要求进行除锈以及附着物清理。

② 捆扎中心定位器。按照设计要求，以一定的间距在工作管外表面安装并固定中心定位器，要求定位器的安装不得损坏已有防腐层，并且固定后不得出现滑动。

③ 聚氨酯保温层成型。滑动式聚氨酯泡沫保温管成型工艺如图6-3所示。

a. 模具浇注成型。把模具清理干净，并均匀涂抹脱模剂，然后把安装好定位器的工作管置入开启的发泡模具中，管道置中间，合模后并密封管两端，确保模具上的放气孔通畅，从密封端面或中间部位一次性灌注聚氨酯泡沫料（按照空腔体积计算），流动至远端启发并充填整个模具空腔，注料过程确保料温在20～30 ℃，

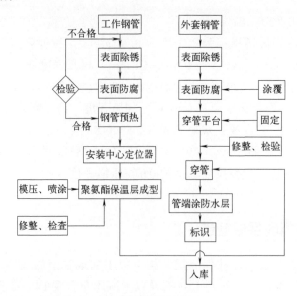

图 6-3 滑动式聚氨酯泡沫保温管成型工艺

泡沫保温层密实成型后，开模形成带有保温层的工作管，要求模具内物料固化时间 ≥ 5 min。为保证模具内物料更好的流动性，建议模具设计安装加热装置，加热温度依据泡沫料的参数要求。

b. 高压喷涂成型。利用高压无气喷枪，把在喷枪前端混合的双组分物料高压喷出，沉积在工作管表面，逐层叠加并启发形成聚氨酯泡沫保温层，涂层较模具发泡保温层密度及其强度更加均匀。

保温层成型过程中，带有中心定位器（或支撑块）的工作管，管两端放置在专用的喷涂小车上（卡具或管端支撑轮上），喷枪嘴设定到与管道表面最佳距离处，按照设计计算的待喷涂管旋转速度和小车（或喷枪枪头）移动速度，驱动钢管旋转并启动喷涂小车行进或喷枪滑动，高压无气喷枪把物料以一定的扇形面喷出并沉积在工作管表面，喷涂过程要求按照管的旋转和行进速度进行物料的多层叠加（定螺距），并且物料逐段启发、膨胀、定型，最终形成聚氨酯保温层，喷涂完成形成带保温层的工作管。

注意：因为有中心定位器，喷涂后的定位器上会沉积非常多的物料，需要进行修切和清理，建议选择结构简易的中心定位块。

也可以先期进行保温层涂装，然后切割清除需要安装中心定位器的泡沫层，安装中心定位器，安装完成进行泡沫层填充。

④ 穿管。带保温层、中心定位器的工作管放置在穿管车或穿管平台上，通过牵引力或推送动力，把工作管送入固定台架上的外套钢管内，确保工作管和外套钢管居中。

⑤ 管端密封并固定。防止保温层进水，管端做防水密封，并且工作管和外护钢管间做管端固定，防止运输或安装过程中窜管。

⑥ 编号堆垛。满足出厂要求。要求滑动式保温管结构，工作管比外护管长 280～300 mm，管端预留 140～150 mm 未涂保温层段。

滑动式双重保温管道满足高温流体输送，保温层成型时可以采用无机保温层外加聚氨酯保温层，或者空气层等复合成滑动式结构。单独采用聚氨酯保温层的滑动式双重保温应用较少。

6.2.1.2 固定式聚氨酯保温管成型

固定式双重聚氨酯保温管指的是工作管和外护钢管之间用聚氨酯泡沫材料密实填充，保温层与工作管外壁和外护管内壁黏结，两管之间不存在滑移，其结构完全等同于保温管中的"管中管"结构。成型工艺如图 6-4 所示。

① 内外管防腐。内外管外壁预热、除锈后按照涂装要求涂覆防腐层，为满足海水长期浸泡要求，需进行严格的涂层涂装工艺、涂料以及涂层最终质量的检验检测。

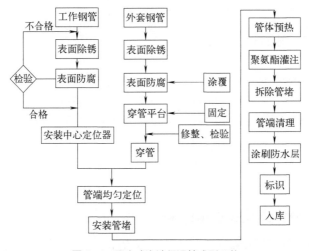

图 6-4　固定式泡沫保温管成型工艺

② 安装支撑块。为保证内外管的同心，需要在工作管上安装定位块。一般情况如果聚氨酯保温层的总体强度能够承接外护管以及海水的静水压而不发生破损，可以通过发泡平台的定位装置来确保内外管的同心度。

③ 穿管。穿管平台上的工作管穿入外护钢管。在发泡平台上，确保工作管两端伸出长度一致，并通过支持块或管端封堵环来确保内外管同心。

④ 管端环形腔封堵。采用间隙一致的封堵环封堵管端，要求封堵环宽度一致，并要求带密封条，防止物料泄漏，封堵环上设置注料孔和放气孔。

⑤ 管体预热。按照物料要求，管体温度达到 35～40 ℃，可以采用 C 型中频感应加热装置进行加热，并通过内外管环形腔内的热空气加热工作管，一般要求加热时间为 25～30 min。

⑥ 聚氨酯泡沫料浇注。倾斜发泡平台到 15°左右，物料温度预热至 18～25 ℃，从管顶端通过高压浇注机，把根据工作管和外护管之间环形空腔容积所计算的物料一次性注入，注入的物料均匀流淌，并启发、密实后填充整个空腔，形成保温层。

⑦ 管端封堵。为防止管端保温层进水，在聚氨酯填充后，要使用防水堵头对内、外管之间的环形端面进行封堵。

⑧ 检验堆垛。完成的保温管道检验合格后，喷标堆垛。

固定形式双重聚氨酯保温管的焊接节点补口处理，可采用涂装防腐层外加开孔聚乙烯进行，为一次性浇注成型方式。

实际应用中，如果管道内流体温度变化不足以引起钢质工作管产生热胀冷缩现象，双重聚氨酯保温管道就可以采用固定式结构。或者管道节点补口采用非外套钢管焊接方式或其他非固定式不可滑移结构，同样可以采用固定式保温结构。

6.2.2 混凝土配重保温管道

混凝土配重管是以混凝土层取代双重保温管的外套钢管。混凝土层以其高密度、高抗压强度、良好力学性能来满足海底管道的敷设以及在海底稳定运行的要求，因为混凝土层的高透水性，要求保温层为带防水的 HDPE 外护层，以抵抗海水渗透进保温层。

单壁混凝土配重保温管涂层成型，采用逐层涂覆工艺来完成，以保证成型的防腐层、保温层、防护层以及混凝土配重层之间高强的黏合力和抗剪切力。

6.2.2.1 "管中管法"保温配重层成型

"管中管法"成型的聚氨酯保温管道，保温层端面呈 90°，保温层外的聚乙烯防护层采用预先挤出的套管，焊接节点无法与工作管防腐层形成连续界面进行防水，需要安装专用防水帽，此时会形成保温层外护管与防水帽的搭接层，防水帽与防腐层及保温层外护壳的搭接处容易进水，造成保温层失效，所以要限制海水敷设深度（50 m 左右）。

复合了混凝土配重层的单壁保温管涂层及端面结构如图 6-5 所示。

涂层成型工艺过程如图 6-6 所示。

① 钢管外防腐层。对处理后的工作钢管涂装 FBE 涂层或三层 PE 涂层。

② 保温涂层成型。采用"管中管法"工艺完成聚氨酯保温层及其外护聚乙烯

层的成型。保温层和防护层端面垂直度不小于2.5°。

③ 聚乙烯外护管内表面电晕处理。为增加外护管内表面与聚氨酯保温层的剪切力，需要对内表面采用电晕处理，要求电晕后的外护管表面张力≥50 dyn/cm。

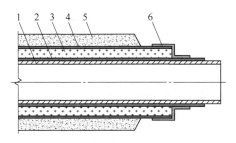

图6-5 "管中管法"成型单壁保温管涂层及端面结构示意图
1—钢管；2—防腐层；3—保温层；4—防护层；5—混凝土配重层；6—端面结构

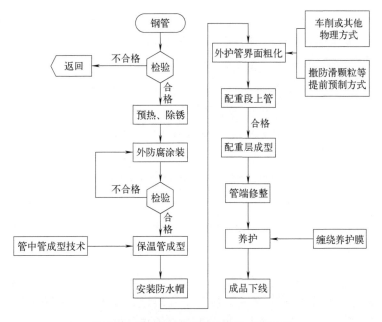

图6-6 单壁保温管"管中管法"成型工艺

④ 防水帽安装。按照相应技术指标，选择防水帽并热烤，在防腐层表面和保温层外护管表面进行黏结，防水帽关系到海管运行时节点涂层结构的完整性，防止涂层端部进水。采用常规防水帽的海管，能够应用于40 m水深。中海油开发的防水帽可以应用到60 m水深。在实际应用时需对防水帽及其施工质量进行严格的检查验收，当介质温度大于70 ℃还需要选用高温型防水帽。

⑤ 外护管表面粗化处理。在聚乙烯外护管成型过程中，通过缠绕聚乙烯筋条或撒防滑颗粒等方式先期进行聚乙烯表面粗化处理，或在保温层成型后进行、由

于采用车削等方式会降低外护管涂层厚度，一般只能应用于"管中管法"成型的厚壁外护管中。

⑥ 混凝土配重层成型。在配重工位，完成混凝土配重层的成型，并切割修整，形成配重保温管。

⑦ 养护成品。通过对混凝土层缠绕养护膜等方式进行养护，达到最终成品要求。

6.2.2.2 "喷涂法"保温复合配重层成型

喷涂聚氨酯保温层的端面结构为锥形过渡，在聚氨酯保温层界面添加了界面胶层，增加聚氨酯保温层与HDPE外护层之间的剪切强度；在管端预留的防腐层上涂装特殊的管端密封防水胶[3]，如氯丁橡胶黏结剂等，可以满足熔结环氧粉末层或聚乙烯层的黏结要求，与热挤出缠绕的HDPE外护层形成强有力的黏结，不但达到防水目的，更增加了层与层之间的剪切强度，完全替代了垂直90°的聚氨酯保温层端面的防水帽，满足一体式节点补口的要求，可以适用于200 m的水深[4]。图6-7为喷涂聚氨酯单壁保温管及端面结构图。

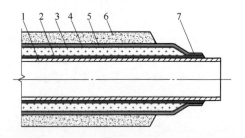

图6-7　喷涂聚氨酯单壁保温管及端面结构图
1—钢管；2—防腐层；3—保温层；4—界面胶层；5—防护层；6—混凝土配重层；7—防水胶层

成型工艺过程如图6-8所示。

① 工作管防腐涂装。工作钢管按照防腐层设计要求进行管道外表面的加热、除锈后，进行防腐层涂装，完成涂装的管道外表面清理覆盖物。

② 进入保温层喷涂工位。工作管采用举升小车送入聚氨酯泡沫喷涂小车，喷涂小车采用管端托举或卡盘结构，确保工作管的喷涂段呈悬空状态。并在需要缠绕防水胶层的防腐层面缠绕隔离膜（隔离膜在进行防水胶层缠绕时清除）。

③ 聚氨酯喷涂。驱动喷涂小车进入喷涂间，启动高压无气喷涂机进行聚氨酯泡沫料的喷涂，物料在钢管的沉积点为管端预留位，需要时，采用遮挡机构防止泡沫料污染传动机构或夹持机构。

④ 端面防水胶的缠绕。成型的保温层端面为锥形结构，可以直接采用聚乙烯外护层整体缠绕，但热聚乙烯无法与防腐层表面形成好的黏结力，容易造成海水

渗透，所以需提前在钢管防腐层表面缠绕，在热聚乙烯缠绕作用下黏附保温层和聚乙烯层的局部过渡防水胶层，防水胶一般采用聚乙烯基改性材料。

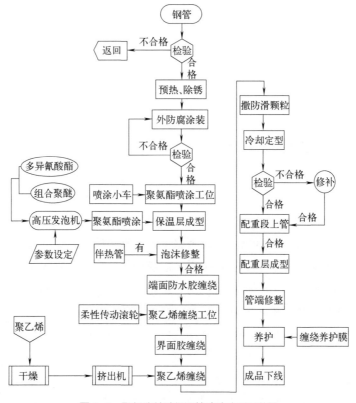

图6-8 聚氨酯单壁保温管喷涂成型工艺图

⑤ 保温管送入缠绕工位。缠绕工位由多组柔性滚轮组成，须满足保温管在滚轮上安全稳定旋转向前传输，并不压损聚氨酯保温层外表面或内部结构。

⑥ 界面胶层缠绕。聚乙烯外护层为极性材料，与保温层无法进行化学黏结，只能采用箍紧力作用于保温层上，为满足海水中的长期使用要求，建议采用过渡胶层，过渡胶层为聚乙烯改性材料，能够通过极性键或化学键与聚氨酯保温层黏结，也能与外层聚乙烯进行熔融。

⑦ 聚乙烯外护层缠绕。通过挤出机挤出的聚乙烯热带从防水胶层开始缠绕在保温层表面，并按照螺距的大小（螺距一般设定为 80～120 mm），进行热带层的均匀叠加，并通过压辊等压紧密实。在端部防腐层面因为防水胶的作用，热挤出的聚乙烯层熔融了胶层，使得防腐层、胶层和聚乙烯层形成整体的防水结构。

⑧ 防滑颗粒撒涂。单壁混凝土配重保温管，为增加聚乙烯层与混凝土配重层的防脱性能，需要在热聚乙烯表面撒涂防滑颗粒（聚乙烯树脂），也就是所谓的聚乙烯层表面粗化处理，以满足处理后的外护层与混凝土配重层之间的剪切强度不

⑨ 冷却定型。通过水冷却急冷聚乙烯层，并收紧箍在保温层的表面，同样冷却管道端面胶层和聚乙烯层，不再发生应变产生收缩变形。并且冷却防滑颗粒以粗化防护层表面。

⑩ 混凝土配重层成型。在配重工位，完成混凝土配重层的成型，并切割修整，形成配重保温管。

⑪ 养护成品。通过在混凝土层缠绕养护膜等方式进行养护，达到最终成品要求。

6.2.2.3 海洋管道聚氨酯保温层防水帽

针对某海洋管道的垂直90°聚氨酯泡沫保温层端面节点的拆解，发现防水帽底部积聚大量湿气，防水帽下的保温层积存大量水分，并且变形严重，甚至出现大量保温层碎渣。这是因为聚氨酯保温层的高密度聚乙烯外护具有机械强度高、柔韧性差的特点，而所采用的防水帽机械强度低，使得整个管段外层机械强度不均匀。海管在铺设过程中，无可避免地存在夹克层与防水帽之间的相互作用，造成应力集中。同时海管安装时与运行过程中存在较大的温差，因为钢管、防护层和防水帽材料的热膨胀系数不同，会产生不同的伸缩量，这就导致防水帽会受力变形，甚至破坏[5]。

所以海管节点聚氨酯保温层防水帽遭破坏，主要是因为聚乙烯夹克保温管在一定静水压下受挤严重变形，管端防水帽的黏结密封层在夹克管变形外力作用下被拉开而破坏[6]。

因此，针对海洋管道90°保温层端面结构，对防水帽提出了更高的要求，要求其等级及材料性能超过陆地直埋保温管的防水帽，中海油公司研制出海管专用热熔胶型防水帽，性能指标见表6-1。

表6-1 海管专用辐射交联热缩防水帽主要性能指标[7]

检验项目		检测结果	性能指标	检验标准
拉伸强度	周向/MPa	26.9	≥17	GB/T 1040.2
	轴向/MPa	28.9		
断裂伸长率	周向/%	560	≥400	GB/T 1040.2
	轴向/%	584		
维卡软化点/℃		95	≥90	GB/T 1633
脆化温度/℃		-65 无脆裂	≤-65	GB/T 5470
电气强度/(MV/m)		31.6	≥25	GB/T 1408.1
体积电阻率/(Ω·m)		5.7×10^{15}	$\geq 1 \times 10^{13}$	GB/T 1410
耐热老化（150℃，168h）	拉伸强度 周向/MPa	24.3	≥14	GB/T 1040.2
	轴向/MPa	28.7		
	断裂伸长率 周向/%	548	≥300	GB/T 1040.2
	轴向/%	576		

续表

检验项目	检测结果	性能指标	检验标准
热熔胶性能			
软化点（环球法）/℃	132	≥110	GB/T 4507
脆化温度/℃	<-15，无脆裂	<-15 裂	GB/T 23257
搭接剪切强度/MPa	5.10（231） 0.67 [（80±2）℃]	≥1.0	GB/T 7124
剥离强度/（N/cm）	115（对PE 23℃） 36 [对PE（50±2）℃] 147（对FBE 23℃） 21 [对FBE（80±2）℃]	—	—
安装性能			
安装系统（80℃，120 d）	无开裂、无剥离、膜下无水	—	—

中海油公司研究开发的海洋管道热缩防水帽为高温、高剪切热熔胶黏剂型，高温剪切强度达到 0.67 MPa（80℃），满足 ≥0.6 MPa 的应用目标要求。在连续 30 d、0.7～0.8 MPa 静水压试验条件下，不发生透水现象。防水帽满足 60 m 水下使用要求。

6.2.2.4 保温复合配重层产品规格参数

表 6-2 为中海油制作的聚氨酯单壁保温管的基本技术规格，表 6-3 和表 6-4 为保温层和 HDPE 性能参数要求[8]，可以作为参考。

表 6-2　中海油工程预制喷涂聚氨酯单壁保温管技术规格

产品结构（由内而外）	技术参数	备注
钢管	D508 mm × 20.6 mm	长度 12.2 m
FBE 防腐层	厚度 510～610 μm	管端预留（150±10）mm
聚氨酯保温层	厚度 25.4 mm	管端预留（390±10）mm
HDPE 保护层	厚度 > 6 mm	坡度 ≤45°
混凝土外护层	厚度 ≥40 mm	管端预留（480±10）mm

表 6-3　喷涂聚氨酯保温层技术参数要求

检验项目		实测值	指标要求	试验方法
密度/（kg/m³）	（24k）	89.2	80～100ª	ASTM D1621
抗压强度/MPa	（24P）	0.903	≥0.655	ASTM D1621
	（54.2）	0.877	≥0.414	
初始导热系数（24℃）/[W/(m·K)]	—	0.0239	≤0.024	ASTM C518
老化（100℃，96 h）初始导热系数/[W/(m·K)]	（24）	0.0289	≤0.031	ASTM C518
	（54.2）	0.0316	≤0.041	
闭孔率/%	—	92.8	≥90	ASTM D6226
尺寸变化率/%	（54.2 率）	0.32	≤1.5	GB/T 50538
适用水深/m	—	200		

a：密度最大可以达到 375 kg/m³ [9]

表 6-4　HDPE 防护层技术参数要求

检验项目	实测值	指标要求	试验方法
密度（24 ℃）/（kg/m³）	0.955	0.94～0.965	ASTM D792
熔体流动速率（190 ℃，2.16 kg）/（g/10min）	0.27	0.15～0.80	ASTM D1238
耐环境应力开裂（100%，500）/h	>1008	≥1000	ASTM D1693
屈服强度 /MPa	19.8	≥18.5	ASTM D6378
拉伸强度 /MPa	21.7	≥19	ASTM D6378
断裂伸长率 /%	752	≥600	ASTM D6378
维卡软化点 / ℃	120.7	≥120	ASTM D1525
氧化诱导期 /min	71.2	≥10	ASTM D3895

喷涂设备主要参数可以参阅表 6-5，注意喷涂设备依据厂商不同，参数配备各不相同，须依据材料特性进行选取。

表 6-5　聚氨酯喷涂设备主要技术参数[9]

序号	项目	技术参数
1	输出量 /（kg/min）	11.4～25.4
2	最大工作压力 / MPa	14
3	最大进气压力 / MPa	0.9
4	耗气量（2 喷嘴）/（m³/min）	0.8
5	静态工作压力 / psi	1500（10.3 MPa）
6	系统耗气量 /（m³/min）	0.96
7	最大流体温度 / ℃	88
8	最大管道温度 / ℃	82
9	加热器功率 / W	6000

6.3　聚氨酯弹性体保温管道

海管聚氨酯弹性体保温层结构最能体现深海湿式保温管的基本结构：在工作钢管外涂覆防腐层（如 FBE 涂层），然后涂覆聚氨酯弹性体保温层，图 6-9 就是其典型结构示意图。聚氨酯弹性体复合有机粒子或无机粒子后，成为复合聚氨酯弹性体。

复合聚氨酯弹性体常用涂覆方式有：浇注法、缠绕法和无模旋转浇注法等。

国内首次应用有机复合聚氨酯保温管（PSPU）实例：1999 年，南海惠州 HZ 26-IN 工程，采用 FBE+ PSPU 的防腐保温层结构，管径 273.1 mm，保温层厚度 36 mm，运行温度 102℃，应用水深 113 m[10]。

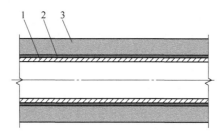

图 6-9 聚氨酯弹性体保温管结构示意图
1—钢管；2—防腐层；3—聚氨酯弹性体保温层

国内首次应用无机（玻璃微珠）复合聚氨酯保温管（GSPU）实例：蓬莱 19-3 油田 1/3/8/9 区综合调整项目 WHPV to RUP 混输管线，涂层结构 FBE 防腐层 +GSPU 保温层（厚度 50 mm）+ 混凝土配重层（厚度 45 mm），节点补口 FBE+FPU+PUF，管径 24 in，长度 1.6 km，湿保温层密度 600～800 kg/m³。

6.3.1 GSPU 保温管浇注成型工艺

海洋 GSPU 保温管道生产工艺如图 6-10 所示，包括钢管预处理、FBE 防腐层成型、钢管表面除湿、质量检验、钢管中频加热、入模前管端封堵器安装、模具加热、模具涂抹脱膜剂、钢管入模、浇注 GSPU，固化成型、脱模、移除管端封堵器、涂层表面修整、在线检验等工艺过程[11]。

（1）钢管表面防腐层涂装

按照钢管外防腐蚀要求进行钢管预热并进行表面处理（除锈、清灰等），钢管通过中频等无污染装置进行加热，并通过静电喷涂方式涂装环氧粉末涂层（FBE），冷却固化定型后，检验检测涂层质量。

由于在进行 GSPU 浇注时，FBE 涂层表面需要打毛，所以涂层的总厚度应该为要求的防腐厚度加打毛层厚度。

（2）钢管表面防腐层除湿

当钢管的熔结环氧粉末（FBE）涂层表面含有潮气并结露时，浇注的 GSPU 保温层就会因管面潮气挥发形成气孔、气泡缺陷，所以必须对防腐层表面进行预热，以清除水汽。一般管面预热温度要求为 40～60 ℃，并且要求采用的热源不得污染和烧损 FBE 表面。

（3）FBE 打毛

涂层与涂层之间的黏结力，除化学力、极性键力以外，还有一种最直接有效的物理结合力，即为渗透嵌合力，所以粗糙的 FBE 涂层表面更能增加与 GSPU 的结合力，一般采用砂带方式在旋转的管道表面通过打磨方式形成一定涂层界面锚纹，锚纹深度一般为 50 μm 左右。

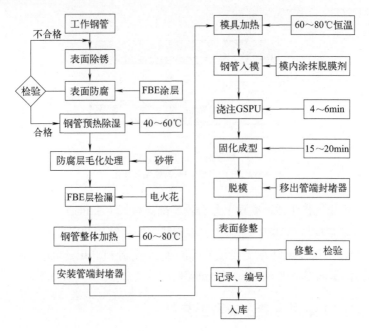

图 6-10　海洋 GSPU 保温管生产工艺图

（4）钢管及其模具加热

GSPU 材料充分反应的温度是 60～80℃，要求钢管入模前必须加热至所要求的温度，一般在 80℃左右，确保其入模后维持在 60℃。注料后，模具内表面接触物料，同样要求模具内表面加热至 60～80℃，并保温。

（5）钢管入模

GSPU 涂层同其他涂层类似，都需要在涂层成型后在管端预留 150～250 mm 的预留段（焊接热影响区），并满足 GSPU 涂层成型后形成锥形结构，所以钢管入模前须安装管端封闭器。为使 GSPU 涂层更好地脱模，钢管入模前，模具内表面涂抹脱膜剂（聚四氟乙烯）。完成上述工作后，通过吊装等方式，把钢管置入模具中，合模后固定合模螺栓。

（6）GSPU 物料浇注

浇注物料前，倾斜模具 15°～30°，确保物料浇注过程中空气完全排出，防止空气遗留，造成保温层内聚集空气，产生泡孔等缺陷。浇注 GSPU 物料从倾斜的管尾部注入，根据保温层的密度和厚度，浇注物料时间为 4～6 min，保温料注入模具后，带模固化 15～25 min，确保其充分反应固化。

设备选择。中海油在进行 GSPU 浇注时，采用意大利 OMS Group 生产的 IMPaCT 220 S 形两组分低压聚氨酯浇注设备[12]。

参数设定。原材料异氰酸酯与聚醚多元醇质量比控制在 1.0∶1.8～2.2，模具内表面恒温在 60～80℃，浇注 GSPU 物料温度要保持在 20～30℃（包含储料罐和管路），浇注压力维持在 0.35～0.75 MPa。

为满足 GSPU 节点补口要求，管端须预留 150 mm 左右的防腐层未涂段，80～100 mm 未浇注 GSPU 防腐层段，所形成的 GSPU 涂层端面为 45°角。GSPU 湿式保温层端部结构示意图如图 6-11 所示。

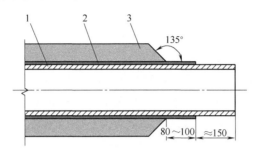

图 6-11　GSPU 湿式保温层端部结构示意图
1—钢管；2—防腐层；3—GSPU 湿式保温层

6.3.2　GSPU 保温管成型装备

（1）保温料浇注系统

GSPU 为聚氨酯弹性体混配玻璃微珠体系，由异氰酸酯混配质量体系为 5%～40% 的空心玻璃微珠的聚醚多元醇，按照比例为 1.0（1.2）∶1.0 来制备。两种独立的组分料由专门的浇注成套系统通过混配、加压、搅拌、浇注保温模具等工艺过程来完成。

浇注成套系统包括：聚醚多元醇与玻璃微珠混配脱气系统，混有玻璃微珠的双组分原料的浇注系统以及保温模具三部分。

① 混配脱气系统。

聚合物体系中充填无机粒子中空玻璃微珠，聚合物中无机粒子的分散度、两相界面的形态是影响混合物料混配体系力学性能的重要因素。混配体系在浇注、固化过程中如果裹有未排出的空气，就会在复合聚氨酯成型体的内部或表面形成气孔，从而影响到聚合物成型体的力学性能和保温性能。因此，须选用适用于玻璃微珠与聚氨酯物料的均匀混合装置以及真空脱气装置，满足物料的理想预混。所以混配脱气装置中，其混合器形式、混合速度、真空脱气是直接影响玻璃微珠与复合物料最终质量的关键参数[13]。

因此为达到中空玻璃微珠与聚醚多元醇的均匀混配，可以采用装配有低速搅拌器和高速分散器的行星动力混合机，低速搅拌器通过行星齿轮传动，搅拌桨在公转时也可以自转，确保混合料在容器内均匀运动，从而使混合料在较短的时间内达到理想的混配效果。动力混合机的高速分散器可以与行星架一起公转，并同时高速自转，使物料受到强烈的剪切同时分散混合。动力混合机两个框形搅拌器在原料桶里同时公转并自转,可实现抽真空、加热、冷却等多工序过程。根据情况可实现转速调节,并配多个搅拌桶,可一机多桶操作,匹配压料机让出料更方便。

② 浇注系统。包含POL(混配玻璃微珠聚醚多元醇)料罐、ISO(异氰酸酯)料罐、料罐加热装置、料管伴热装置、计量泵、浇注混合头、控制系统、管路等。

具体参数:混合料输出量60～220 kg/min,适用材料黏度15000～40000 MPa·s,具备自动调控材料温度、适用材料黏度范围广、浇注量大的优点。

料浇注系统满足对混配玻璃微球的组分进行输送,满足双组分物料在一定温度条件下按规定比例、规定流量,经混合头混合后注入保温模具。

a. 偏心螺杆泵。混配好的物料可以采用偏心螺杆泵送入POL料罐。偏心螺杆泵是一种内啮合的密闭式单螺杆泵,转子是钢或不锈钢的圆形断面螺杆,适用于高黏度或低黏度含固体成分的物料,液体输出平稳而无脉动,具有很好的抽吸性能。当用于输送含有固体颗粒的液体物料时,常使用弹性材料制作定子衬套[14]。

b. 工作料罐。工作料罐要求罐内充分干燥,排除水汽的影响,罐内物料温度要求能精确地控制在工艺要求的范围内,并能充分满足各计量泵的供料要求。工作料罐分为异氰酸酯料罐和聚醚料罐。材质常为不锈钢,或在碳钢表面采用金属或塑料喷涂,或以化学镀膜等工艺,喷涂或镀上不锈钢或镍、铬、塑料等防腐蚀层,或涂刷上其他能耐原料侵蚀的防腐涂料,这样既可避免物料对筒体的侵蚀,也可防止物料被污染变色、变质。

工作料罐使用带有搅拌及夹套或盘管的贮罐,罐内充以干燥的空气或氮气,以防止物料吸水或氧化,搅拌及温度控制系统则是为了保持罐内物料体系的均匀及温度均一,保证发泡工艺的稳定。

工作料罐根据物料黏度分为压盘式和气压式两种,对于添加了无机粒子的高黏度物料一般采用压盘式料罐,如复合硅橡胶类物料。

压盘式料罐(图6-12)物料黏度高,物料为上出料方式,采用液压压盘或电动压盘向下挤压物料,在上装计量泵的作用下泵送物料进入与混合头相连的输料管。适用于混合料黏度为100000～200000 MPa·s的物料。

气压式料罐(图6-13)采用下出料方式,下出料管连接计量泵。料罐采用密封结构,通过物料上部0.2～0.5 MPa的干燥空气或氮气维持物料液面上的压力,进行物料压送。主要应用于高压发泡机各物料系统的工作物料以及低压发泡机中高黏度物料(如聚酯多元醇)的压送。聚醚多元醇混配的中空玻璃微珠物料黏度为15000～40000 MPa·s,可以采用气压式料罐。

c. 计量泵。复合聚氨酯浇注系统的核心部件是计量泵,多选用齿轮泵或柱塞泵。齿轮泵常用于低压发泡机,近年来,因为加工工艺及材质的改进,也逐步应用于高压发泡机。柱塞泵源于液压技术的多柱塞,分为垂直柱塞和轴向柱塞,轴向柱塞泵采用斜盘结构（图6-14），在旋转过程中，柱塞在缸内作与转子轴向平行滑动，每转1圈，做1次往复，进行吸排料。通过调整转子和传动轴之间的轴向夹角，可以改变柱塞在缸内的行程，从而调整泵的排料量。因为聚醚多元醇混配中空玻璃微珠，所以建议采用轴向柱塞泵，并且泵体及柱塞必须采用耐磨材料。

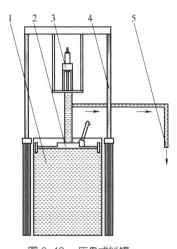

图6-12 压盘式料罐

1—料罐；2—压盘；3—计量泵；4—液压门架；5—输料管

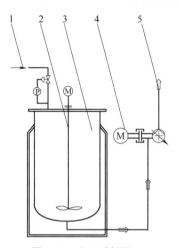

图6-13 气压式料罐

1—干燥空气或氮气；2—搅拌器；3—料罐；4—计量泵；5—输料管

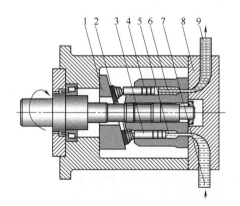

图6-14 斜盘式轴向柱塞泵结构及工作原理图

1—斜盘；2—回程盘；3—柱塞1；4—柱塞2；5—进料仓；6—出料仓；7—进料口；8—配流盘；9—出料口

（2）成型模具[15]

GSPU保温管的成型模具系统，是一种可以开合的筒形结构，是把需要保温的海管放置在这个筒形结构中，然后浇注GSPU物料，经过固化形成GSPU保温层。

模具系统由液压开合式筒体、预热系统、温控系统、液压控制开合系统、液压或吊装倾斜升降系统、液压站、底座等组成。

开合式筒体为上模、下模的对开式扣合结构，内径为特定海管外径加两倍保温层厚度，内模由模具钢制成，内模厚度必须通过设计计算，内模外安装加热盘管，并对整个模具加装保温层以及外护壳。

浇注口。模具预先设计安装物料浇注口，模具浇注口设置在浇注模具的下半部分：一浇注口设置在距离管端最低点 800 mm 处，另一浇注口设置在距离管端 2800 mm 处。

排气口。在上半模倾斜后的最高端设计加工排气口，并与管端封堵外沿相切。排气口内径 65 mm。

模具端部盲板。为了防止模具倾斜后钢管从模具中滑出，在模具倾斜的低点端部先安装上下两块端板，下端板与钢管端部之间安装木质楔块塞紧。

为保证加热温度均匀，建议采用导热油加热盘管，实现整个模具内表面 60～90 ℃ 的均匀加热、温控及保温，上半模通过液压铰链连接，通过液压缸控制上半模的自动合模及打开。

模具整体倾斜后，才能满足物料从底部浇注后，物料的流畅、物料启发以及密实过程中空气的排除。一般要求倾斜度为 15°～30°，倾斜方式可以采用模具底架上安装液压升降系统或端头起吊方式进行。

图 6-15 为天华院[16]专门为 GSPU 保温层浇注所设计的浇注模具示意图。图 6-15（a）为模具开启状态，图 6-15（b）为模具合模状态，图 6-15（c）为模具整体结构示意图，可作为参考。

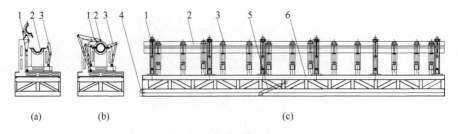

图 6-15　保温模具系统

1—液压开合机构；2—模具筒体；3—液压模具扣合机构；4—模具整体倾斜铰支点；
5—液压倾斜支撑油缸；6—整体底座

（3）端头密封器

为防止物料流淌，污染端预留区，采用端头密封器，满足涂层保温材料浇注过程中一次成型。海管 GSPU 保温层端部封堵器结构如图 6-16 所示。满足预留热影响区和防腐层以及端部保温层锥形结构的要求，并且具备端部密封功能。

中海油研制成功的典型端头密封器，采用聚氨酯弹性体或聚四氟乙烯材料，起到密封钢管和模具的作用，并形成锥面结构，管端由端部固定器和挡板进行固定，通过螺栓调节，可以调整密封器与管端的距离，可以非常精准地控制管端的预留量。

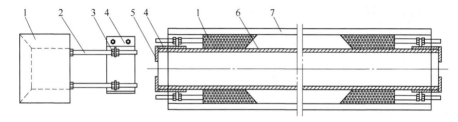

图 6-16 端部封堵器结构简图及其安装示意图[16]

1—封堵体；2—调距杆；3—焦距螺丝；4—端部固定圈；5—管端挡板；6—钢管；7—模具

6.3.3 喷涂聚氨酯弹性体技术

无模旋转喷涂弹性聚氨酯保温层，是在模制聚氨酯工艺技术基础上开发的，在专用小车上，把需要保温层成型的管道中间段悬空，并按照一定的速度前进及旋转。高压专用喷涂机，把聚氨酯弹性体专用双组分料通过喷枪，混合后喷涂在管道表面，沉积、启发并熟化形成弹性体保温层。

与模制聚氨酯弹性体成型技术相比，喷涂弹性体在制备过程中，无须根据管径配备一系列模具，在 15～32℃下启发固化，不需要熟化箱，从而降低了模具的投资成本和能量消耗。在一套装备上满足各种管径的保温层成型。

喷涂聚氨酯是一种快速反应、固化的聚合物，在制备过程中可以直接观察材料喷涂、沉积、启发、凝固和熟化的过程，保证涂层的质量，减少废品率。

通过多层喷涂可以达到管道保温设计的厚度要求，并且层间结合紧密，结合力达到一次喷涂的效果。采用旋转喷涂制备的聚氨酯具有黏结力强、覆盖均匀、密度均匀、厚度均匀等优点。

喷涂聚氨酯弹性体的主要设备为专用高压无气喷涂机、喷涂钢管专用小车、钢管加热装置、废料回收装置等。

表 6-6 喷涂聚氨酯与模制成型材料物理性能对比

项目	涂覆方式	导热系数 /[W/(m·K)]	密度 /(kg/m³)	比热容 [J/(kg·K)]	抗静水压 /MPa	吸水能力 /(mg/cm³)	拉伸强度 /MPa	最大工作水深 /m
玻璃珠复合聚氨酯	模制	0.145～0.165	780～850	1700	10	1.5～2.5	7	800
喷涂弹性聚氨酯	喷涂	0.095～0.115	720～750	1600	8	1.5～2.5	10	500

注：表中涂覆工艺应用非同一种原材料，因此可比性不高。

由表 6-6 可以看出，相较于模制，喷涂聚氨酯弹性体具有导热系数小 [＜0.095 W/(m·K)]、密度相当的优点；唯一的缺点是抵抗海水静压力能力稍弱，但也可以满足 500 m 水深的海底管道，但其成型工艺更加简单，质量更易于控制[17]。

6.3.4 复合聚氨酯涂层浇注缺陷

浇注法成型复合聚氨酯保温（GSPU）涂层是最常用的涂层成型工艺，但在涂层成型过程中，也出现了很多缺陷[10]。

（1）表面气泡

保温层采用倾斜式发泡，涂层浇注固化后，发现在触地管上端出现大量密集气泡，呈线状或面状分布，同时在接近出气口位置出现燕尾状分布气泡。缺陷原因：模具倾斜角度的设置过小、聚醚多元醇抽真空时间短、浇注口位置设置以及排气口位置不合理。

采用的改进措施为：浇注口设置在管端，同时在管端封堵器上设置一个矩形凹槽排气孔，聚醚多元醇抽真空时间调整为 30 min，浇注时浇注平台倾斜 30°，基本可以消除涂层气泡。

（2）表面橘皮

成型的保温层外表面局部明显橘皮，在模具的分段面位置尤为突出。主要因为模具采用分段式加热，分段面的位置没有保温措施，导致热量损失严重，则复合聚氨酯反应后就会严重收缩，形成表面花纹现象。

解决方案为：在模具的分段面增加外保温，浇注物料时提高模具的加热温度，确保模具整体表面温度达到 65 ℃。

（3）黏结性差

对保温层和底层防腐层（熔结环氧粉末层）的环剪切试验中，剪切力在 2～5 kN 之间，涂层极易脱落，环氧粉末层无黏结的聚氨酯。主要原因：一是钢管涂层外表面未进行打毛处理，涂层无法形成物理黏结；二是管表面温度过低，复合聚氨酯在急冷反应时界面首先收缩，使得其与钢管外的防腐涂层黏结强度几乎为零。

所以在保温层浇注时，不但要求加热模具，还需要对钢管表面进行 60～70 ℃ 的预热，并且采用工具（钢刷、砂纸等）对防腐层表面进行打毛处理。

（4）空心微珠缺陷较多

例如空心微珠分布不均匀、破碎率较高等。这与聚醚多元醇搅拌方式、搅拌速度、搅拌时间以及在管路中的循环时间有关。

其最佳的调整方式为：聚醚多元醇搅拌转速降低到 50 r/min，共 4 次，每次顺时针、逆时针各 5 min；保温原材料内循环时间缩短为 2 h 以内。即时搅拌，即时浇注，同时调整枪头混合转速为最高转速的 80%，即 3200 r/min。

6.4 聚丙烯保温管道

聚丙烯因其材料性能优异，不但应用于管道防腐涂层中，也应用于管道保温涂层中。尤其在深海海底管道中，多层聚丙烯保温体系得到了非常大的发展，适用于海洋深度也在逐渐增加，从 600 m 水深到 1500 m 水深以及超过 3000 m 水深，均得益于聚丙烯保温体系的发展，而且聚丙烯保温材料在满足保温的前提下，其密度、抗压强度也能够满足静水压下长期运行的要求。

6.4.1 四层聚丙烯保温体系

海管四层聚丙烯保温管输送高于 60 ℃ 的流体介质，是 20 世纪 90 年代初期，在近海油田开始使用的湿式保温层结构，可以在相对较浅的水域使用（< 600 m），属于单壁保温体系。

四层防腐保温体系如图 6-17 所示，由内以外分别为熔结环氧粉末（FBE）防腐底层、聚丙烯黏结剂层、聚丙烯泡沫保温层和聚丙烯外防护层。

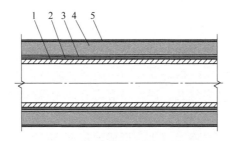

图 6-17　四层防腐保温管结构示意图
1—钢管；2—熔结环氧粉末层；3—聚丙烯黏结剂层；4—聚丙烯泡沫层；5—聚丙烯外护层

（1）某项目中所采用的典型四层聚丙烯防腐保温系统基本参数[18]

① 涂层性能要求参数。U 值：8 W/(m²·K)；涂层最高设计使用温度：70 ℃；应用的海水温度：10 ℃。

② 涂层厚度参数。总厚度：约 26 mm；熔结环氧粉末（FBE）防腐底层：0.3 mm；聚丙烯黏结剂层：0.3 mm；聚丙烯泡沫保温层（实际应用中，须由设计计算确定）：22 mm；聚丙烯外护层：3 mm。

（2）四层海管聚丙烯保温层的成型工艺

如图 6-18 所示，四层聚丙烯保温体系是海洋管道中首次把聚丙烯泡沫层应用于海洋管道的实例，具体结构与三层聚丙烯（PP）涂层类似，只是在三层 PP 涂层的黏结剂层和外护层之间增加了一层泡沫保温层。

① 环氧粉末层成型。采用熔融结合方式，把洁净的钢管通过中频等无污染电源加热到粉末熔融的温度，通过粉末静电枪的工作区域，把环氧粉末喷涂至钢管表面，形成胶化的粉末层。

② 黏结剂包覆层成型。挤塑机把改性的聚丙烯黏结剂挤出包覆在胶化的环氧粉末表面，形成二层结构，以满足聚丙烯泡沫保温层的包覆黏结和聚丙烯外护层的挤出成型。

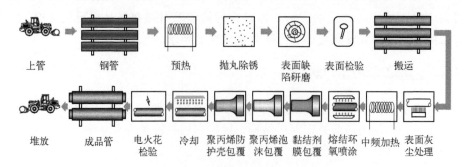

图 6-18 四层聚丙烯保温层成型工艺

③ 聚丙烯泡沫保温层成型。将聚丙烯树脂与发泡剂的混合料通过挤压方式成型。具体采用挤出包覆形式（T 形模具），挤出筒形结构保温层，离模膨胀后收紧包裹在黏结剂层外，以适应不同的管径和保温层的厚度。

发泡剂一般为二氧化碳小粒。混合物料加热并通过挤出机时，发泡剂小颗粒就会在聚丙烯内膨胀形成许多气孔，形成带有泡孔的聚丙烯保温层（图 6-19）[18]。

④ 聚丙烯外护层成型。聚丙烯外护层通过挤塑机热挤出后以包覆或缠绕方式包覆在保温层的表面，并最终经过水冷形成四层保温层结构产品。

参照成型工艺图，聚丙烯泡沫保温管的多层结构采用了多道挤出工艺，这种挤出工艺只能以直角机头的挤出包覆形式来完成。通过一致的挤出工艺来维持泡沫层、防腐层与辅助层的最佳结构以及外径容差，满足保温层内泡孔的均匀性，增加整个保温体系的抗蠕变、抗压缩性能以及最佳的导热系数。

聚丙烯泡沫层凭借内部的泡孔结构具有更好的保温特性。聚丙烯泡沫层的密度维持在 $680 \sim 800 \ kg/m^3$ 的范围内，而其力学性能和保温性能随密度变化而变化。高密度的聚丙烯泡沫层通常具备更好的力学性能和抗压缩性能，但其导热系数较高，所以针对不同水深以及保温要求，选择合理的泡沫聚丙烯材料。

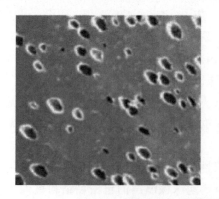 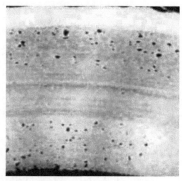

图 6-19 普通聚丙烯泡沫结构图

与实心聚丙烯保温体系相比较（表 6-7），四层泡沫保温体系在小于 600 m 水中铺设，其经济性更加合理。

表 6-7　4LPP 泡沫保温系统与实心 PP 保温系统的比较

项目	四层聚丙烯泡沫保温系统	实心聚丙烯保温系统
典型"U"值（总系统厚度）	2.5 W/(m²·K)(85 mm)	4.0 W/(m²·K)(85 mm)
水深限制	< 600 m	无限制
近似费用比	1	3
涂覆工艺	简单多道挤压工艺	简单多道挤压工艺
最高设计温度	110℃	110℃

适用于海洋管道的聚丙烯保温材料有多种，可以复合成多层不同类型的聚丙烯保温体系，如上所述的适用于浅水（< 600 m）的普通四层泡沫聚丙烯层。但用于 600 m 以上以及接近 1500 m 水深的多层聚丙烯泡沫保温系统通常由 5～7 层构成。

6.4.2　五层聚丙烯复合保温体系

五层聚丙烯保温体系采用三层聚丙烯防腐涂层复合聚丙烯泡沫保温层和外护层的结构。

巴西 Socotherm 公司开发的 Wetisokote 五层聚丙烯复合泡沫防腐保温管道适用于 6～24 in 管道，最大海水深度 3000 m，最高操作温度 140 ℃。

加拿大 Bredero Shaw 公司开发的 Thermotite 五层聚丙烯复合泡沫防腐保温管道适用于最大海水深度 2200 m，最高操作温度 150 ℃。

五层聚丙烯复合保温体系管道适合 J 式铺管、S 式铺管和卷筒盘管铺管驳作业。弥补了聚氨酯复合保温涂层不能应用于高温的缺陷以及四层聚丙烯保温层不能应用于深水的不足。图 6-20 是五层结构的聚丙烯复合保温体系示意图。

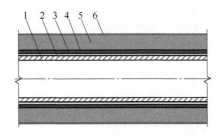

图 6-20　五层聚丙烯复合保温层结构示意图
1—钢管；2—FBE 层；3—黏结剂层；4—实心聚丙烯层；5—泡沫聚丙烯层；6—聚丙烯防护层

涂层厚度参数可以参照表 6-8，其中泡沫保温层厚度需要依照实际工况进行设计选择。

表 6-8　五层聚丙烯复合保温系统的构成[19]

层	材料与厚度
防腐层	0.3 mm 高温熔结环氧粉末 FBE
绝热层	0.3 mm 聚丙烯黏结剂和 8 mm 硬质聚丙烯
保温层	26 mm 聚丙烯泡沫密度 850 kg/m³
外夹克防护层	4.0 mm 硬质聚丙烯
现场补口材料	硬质聚丙烯

五层聚丙烯保温层成型工艺流程如图 6-21 所示。

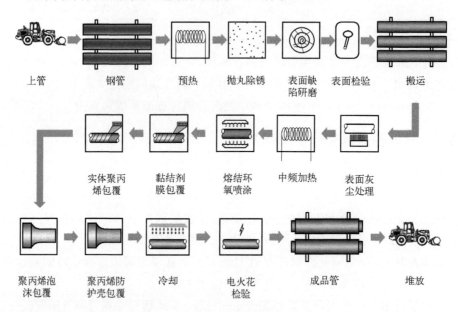

图 6-21　五层聚丙烯保温层成型工艺图

五层聚丙烯保温体系具备完整的三层（PP）聚丙烯防腐涂层，所以防腐涂层的成型完全采用与三层 PE 相同的工艺及装备。保温层及外护层成型则与四层聚丙烯体系相同。

（1）三层 PP 防腐层成型

① 环氧粉末层成型。完成除锈并且表面干净的海洋管道，通过无污染的感应中频加热至 200 ℃左右，并通过环氧粉末喷涂区，环氧粉末通过多组静电喷枪把粉末均匀地喷涂在管道表面，并熔融形成胶化的环氧粉末层。

② 黏结剂成型。通过挤出机挤出的黏结剂层，以侧缠绕形式或 T 形包覆形式，包裹在胶化的环氧粉末层表面，与固化前的粉末层反应，形成黏结剂层。

③ 聚丙烯实心层成型。挤出机挤出的聚丙烯实心层，经过板式模具或 T 形模具，挤出片材或筒形结构，以侧缠绕方式或包覆方式，包裹在黏结剂表面，并与黏结剂熔融形成 PP 层，最终冷却定型形成三层 PP 层。

（2）保温层成型

① 发泡保温层成型。带有发泡剂的聚丙烯热挤出料，通过T形模具挤出，筒形膜离模膨胀后，收紧包裹在聚丙烯实心层外，并二次熔融聚丙烯层形成融合结构。

② 外护的聚丙烯层成型。聚丙烯物料通过挤出机加热并挤出后，以同样的方式包裹收紧在聚丙烯泡沫层表面，渗透熔融后，冷却定型形成五层聚丙烯保温体系。

6.4.3 七层聚丙烯复合保温体系

七层聚丙烯复合保温体系（Thermotite），为聚丙烯泡沫以及玻璃微球复合聚丙烯泡沫的复合结构（双保温层），适用水深1500 m及以上。

涂层结构包含三层聚丙烯防腐层、两层保温层以及防护层等，层间通过熔融黏结或黏结剂形成统一的整体，防护层采用耐磨聚丙烯或抗紫外聚丙烯（图6-22）。通常在矩阵形固体聚丙烯中添加玻璃微粒，起加固作用，以形成复合泡沫层。如此一来，可以提高多层聚丙烯系统抗深水静压和温度性能，K值可达到0.185 W/(m·K)，U值可达到3～4 W/(m²·K)[20]。这样的结构体系具有保温、质轻、抗压、抗冲击、不渗透、性能稳定、柔韧性好、可修复、经济环保等特点。

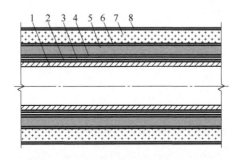

图6-22 七层聚丙烯保温层结构示意图
1—钢管；2—FBE层；3—黏结剂层；4—硬质聚丙烯层；5—中空玻璃微珠复合聚丙烯层；
6—硬质聚丙烯层；7—聚丙烯泡沫层；8—聚丙烯外护层

自1991年以来，Thermotite绝缘和稳流保证涂层系统已经在北海、墨西哥湾、南中国海和其他许多地区的海底管道上得到了应用，总铺设长度达到1660 km，总涂层长度达到11005 km，Thermotite系统可以应用在水深3000 m、温度达155 ℃的环境中。这种系统可以通过很多方法进行安装[20]。表6-9所列是非常典型的深水用防腐保温体系[21]。

表 6-9　典型的防腐保温体系 1

FBE 熔结环氧粉末层	黏结剂层	硬质聚丙烯层	中空微珠复合聚丙烯层	硬质聚丙烯层	泡沫聚丙烯层	聚丙烯外防护层
300 μm	300 μm	9.7 mm	25.4 mm	3 mm	33 mm	5 mm

应用实例：某海上油田项目水深＞800 m，海水温度5℃，最高设计温度85 ℃，设计选用总厚度 63 mm 的七层聚丙烯复合泡沫防腐保温体系，保温层传热系数 U 值为 4 W/(m^2·K)。表 6-10 所列即为针对本项目深水用的防腐保温体系[18]。

表 6-10　典型的防腐保温体系 2

FBE 熔结环氧粉末层	黏结剂层	硬质聚丙烯层	中空微珠复合聚丙烯层	硬质聚丙烯层	泡沫聚丙烯层	聚丙烯外防护层
300 μm	300 μm	6 mm	21 mm	7 mm	21 mm	7 mm

七层聚丙烯保温体系与五层相比，其抗压强度更高，涂层材料导热系数更小，适应海洋环境的能力更强，相比较而言，其结构增加了玻璃微珠复合聚丙烯层，所以其成型工艺的区别只是增加了复合聚丙烯层的挤出包覆和聚丙烯过渡层的挤出包覆。

七层聚丙烯保温涂层具体图示成型工艺如图 6-23 所示，工艺过程简述如下。

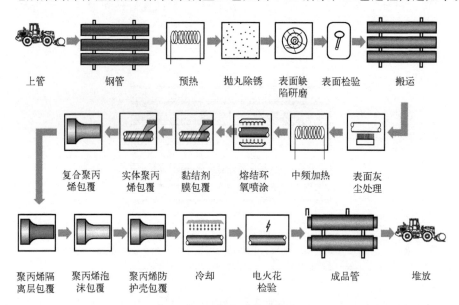

图 6-23　七层聚丙烯保温体系

（1）防腐层成型

在加热的钢管表面喷涂环氧粉末，在胶化的环氧粉末层表面依次挤出包覆黏结剂层和聚丙烯层，并采用水冷却定型形成防腐层，形成三层 PP 防腐层。

(2)复合保温层成型

混配好玻璃微珠的聚丙烯物料,通过挤出机挤出筒形包覆膜包裹在聚丙烯防腐层外,并利用泡沫层的预热,二次熔融渗透聚丙烯层,形成复合保温层。在复合保温层外同样利用挤出机挤出聚丙烯过渡层熔结在复合保温层的外侧。

(3)泡沫保温层成型

带有发泡剂的聚丙烯热挤出料,通过T形模具挤出,筒形膜离模膨胀后,收紧包裹在聚丙烯过渡层外,熔融渗透形成融合结构。

外护的聚丙烯层,通过挤出机挤出后以同样的方式包裹收紧在聚丙烯泡沫层表面,渗透熔融后,冷却定型后形成七层聚丙烯保温体系。

BP公司流体管和SCR立管七层聚丙烯保温体系涂层厚度见表6-11。

表6-11 BP公司Thunderhorse油田项目七层Thermotite稳流保证涂层体系[20]

涂层	流体管		SCR立管	
	涂层类型	厚度	涂层类型	厚度
1	FBE	300 μm	FBE	300 μm
2	黏结剂	300 μm	黏结剂	300 μm
3	固体聚丙烯	8.4 mm	固体聚丙烯	8.8 mm
4	复合聚丙烯	30/40 mm	复合聚丙烯	16/19/23 mm
5	聚丙烯夹克	4.0/5.0 mm	聚丙烯夹克	5.0 mm
6	聚丙烯泡沫	25/27/43 mm	聚丙烯泡沫	16/23 mm
7	聚丙烯外护	5.0 mm	聚丙烯外护	5.0 mm

6.4.4 聚丙烯泡沫挤出成型技术介绍

多层聚丙烯保温层体系中,只针对成型工艺,其最关键的技术是聚丙烯保温层的成型,按照描述,多层聚丙烯保温体系中聚丙烯保温层分为实心聚丙烯、发泡聚丙烯和玻璃微珠复合体聚丙烯三种,其中后两种体系成型比较复杂,因为实心体可以直接采用挤出方式成型,而后两种体系的装备有特殊要求。发泡聚丙烯成型装置介绍如下。

① 挤出机。多层聚丙烯保温体系中聚丙烯泡沫层挤出发泡成型的核心装备是挤出机,现阶段使用中,可以采用单阶单螺杆挤出机或双螺杆挤出机,也可采用双阶挤出机进行串联,如两台单螺杆挤出机串联或一台双螺杆挤出机与一台单螺杆挤出机串联。

a. 单阶单螺杆挤出机。聚丙烯挤出发泡生产线采用一台单螺杆挤出机(图6-24),形成均相熔融体。这台挤出机满足进气、混合功能,在螺杆熔融段后增加一个进气段,使发泡剂(气体)能顺利进入机筒内;并设计长度适当、结构合理的计量段,选用螺杆长径比为40以上的挤出机,同时为满足混合的均匀度,需要在螺杆计量段的过渡处增加混炼单元（如销钉段）或引入静态混合器，此外为避免熔有发泡剂聚丙烯熔融体在到达挤出模具前提前发泡，并抑制高温态下熔体中的气体快速膨胀而发生塌陷，将混合熔融体在到达挤出发泡模具前冷却到适宜温度，除采用机筒降温单元外，需在模具前增加静态混合器。

发泡剂采用化学发泡剂或物理发泡剂（如二氧化碳气体），在挤出机上注入位置不同：化学发泡剂采用进口混合式注入，物理发泡剂采用中间注入方式来完成。

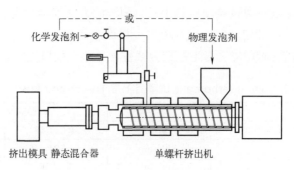

图 6-24　聚丙烯挤出发泡单阶单螺杆挤出机[22]

另外，保持较低的温度可以使发泡剂有较高的溶解度，提高发泡剂在熔体中的含量，对于发泡的成核和生产起到促进作用；保持较高的熔体温度时较低的熔体强度不利于气核的生成，容易发生气泡破裂，影响发泡效果。一般情况下，筒体加料口设置为165℃左右，熔融以及发泡剂注入段温度设置到175～180℃，机头温度设置为170℃左右。

b. 单阶双螺杆挤出机。聚丙烯挤出发泡体系中，单螺杆应用非常广泛，但因为双螺杆挤出机的自身优势，也是聚丙烯挤出发泡的一种选择。双螺杆挤出机具备固体颗粒喂料稳定、分散良好、混合物料分布均匀、熔融体温度均匀等优点。

为适应聚丙烯发泡要求，采用物理发泡剂时，需要设计特殊供料方式，防止发泡剂逃逸。并且对螺杆采用特殊设计以维持适宜的机筒压力，同向旋转的啮合螺杆段设计若干段反向螺纹元件（图 6-25 中的阴影），其作用是在反向螺纹元件处建立高的熔体压力，实现流体挤出时对聚合物熔体中的发泡剂进行动态密封，防止气体沿螺杆轴向从加料口逃逸。

挤出发泡模具前加装熔体泵，以稳定和提高进入模具的熔体压力，防止发泡剂汽化导致发泡提前，较高的模具压力会在熔体挤出的瞬间发生压降，在外部强制冷却的环境下发泡剂迅速汽化，气核生长得到抑制，防止气泡合并和逃逸[23]。挤出装置示意图如图 6-25 所示。

c. 双阶串联单螺杆挤出机。双阶串联单螺杆挤出机如图 6-26 所示，采用两台

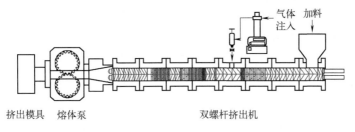

图6-25 聚丙烯单阶双螺杆挤出发泡装置示意图

单螺杆挤出机，一台（主挤出机）满足熔融和混合，一台（辅挤出机）满足挤出要求。主挤出机进行聚丙烯颗粒料送料并熔融，并且在料斗位置（化学发泡剂）或中间位置（物理发泡剂）加入发泡剂，在聚丙烯熔融体中均匀混合。主挤出机通过连接体与辅挤出机的加料段串接，送入的混合有发泡剂的物料在辅挤出机中冷却到适宜温度，并在最佳压力下，以防止气泡塌陷。设计要求主挤出机螺杆的混合剪切能力强，辅挤出机螺杆的计量段长，沟槽更深，以满足稳定的低温挤出要求。双阶串联单螺杆挤出机相对于单阶单螺杆挤出机更能实现工艺参数的精确控制，满足低密度聚丙烯发泡材料的连续挤出发泡要求。

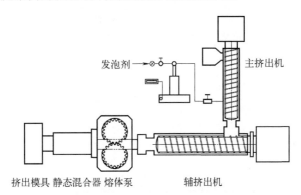

图6-26 聚丙烯挤出发泡双阶串联单螺杆挤出机示意图[24]

辅挤出机的重要功能是实现聚合物/发泡剂体系均匀冷却。在实际生产加工中，辅挤出机的设定温度比主挤出机计量段的温度低（发泡剂的增塑作用使加工温度大大降低），但输送能力更强（辅螺杆直径大于主螺杆直径），当主挤出机以一定的速度向辅挤出机送料时，辅挤出机以更低转速及压力将输入的物料送出，充分混合的同时延长了物料在温度更低的辅挤出机内的停留时间，减少了剪切热的产生，使混合物能充分均匀地冷却。

d.双阶双螺杆挤出机串联单螺杆挤出机。如图6-27所示，本挤出系统采用了一台双螺杆挤出机串联一台单螺杆挤出机，其中双螺杆挤出机与双阶串联单螺杆挤出机中的主挤出机作用一致，双螺杆挤出机上完成物料输送、塑化和混合。相比于单螺杆挤出机，能够更好地满足聚丙烯料的熔融以及发泡机的均匀混配。但与单阶双螺杆挤出机的不同之处在于，采用了串联的单螺杆挤出机来完成物料的均化、成压，实现挤出成型，通过单螺杆机维持最佳挤出压力来确保气泡不发生塌陷，以维持最佳泡孔率，并且可以省去熔体泵即可完成泡沫料的连续挤出成型。

挤出机采用同向双螺杆机，挤出机配置一般为双螺杆75机配单螺杆180挤出机，双螺杆95机配单螺杆200挤出机，挤出量可达到300~800 kg/h或500~600 kg/h。采用异向双螺杆机，一般为双螺杆90机配单螺杆180挤出机，双螺杆110机配单螺杆200挤出机，挤出量可达到300~800 kg/h或700~1800 kg/h。其中，双螺杆挤出机的长径比选用28~40，单螺杆挤出机长径比选用8~15。常规要求，双螺杆机一般选用同向双螺杆挤出机。

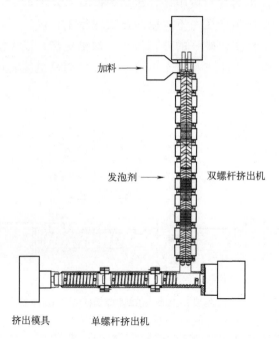

图6-27 聚丙烯挤出发泡双阶双螺杆串联单螺杆挤出机示意图

挤出机温度设定。双螺杆挤出机料筒温度设定从落料段至挤出段按照50℃到175℃递增，单螺杆挤出机料筒温度设定为175℃或180℃。

② 发泡机头。聚丙烯发泡体自身的密度、力学性能、泡孔结构及完整性与气泡成核过程和增长的速率息息相关，特定压力和定容的均相溶液（聚丙烯熔体与发泡剂混合体）进入发泡机头后，由于熔体压力的突然降低，引起发泡剂溶解度突然下降，气相从聚合物相中分离出来，气泡开始成核和增长。如果物料通过挤出机挤入发泡挤出模具后，均相混合熔体中能产生大量的气泡核，控制气泡的增

长速度在理想范围内,则可得到理想泡孔(泡孔尺寸小、泡孔尺寸分布均匀、泡孔密度高)、密度低的发泡材料。

为了控制气泡成核速率,一些研究者在发泡机头中采用了减压装置来控制压力降和压力降速率,可以通过改变该装置空腔及流道的形状和尺寸得到不同的压力降和压力降速率,以满足不同的气泡成核速率要求,获得不同的挤出发泡效果。减压装置如图 6-28 所示[22]。

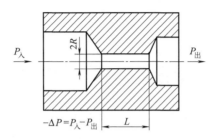

图 6-28 减压装置示意图

压力差计算公式[23]:

$$-\Delta P = \frac{2mL}{R}\left[\frac{Q\left(3+\frac{1}{n}\right)}{\pi R^3}\right]^n \tag{6-1}$$

式中,$-\Delta P$——过饱和压,进口出口压力差,MPa;
$\quad Q$——熔体体积流动速率,g/s;
$\quad m$——熔体稠度,Pa·s;
$\quad L$——减压装置长度,m;
$\quad n$——非牛顿指数。

③ 发泡剂的注入和计量。聚丙烯泡沫体的质量,受发泡剂添加量及其在熔体中的混合均匀度的影响非常大,为确保发泡剂均匀稳定地注入,并在熔体中均匀混合以及有足够的溶解量,采用物理发泡剂时,需稳定注入的计量装置。

这种装置一般选配正位移泵,配合背压调节器等装置,可以完成发泡剂的定压、定量连续输送,物理发泡剂的注入和计量装置如图 6-29 所示。

气瓶中的二氧化碳发泡剂以一定的压力注入到正位移泵中,同时要求挤出机注入口的二氧化碳压力高于注入口筒体内熔体的压力,所以通过正位移泵压缩发泡剂注入所需要的压力,并通过背压调节器来消除因挤出机机筒内物料所造成的压力波动,并通过注入管路单向阀阻止熔体或发泡剂逆流。

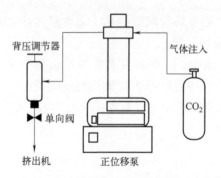

图 6-29　物理发泡剂注入与计量装置示意图[22]

6.4.5　聚丙烯泡沫体质量影响因素

聚丙烯泡沫体成型工艺中聚丙烯发泡质量受诸多因素的影响，例如挤出机的螺杆转速、熔体的压力降以及压力降速率、熔体中的成核剂分散程度及发泡模具的温度等，只有通过合理的成型工艺控制，才能满足聚丙烯泡沫的最佳质量要求。

(1) 螺杆转速

挤出机的螺杆转速对聚丙烯熔体中添加的发泡剂、成核剂分散和溶解起非常大的作用。一般螺杆转速较高则有利于提高添加剂的混合和扩散，但转速过高也会导致挤出发泡出现波动，所以需要根据不同的发泡体系选择适宜的螺杆转速。

实际应用中发现，较低的螺杆转速所得到的发泡材料结构很差。增加螺杆转速时，熔体的流动速率上升，发泡剂逃逸的机会减少，聚丙烯熔体中溶解的气体数量则增多，气泡的成核数量也随之增加，结果得到的发泡材料泡体结构良好，但这都需要一个合理的螺杆转速。

研究表明，当螺杆转速为 10 r/min、机头压力为 3.0 MPa 时，挤出发泡聚丙烯材料的表面状态较粗糙，质硬，有肉眼可见的大泡，发泡倍率也不高，气泡的数量较少；当螺杆转速为 20 r/min、机头压力为 6.1 MPa 时，材料光滑性得到了改善，虽然同样质硬，但发泡倍率提高，大泡有效减少；当螺杆转速为 30 r/min（或 40 r/min）、机头压力为 9.0 MPa（或 11 MPa）时，挤出物在离模后急剧膨胀，材料表面光滑，发泡倍率较高，泡沫密度较低，发泡材料中密布大量的细小泡孔，材料的韧性提高；当螺杆转速为 50 r/min、机头压力为 13.5 MPa 时，物料挤出不稳定，制品表面出现破裂和气体逃逸现象。因此，螺杆转速对于聚丙烯挤出发泡有显著影响，所以螺杆转速一般选择 30～40 r/min[25]。

(2) 压力降和压力降速率

压力降以及压力降速率对聚丙烯挤出发泡成型影响非常大，无论均相成核还是异相成核，压力降与压力降速率成正比，例如压力降越大，则压力降速率越快，熔体内气泡的成核速率越快，成核的数量就越多。

一种设计的机头，在 CO_2 用量为 5.2% 时，采用 15.9 MPa、13.8 MPa 两种不同的压力降时，会得到 0.13 g/cm³、0.21 g/cm³ 两种不同密度的聚丙烯发泡材料，泡孔尺寸分别为 37 μm、62 μm，泡孔密度分别为 5.45×10^7 个/cm³、1.07×10^7 个/cm³ [23]。

另一种机头设计，以 CO_2 为发泡剂，采用 8.27 MPa、13.8 MPa 和 27.6 MPa 三种压力降时，得到聚丙烯发泡材料泡孔密度分别为 3×10^6 个/cm³、3×10^7 个/cm³ 和 4×10^7 个/cm³ [26]。

由上述参数得出结论，合理的机头设计可以获得高质量的聚丙烯发泡材料。

（3）成核剂分散

聚丙烯挤出发泡体中成核剂的添加及分散对泡孔密度、泡孔尺寸和泡孔尺寸的分布也会产生非常大的影响，成核剂与熔体及气体分别形成的液-固、液-气界面则作为气泡成核的催化剂，从而降低了气泡成核的活化能。当活化能低至聚合物熔体均相成核所需的活化能时，就会在界面处诱发异相成核，从而更易产生大量的气泡核。

为制备泡孔尺寸分布窄、泡孔密度高的聚丙烯发泡材料，须保证分布在聚丙烯熔体中的成核剂性能均一，因为成核剂性能即便小的波动也会导致成核速率出现大的波动。如果成核剂表面性能和粒径不均匀，存在多分布性时，则泡孔尺寸也存在多分布性，则会在能量较低的成核点处，气泡的成核和增长将优先发生。因此，发泡体系中的成核剂类型、成核剂在熔体中的分散程度非常重要[22]。

（4）发泡机头温度

聚丙烯挤出发泡，需要得到较高的发泡倍率、较低密度的发泡材料时，须有效抑制气泡增长过程中所引起的气体损失（减少逃逸）。发泡剂的扩散系数在高温下会非常高，发泡机头的温度过高时，则容易引发气体从机头逃逸。此外，气泡增大引发泡孔壁变薄，则会加剧气体在气泡之间的相互扩散，扩散过程中气体通过泡孔扩散出去的可能性就会加大，那么用于气泡增长的气量就会减少，则发泡材料的密度和发泡倍率都会下降。研究表明，过高温度，如当机头温度为 180 ℃时，气体加速逃逸，所得发泡材料的发泡倍率非常小，仅为 2 倍。而在 140 ℃时的发泡倍率几乎可达到 50 倍[24]。因此，在聚丙烯的挤出发泡过程中，选择一个最佳的机头温度才能获得最大的发泡倍率。因不同的发泡体系对于温度的敏感性是不同的，但温度的选择需要通过大量的实验进行验证。

6.5 苯乙烯保温管道

苯乙烯保温体系的出现是因为深海管道中所应用的聚丙烯多层体系中总存在一些有待改进的地方，例如聚丙烯保温材料导热系数较高而导致保温层较厚、经济性较差等，因此出现了一种更加合理的苯乙烯保温体系，用于特殊的海洋管道中。

6.5.1 五层苯乙烯保温层

（1）苯乙烯保温层结构

与其他深海单壁保温管道结构类似，苯乙烯保温管道同样由防腐层、保温层和外护层组成。防腐层采用三层结构，由与钢管熔融的环氧粉末层、中间黏结剂层和实心苯乙烯层组成。这三层的外面包裹苯乙烯发泡保温层，最后包覆一层耐磨的苯乙烯防护层，形成完整的海底管道苯乙烯保温管（图6-30）。

其中，实心苯乙烯层密度为1030 kg/m³，导热系数K值为0.156 W/(m·K)，泡沫苯乙烯层密度为740～850 kg/m³，导热系数K值0.115～0.145 W/(m·K)[27]。所以苯乙烯材料即便采用实心体，其导热系数也低于掺混中空玻璃微珠的复合聚丙烯材料。

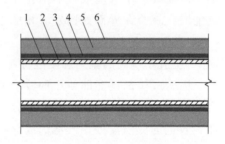

图6-30 五层苯乙烯保温管结构示意图
1—钢管；2—环氧粉末层；3—黏结剂层；4—实心苯乙烯层；5—苯乙烯泡沫/实心保温层；
6—耐磨苯乙烯外护层

（2）生产工艺

苯乙烯保温层结构中的三层苯乙烯防腐层的生产工艺（图6-31）与三层PE（PP）基本一致，并且装备只需稍加改造，就可以在原生产线上生产出苯乙烯防腐保温管道。

因为不需要掺混玻璃微珠来降低保温材料的导热系数，所以苯乙烯保温层也可以采用单螺杆挤出机进行挤出成型（图6-31）。

（3）苯乙烯挤出泡沫塑料保温层成型

将预先混合均匀的苯乙烯粒料与成核剂混合物加入挤出机内塑化，然后用高压计量装置将液体发泡剂注入到挤出机熔化段，与塑化熔体混合，并在口模出料前一直保持一定压力，熔体离模后从高压变至低压或常压，发泡剂汽化，形成均匀多孔泡沫塑料。泡孔的尺寸和数量取决于所加入成核剂的量，密度则取决于所用发泡剂的量。

发泡剂加入到熔体中以后，须冷却熔体，使熔体强度足以抑制发泡剂逸出，离模后成型。

① 一台单螺杆机挤出成型。

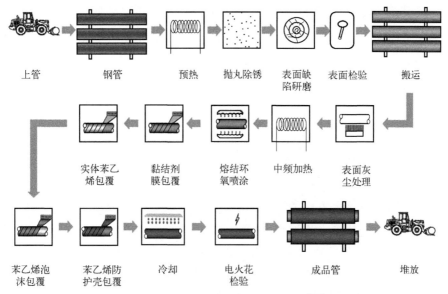

图 6-31 五层苯乙烯保温涂层成型工艺[28]

苯乙烯泡沫挤出成型需要采用一台单螺杆机完成物料熔融、混合及其熔体的降温，要求螺杆长径比选用 40∶1～44∶1。长径比大，可防止发泡剂从喂料口逃逸，熔体在料筒内通过多孔板被分割成若干段，发泡剂注入每段物料中，然后合并，驱使发泡剂均匀分散在整个物料中。但单台挤塑机效率低，而且产量上有损失。最好的方案是在挤出作业时采用两台挤塑机，并且以串联式挤塑。

② 两台单螺杆挤塑机串联挤出。

两台挤出机串联挤出的生产线：熔融和注入发泡剂由一阶挤出机完成；受控降温和挤出由二阶挤出机完成（图 6-32）。

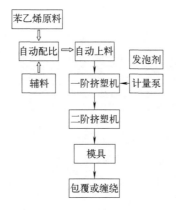

图 6-32 串联挤出苯乙烯泡沫工艺图

首先把混合物料送入一阶挤出机中，熔融、挤压、连续混合，在 20 MPa 压力和大约 194 ℃温度下熔融成为均匀的熔体。发泡剂用高压计量系统通过注射阀，注入处于料筒中的熔体内，该高压计量系统中通常包含一台隔膜泵和一台高精度的控制阀，所以不管料筒内的压力有什么变化，都能精确地把发泡剂计量到挤出机中。

发泡剂的注入位置在螺杆混合段前的减压段，而强力的混合段可以驱使整个熔体中发泡剂的均匀分散。混合均匀的熔体通过连接体送入二阶挤出机。

熔体在二阶挤出机经明显降温后，提高黏度，产生强度，使之在通过模具挤出后，泡孔壁具有自支撑、并足以包住发泡气体的能力。

挤出机选配。一阶挤出机为常规型，长径比为 24∶1 或 32∶1。二阶挤出机作为冷却用，生产能力较第一台挤塑机大，螺杆配有深螺纹，确保熔体向前输送又不会再使之受热。二阶挤塑机螺杆运行速度较第一台要慢得多（通常比值为 4/5∶1），长径比 30∶1，可以采用 120 主机配 150 辅机。

料筒温度设定。一阶挤出机设定温度从进料端至出口 170～200 ℃ 递增，二阶挤出机从落料至出口段设定温度 150～50 ℃ 递减[29]。

③ 双螺杆挤出成型。

苯乙烯保温层成型也可使用双螺杆机（图 6-33），好处是减少对物料做功而达到更佳的混合效果。如长径比 16∶1、螺杆直径 114 mm 的双螺杆机，转速 8.2～28 r/min，能量消耗小，加工温度低，可以确保物料在离模前不发生大幅降温。这类挤塑机的螺杆有一段反螺纹设计，使向前行进的物料在这里积累起来，直到不断增高的压力迫使其继续向前，以使物料充分熔融，并可有效地防止在该反螺纹段之后注入的发泡剂的倒流[30]。

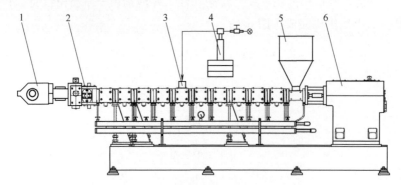

图 6-33 苯乙烯泡沫双螺杆挤出机示意图
1—模具；2—熔体泵；3—注入口；4—发泡剂注入系统；5—料斗；6—减速机

④ 注射成型。

注射成型，依据钢管的直径以及保温层厚度预制管状空心模具，并配置整体保温结构，满足苯乙烯泡沫注射时的温度要求。所以注射成型可根据保温层壁厚不同，在很大范围内调节熔体温度。采用普通柱塞式或螺杆式注塑机来完成聚苯乙烯的注射成型，喷嘴采用直通式。其成型工艺因苯乙烯材料的特性、保温层厚度等因素的不同而有差异[31]。

6.5.2 三层苯乙烯保温层

五层苯乙烯保温管节点补口采用的涂层体系是：环氧树脂防腐层、黏结剂树脂层、实心苯乙烯保温层结构。参照补口段涂层结构，直管本体也可采用实心苯乙烯保温层替代三层苯乙烯外防腐层、苯乙烯保温层和外部的机械保护层。只是替代的实心苯乙烯须进行改性，满足保温性能的前提下达到优异的抗力学性能。

实心苯乙烯通过改性的黏结剂和环氧粉末层能够牢固地黏结在钢管表面，形成一体结构，达到了三层 PE、三层 PP 的防腐效果。实心苯乙烯保温材料导热系数低于复合玻璃微珠的聚丙烯材料，可以单独作为海底管道的保温材料。

实心苯乙烯导热系数低于聚丙烯，同等工况条件下，更高的密度加上更小的保温层厚度提高了管线的海底稳定性，并有助于优化立管的水动力响应。较薄的隔热层和较小的管道剖面可降低管道铺设应变。

因此三层的苯乙烯保温体系，外层的苯乙烯层加厚形成的保温层结构能够满足管道保温要求，可以作为湿式保温层直接敷设于水中，涂层结构如图 6-34 所示。

保温层成型工艺（图 6-35）如下。

实心苯乙烯不含玻璃微珠等无机粒子，也不采用发泡剂，可以采用注塑机注塑成型或单（双）螺杆挤出机挤出成型。

钢管预处理，预热除湿（露点 5 ℃以上）、表面除锈（除锈等级 Sa2.5）、形成锚纹（锚纹深度 50～100 μm），要求抛丸用磨料里氯化物含量应当低于 100 mg/kg，铜含量应当低于 0.3%。预处理完成的钢管表面须检测含盐量，要求表面含盐量＜20 mg/m²。

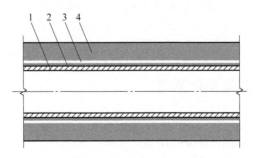

图 6-34 三层苯乙烯保温层结构图

1—钢管；2—FBE 层；3—黏结剂层；4—实心苯乙烯

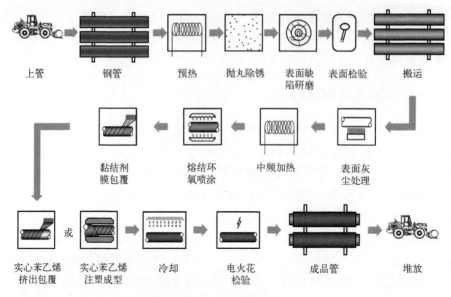

图 6-35　三层苯乙烯保温层成型工艺图

环氧粉末层涂装。采用在线中频加热钢管至 200 ℃左右，采用静电喷涂环氧粉末形成厚度为 200 μm 的熔结环氧粉末涂层。

黏结剂挤出缠绕。环氧粉末在胶化状态下，挤出改性苯乙烯黏结剂涂层，密实缠绕在环氧粉末层外，并黏结牢固。要求挤塑机的设定温度为 190 ℃左右。

实心苯乙烯层挤出压接缠绕，采用单螺杆或双螺杆挤塑机挤出，设定温度为 190～240 ℃，挤出加厚苯乙烯层通过压光辊形成薄边膜，缠绕在黏结剂层上，形成要求的苯乙烯实心保温层。通过水冷却进行定型，形成实心苯乙烯保温层。

保温层成型可采用挤出包覆式、挤出缠绕式进行涂层成型，实际涂层厚度达到 50 mm，所以在模具设计和辅机设计时应特别注意。当然厚的保温层也可以采用注塑方式成型，设计成型模具，放入预先涂装防腐层和黏结剂的涂层，并把模具保温，满足物料正常流动，然后采用注塑机注入熔融的苯乙烯实心料。密实后，冷却定型形成保温层。

在钢质管道上成型实心苯乙烯保温层，国内未有实际应用案例。

6.5.3　苯乙烯保温层设计选用

下列设计示例形象地说明了在现有海底管道市场应用范围内涂层类型和厚度的选择中，新型苯乙烯管道所具备的优势[32]。

（1）不同深度海域涂层厚度参数比较

设计参数：管道使用寿命 20 年，生产操作温度 95 ℃；钢质管道规格 ϕ273 mm × 14.3 mm，钢管外壁的传热系数 U 值 3 W/(m² · K)；假定管道输送流体比热容

C_p=2300 J/(kg·K),密度 140 kg/m³,导热系数 K 值为 0.04 W/(m·K)。在 4 ℃海水环境中,输送介质温度从 50 ℃降温到 20 ℃。

推算出不同类型保温层在不同深度的海域中所要求的涂层厚度,分别列表进行说明。

① 水深不足 200 m 的浅海。

系统	FBE/mm	黏结剂/mm	实心里层/mm	保温层/mm	防护外壳/mm	总体厚度/mm	压缩率/%	比重SG	冷却时间/h
PPF	0.3	0.3	5.4	82	3	91	3.5	1.05	12
SPU	0.3	—	—	64.7	—	65	8.5	1.07	8.5
ULTRA foam	0.3	0.3	—	56.4	3	60	2	1.2	10

注:PPF—多层聚丙烯泡沫;SPU—充填聚合物微珠的聚氨酯泡沫;ULTRA foam—新型苯乙烯泡沫保温材料。

② 水深 500～1000 m 的浅海。

系统	FBE/mm	黏结剂/mm	实心里层/mm	保温层/mm	防护外壳/mm	总体厚度/mm	压缩率/%	比重SG	冷却时间/h
PPF	0.3	0.3	5.4	80	3	89	7	1.05	11
ULTRA*	0.3	0.3	5.4	53	3	62	3.5	1.2	10.5

注:PPF—多层聚丙烯泡沫;ULTRA*—实心苯乙烯与泡沫苯乙烯组合结构保温系统。

③ 水深 300～500 m 的浅海。

系统	FBE/mm	黏结剂/mm	实心里层/mm	保温层/mm	防护外壳/mm	总体厚度/mm	压缩率/%	比重SG	冷却时间/h
PPF	0.3	0.3	5.4	84	3	93	6	1.04	11
SPP	0.3	0.3	5.4	78	3	87	2	1.03	10.5
GSPU	0.3	—	—	74.4	—	75	2.5	1.1	10
ULTRA*	0.3	0.3	19.4	42	3	65	3.2	1.2	11

注:PPF—多层聚丙烯泡沫;SPP—充填中孔玻璃微珠的聚丙烯泡沫;GSPU—充填中孔玻璃微珠的聚氨酯泡沫;ULTRA*—实心苯乙烯与泡沫苯乙烯组合结构保温系统。

④ 水深超过 1000 m 的深水海域

系统	FBE/mm	黏结剂/mm	实心里层/mm	保温层/mm	防护外壳/mm	总体厚度/mm	压缩率/%	比重SG	冷却时间/h
SPP	0.3	0.3	5.4	81	3	90	2.8	1.02	11
GSPU	0.3	—	—	86.4	—	87	2.5	1.1	10.5
ULTRA	0.3	0.3	5.4	66	3	75	2	1.3	12

注:SPP—充填中孔玻璃微珠的聚丙烯泡沫;GSPU—充填中孔玻璃微珠的聚氨酯泡沫;ULTRA—实心苯乙烯与泡沫苯乙烯组合结构保温系统。

在任何水深区域、近似时间段内达到所要求的冷却温度下,实心苯乙烯保温体系的保温层厚度均小于其他类型的保温体系,说明了其优异的保温性能。

(2)典型设计示例

设计参数:铺管水深 580 m,使用寿命 30 年,设计温度 90 ℃,海底管道管径 355 mm × 28.6 mm,要求保温层外表面传热系数 U 值 2.5 W/(m^2·K)。

模拟深海试验时,分别采用多层聚丙烯保温体系和苯乙烯保温体系,得到如下两种可以选择的保温方案:

① 保温层 Thermotite PPF 聚丙烯泡沫 97 mm,CWC 混凝土加重层 50 mm。

② 保温层 Thermotite ULTRA 苯乙烯 62.5 mm,CWC 混凝土加重层 20 mm。

按照保温层厚度以及混凝土配重层厚度,建议海底深水管道选用新型苯乙烯保温系统,总重量可以减少 30 t,塑料树脂的用量可以减少 37%。

6.6 海底保温管道应用实例

国内外海底保温管应用实例见表 6-12。

表 6-12 海洋管道保温材料应用实例[33-35, 19]

项目名称/年	保温层类型	保温材料	水深(m)/温度(℃)
OSEBERG/1990	湿式保温层	五层聚丙烯泡沫塑料	120/95 沫
TOTAL-Dunbar/1993	湿式保温层	四层聚丙烯(4-layer PP)	300
Vigdis Field Dev./1995	湿式保温层	实心聚丙烯(PP coat)	350/90
BP Foinhaven/1995	湿式保温层	四层聚丙烯(4-layer PP)	500
GULLFAKS/1997	湿式保温层	五层聚丙烯塑料	140/90 料
Åsgard Project.Phase 1/1997-1998	湿式保温层	五层聚丙烯(5-layer PP)	400/140
HEIDRUN/1998	湿式保温层	聚丙烯塑料	350/75N
Huizhou 32-5/1998	湿式保温层	有机聚合物复合聚氨酯(PSPU)	113
Heidrun Riser/1999	湿式保温层	五层实心聚丙烯(PP coat)	300/70
Penlai19-3	干式保温层(混凝土配重)	喷涂聚氨酯泡沫塑料(PUF)	—
SYGNA/2000	湿式保温层	五层聚丙烯塑料	320/90 料
Mica/2000	湿式保温层	聚丙烯泡沫塑料(PPF)	460/45
ÅSGARDII/2000	湿式保温层	五层聚丙烯塑料	350/130
Cormorant South/2000	湿式保温层	有机聚合物复合聚氨酯(PSPU)	150
Madison Marshall/2000	湿式保温层	七层聚丙烯(7-layer PP)	1400/65
Penlai/2001	干式保温层(混凝土配重)	聚氨酯泡沫塑料(PUF)	28

续表

项目名称/年	保温层类型	保温材料	水深（m）/温度（℃）
Amoco King/2001	湿式保温层	聚氨酯复合涂层	1600
Thunderhorse Project/2004-2005	湿式保温层	七层聚丙烯（7-layer PP）	2000/132
Neptune/2005	湿式保温层	玻璃微珠复合聚氨酯（GSPU）	1900
West Africa Gas Pipeline/2005	干式保温层（混凝土配重）	聚氨酯泡沫塑料（PUF）	30～75
RP-King South/2005	干式保温层（钢套钢）	气凝胶（aenogel）	1600～1800
Balearics Gas Pipeline/2008	干式保温层（钢套钢）	聚氨酯泡沫塑料（PUF）	0～997
Perdido/2008	湿式保温层	玻璃微珠复合聚氨酯（GSPU）	2900
Total-Rosa/2007	干式保温层（钢套钢）	气凝胶（aenogel）	1300～1400/70
Balboa/2010	湿式保温层	苯乙烯	975
ENI Goliat/2011	湿式保温层	苯乙烯	500
Elgin Franklin	干式保温层（钢套钢）	聚氨酯泡沫保温	/165沫
Erskine	干式保温层（钢套钢）	聚氨酯泡沫保温	/150沫
Kristin	湿式保温层	五层聚丙烯（5-layer PP）	350～380/155
Penlai19-3/2019	湿式保温层	玻璃微珠复合聚氨酯（GSPU）	—

参考文献

[1] 蒋晓斌，相政乐，张晓灵，等．气凝胶型海洋保温管道[J]．管道技术与设备，2011（4）：52-54．

[2] 成勇清，王国弘，韩宇．单层保温管在蓬莱油田的应用[J]．中国造船，2013（A01）：195-203．

[3] 吕喜军，相政乐，高象杰，等．一种海洋硬质聚氨酯喷涂预制保温管：CN204829126U[P]．2015-12-02．

[4] 相政乐，蒋晓斌，张晓灵，等．海底保温管道技术发展概况[J]．国外油田工程，2010（10）：56-59．

[5] 王立秋，郎东旭，余俊雄，等．单层保温配重海管失效原因分析[J]．内蒙古石油化工，2019（6）：15-18．

[6] 相政乐，吕喜军，赵利，等．海底单层保温管节点防水密封试验研究[J]．石油工程建设，2012，38（3）：5-8．

［7］ 刘海超，吕喜军，相政乐，等.海底单层保温管管端热缩防水帽开发试验研究［J］.石油工程建设，2011，37（6）：12-19.

［8］ 杨阳，吕喜军，赵利，等.硬质聚氨酯喷涂预制保温配重管技术［J］.石油工程建设，2018，44（2）：74-77.

［9］ 高国军，杜宝银.国外海底单层保温管一体式成型新工艺［J］.科技创新导报，2013（31）：77-78.

［10］ 林影炼.惠州26-1N水下开发出油管道系统保温层优选设计［J］.中国海上油气（工程），2000，12（1）：29-36.

［11］ 康学君，吴文通，张晓灵，等.深水管道复合聚氨酯弹性体保温工艺与设备［J］.聚氨酯工业，2014，29（1）：21-24.

［12］ 闫嗣伶，蒋晓斌，张晓灵，等.复合聚氨酯海底保温管道试制［J］.油气储运，2012，31（11）：868-876.

［13］ 杜宝银，张晓灵，杨加栋，等.玻璃微珠与聚醚混合料真空脱气设备的研制［J］.硅谷，2013（15）：19-22.

［14］ 李俊贤.塑料工业手册：聚氨酯［M］.北京：化学工业出版社，1999：81-82.

［15］ 杜宝银，张晓灵，蒋晓斌，等.深水复合聚氨酯保温管道浇注工艺的研究［J］.科技资讯，2013（24）：79.

［16］ 韩勇，贾宏庆，牟国栋，等.深水立管保温涂层成型模具：CN202137871U［P］.2012-02-08.

［17］ 张瑞珠，卢伟，范书婷，等.喷涂弹性聚氨酯作为海底输油管道保温材料的性能研究［J］.功能材料，2015，46（5）：72-74.

［18］ Australia WorleyParsons. Lessons learned-deepwater thermal insulation coatings［J］. Corrsion & Prevention, 2008（2）: 1-8.

［19］ Bjørn Melve, Dana Ali. Qualification of thermal insulation for subsea reeled flowlines with a design temperature of 155℃［C］//Corrosion, 2005.

［20］ Shi wei Guan William, Nick Gritis. Adam jackson.advanced onshore and offshore pipeline coating technologies［C］//Pipeline Technology（Integrity）Conference & Expo, Shanghai, 2005.

［21］ Allan Boye Hansen. Cost-effective thermal insulation systems for deep-water west Africa in combination with direct heating［C］//West African Ocean Conference, 2000.

［22］ 王向东，刘本刚，陈士宏，等.聚丙烯挤出发泡中的关键技术——加工设备和成型工艺研究［J］.中国塑料，2006，20（4）：20-24.

［23］ Spitael P, Macosko C W. Strain hardening in polypropylenes and its role in extrusion foaming［J］. Pdym.Eng.Sci., 2004, 44: 2090-2100.

[24] Naguib H E, Park C B, Lee P C. Effect of talc content on the volume expansion ratio of extruded PP foams [J]. J.Cell.Plas., 2003, 39: 499-511.

[25] 徐志娟,何继敏,薛平,等.工艺参数对PP挤出发泡泡孔结构的影响[J].塑料工业,2004,32(11):25-27.

[26] Park C B, Cheung L K. A study of cell nucleation in the extrusion of polypropylene foams [J]. Polym.Eng.Sci., 1997, 37: 1-10.

[27] Shi wei, Guan William. Subsea and deep water flow assurance insulation: Challenges and new developments [C] //Det Norske Veritas Pipelines Open Day, 2012, Singapore.

[28] Thermotite® ULTRA™ Superior Subsea Insulation [Z].Bredero Shaw Product Data Sheet.

[29] 郭鑫齐,周占胜,姚建鑫,等.聚苯乙烯挤塑发泡保温管生产设备及其生产方法:CN 101518941B [P].2009-09-02.

[30] 李祖德.塑料加工技术应用手册[M].北京:中国物资出版社,1997,10:593.

[31] 孔萍,刘青山.塑料材料[M].广州:广东高等教育出版社,2017.(7):53.

[32] Jackson A, Jackson P, Wan E, et al. A novel thermal insulation system for bonded subsea single pipe wet insulation application [C] //18th BHR Conference on Pipeline Protection, Antwerp, Belgium, 2009.

[33] 蒋晓斌,相政乐,张晓灵,等.深海管道保温材料现状[J].管道技术与设备,2010(6):47-50.

[34] Rydin C. Polypropylene multilayer coating systems for the offshore pipeline [C] //14 th International Conference on Pipeline Protection, 2001.

[35] Rigosi G L. Bendability of thick polypropylene coating [C] //13 th International Conference on Pipeline Protection, 1999.

第 7 章

海底管道混凝土配重层成型技术

海底管道的配重层虽然可以采用钢套钢结构（双重保温管），但因为施工复杂、用钢量大、焊接工作量大，尤其在深水环境难以推广应用，所以目前常规的管道配重层采用的就是混凝土。

海底管道的混凝土配重层是把混凝土以涂层的结构形式均匀地涂覆在管道最外表面，形成一定厚度的均匀层状结构，这种结构要求一定的厚度（满足重量要求）、一定的强度、一定吸水率等。

混凝土配重层的作用是：满足海管铺设、提供负浮力以及稳定运行的三方面作用。

在海洋管道的铺设过程中，海管沿导向架送入海水中，管道的匀速送入由铺管船等安装的张紧装置来完成，所以管道会受到弯曲应力和张紧器的夹持力的作用。要求配重层具备一定的抗压强度，在挤压、夹持等过程中，自身不发生破损和形变以保护工作管的完整性，并且要求配重层与其接触涂层表面具有足够的抗剪切能力，防止管道铺设过程出现工作管滑脱现象。配重层还对管道涂层和钢管本体提供机械保护，防止管道在吊装、安装、运行期间发生机械外力损坏。

管道海床铺设后，要求不因受到海水浮力影响而发生不稳定状态，如漂浮等现象出现，要求管道具备一定抵抗浮力的重量，这个重量就是通过管道外层所增加的混凝土配重层来实现的。因为增加的配重层为海底管道外的一层均匀涂层，满足管道重量（管道自身重量加混凝土配重层重量）大于或等于（理想状态）海水浮力，这种重量可以换算成 kg/m。

海底管道在海中铺设大多采用埋设方式，保持海底管道稳定性是管道铺设的主要要求之一[1]。配重层能增加管子的热绝缘程度，增加管道对屈服稳定的抵抗能力[2]。

7.1 混凝土配重层技术指标

配重层的功能要求决定了其技术性能,一般要求以下几项技术指标:负浮力、厚度、吸水性、抗压强度、抗弯能力、抗冲击性能以及界面抗剪切能力。

(1)负浮力(淹没重量)

负浮力是指带有涂层的海底管道在增加了混凝土配重层后,能够抵抗海水的浮力,稳定地敷设于海底,或者满足管道在铺设过程中顺利入海的力。

(2)厚度

混凝土配重层在密度一致的情况下,厚度越大,单位体积重量越大,当重量达到一定值时才能满足海管铺设及运行要求,但涂层厚度越大体积也越大,海浪、海流等的作用力也越大,所以在保证单位体积重量的前提下,尽量减少涂层厚度。

(3)吸水率

混凝土层的吸水率由其孔隙率决定,孔隙率越高,则其吸水率越高,表明涂层结构疏松,密度低,虽然高吸水率可以增加单位体积混凝土层重量,但水的密度远低于混凝土层密度,无法提供满足负浮力所需额外的重量,除非混凝土层体积足够大,所以在合理设计的混凝土厚度下,满足一定的吸水率来增加管道自重,可以在海底管道敷设完成后增加稳管作用。

(4)抗压强度

海底管道在敷设、海底运行过程中,会受到机械夹持或者海底静水压的作用,管道周向会产生非常高的挤压力,而这种挤压力须由一定抗压强度的混凝土层来抵消。

管道受力如图7-1所示。

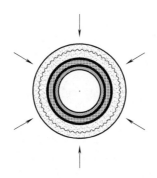

图7-1 铺管过程或静水压力造成的管道受力示意图

(5)抗弯能力

管道受外力弯曲时(图7-2),其上涂覆的涂层跟随形变,良好的涂层有非常好的跟随性和涂层张力,否则在受到挤压和拉升时产生形变,脱离管本体、撕裂或破碎。

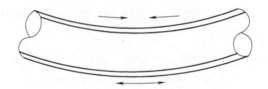

图 7-2　管道敷设过程中弯曲受力示意图

例如,采用 S 形铺管船铺管(图 7-3),或者采用 J 形铺管船铺管时(图 7-4),都会出现管道弯曲受力状态。这些都要求混凝土配重层具有较高的抗弯能力。

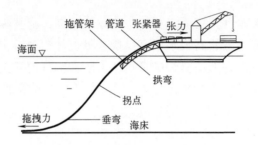

图 7-3　S 形铺管船铺管示意图

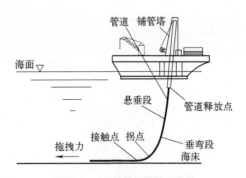

图 7-4　J 形铺管船铺管示意图

（6）抗冲击性能

海管配重层所采用的混凝土材料可以消减管道在运行过程中所受外来物的冲击而造成的损坏。

（7）界面抗剪切能力

铺管作业时,通过铺管船张紧器的上千吨紧箍力来完成管道平稳向海底延伸,这种紧箍力最终表现就是张紧器与配重层之间的摩擦力，而只有混凝土配重层具备非常高的抗剪强度，才能避免其被碾压破损或挤碎。

（8）耐蚀性

混凝土配重层所处的强腐蚀的海洋环境，所含的盐类、微生物以及氯离子非常容易侵蚀混凝土或者混凝土加强筋，造成混凝土溶出性腐蚀、膨胀性腐蚀或者钢筋锈蚀等，从而引起混凝土层开裂、离鼓或者剥落。

混凝土配重层所要求的具体参数指标可以参见表 7-1[3]以及本章 7.2.5 节。

表 7-1 混凝土配重层技术指标

指标	性能参数
厚度 /mm	≥ 40
密度 /（kg/m^3）	≥ 1900
抗压强度 /MPa	≥ 40
吸水性 /%	≤ 8（体积），5（质量）[4]
抗剪切	满足设计规范

7.2 混凝土配重层成型

国内受海洋开发时间短所限，海底管道配重层的成型技术借鉴国外，并且预制厂家有限。

混凝土配重层外层结构与常规的混凝土管、钢筒混凝土管一致，所谓的混凝土配重层成型技术，就是把湿性（干性）混凝土涂装在钢管涂层表面，并形成一定厚度的密实混凝土层的技术。所以，钢管外壁涂装混凝土技术并不特别复杂，因为中空水泥管和钢筒水泥管成型技术比较简单，但因钢管附带涂层的特殊性以及管径范围的变化，与常规的方式并不完全适应。在海洋管道配重层发展初期，混凝土配重层成型还是以常规水泥管成型技术为切入点，例如人工涂抹、支模浇注、表面喷涂、离心旋制、预制安装、挤压等。

上述非常用混凝土配重层成型方式在常规海管混凝土配重层生产中被逐步淘汰或很少采用，因此在这里只作为常规知识了解，如果有小批量混凝土配重管道生产，也可采用。

而目前国内外混凝土配重层采用的成型技术主要有以下三种：采用抛射原理的喷射冲击法、挤压缠绕法、冲击和缠绕结合法。其优缺点比较见表 7-2。

表 7-2 混凝土配重层涂覆方法比较[5]

涂覆方法	对防腐层要求	施工速度	施工工艺难度	适用混凝土厚度/mm	适用管径	设备投资
喷射冲击	采用高速喷射原理，混凝土的喷射速度超过 25 m/s，只能应用于厚涂层和柔性涂层，如聚乙烯、煤焦油瓷漆等，容易对 FBE 等不耐冲击涂层造成损坏	较快	对操作人员要求较高	25～150	大小管径	较少
挤压缠绕	通过挤压法涂覆在钢管表面，不会对防腐层造成损坏，适用于各种防腐层	慢	便于控制工艺	25～80	大中管径	较多
冲击和缠绕结合法	先采用挤压法涂覆一层 10 mm 左右混凝土层，保护防腐层，再用冲击法，适用各种防腐层	介于两者之间	工艺较难控制	25～150	大小管径	较多

混凝土配重管道包含单壁防腐管和单壁保温管，其防腐层、保护层的类型或者涂层厚度决定了混凝土层的成型方式。例如海底管道的 FBE 涂层的厚度须采用 640 μm 以上，以防止冲击法涂装混凝土层时引起的损坏，并且实际应用时尽量优选混凝土骨料的粒径尺寸和喷涂速度，以减少对 FBE 涂层的损坏，一般建议可采用挤压法涂装混凝土[2]。而对于 PE 外层结构既可选用冲击法，也可选用挤压法成型混凝土配重层。

7.2.1 非常用配重层成型技术

7.2.1.1 人工涂抹

采用人力手工涂抹的方式完成。该方法简单易行，不需要特殊设备，易于掌握。但涂层厚度不均匀，密实度差，水泥用量大，浪费人工，劳动强度大。适合修补或个位数管子的制作，这对规模稍大的管道工程根本不适用。

例如，在黄岛海底装油管道的（钢筋）混凝土防护配重层施工时，其下半圆是用模板浇注的，而上半圆采用人工方式进行涂抹。正因为采用这一方法，使设计负浮力与实际负浮力相差一倍以上。所以大批量、要求高的配重涂层完全不推荐该方法。

7.2.1.2 支模成型

支模成型[6]采用预制好的圆形模板，与需要配重的钢管外层形成均匀的等厚间隙，然后在模板空腔内浇注混凝土（图 7-5）。为确保空腔间隙均匀，采用支块或在管两端用支架支撑钢管在模板中悬空居中，或采用与混凝土层等厚的

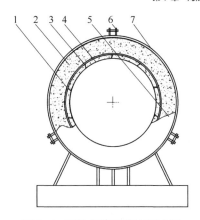

图 7-5　拆装式配重层模板示意图

1—钢筋（丝）；2—配重层；3—垫块；4—带涂层钢管；5—管端隔板及堵板；6—锁紧扣；7—模板

环形堵头挡板隔离钢管和模板，同样可形成等距间隙。

支模成型可以满足常规管道涂装配重层，当管较长时可以分段浇注，成型简单。一般采用底模固定侧模拆装方式，比较适合大规模施工，现在推荐的支模方式是滑模法。工艺过程如图 7-6 所示。

（1）分段架立

将需要加重防护钢管采用吊机抬高后，用支架均匀间隔垫起一定高度，架起高度平直稳定，高度与管道底模结构、空间尺寸相适应，底模与管道空腔间距与混凝土厚度一致。

（2）捆扎钢筋加安放垫块

支块一般用水泥砂浆或其他非金属材料制成大 Z 或单边凹形结构。虽然可以采用金属材料作为支撑块，但为防止钢管在运输、拖拽、铺设、运行过程中，因挤压、震动、浮沉等造成金属垫块冲击防腐层，引起防腐层破损，并且造成金属块与钢管导通，应杜绝使用金属材料。

钢筋绑扎后安放垫块的目的在于保持钢筋网格的间距和控制配重层的厚度，同时还可有效控制钢筋的保护层厚度均匀。一般每隔 30～50 cm 交错安放一个垫块即可满足上述要求。

（3）模板选用

管段混凝土防护配重层的模板，从材质上分有木制的木模板，有薄钢板与型钢制成的钢模板以及其他代用材料制成的模板。结合管道防护配重层的特点，模板构造可以有拆移可拼装模板和沿着管轴方向滑移的滑移式模板等。

模板采用拆移可拼装方式。底模板，安装在涂装钢管的下方，根据产量的要求，有些底模板采用固定方式；上模板，采用组安装方式，必须具备一定的刚度和强度，并可重复拆装，方便多组模安装；侧模板，可拆装，与上、下模板组成

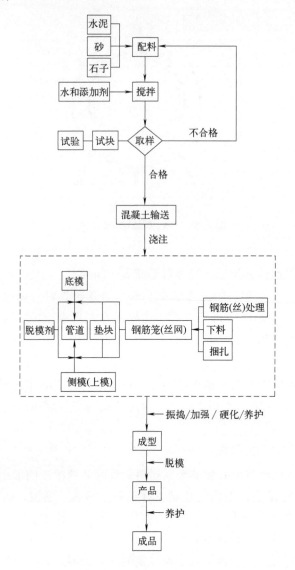

图 7-6 支模成型法工艺流程图

圆形空腔。考虑拆模和拼装方便，每块宽度以 1/3～1/4 圆周为宜，纵向高度视管子外径和模板结构重量而定，最好在现场两人能方便地抬起拆卸、拼装，在用机械吊装时，其重量与吊装力学性能和结构允许长度相适应。一般长度 1～5 m 为宜，太长了模板容易变形。

上模板拼接并安装侧模板后，与已经安装的下模形成整体均匀空腔，并包裹除露出管端外需要增加配重层的全部钢管，在已经合模模具的合理位置留出入料口和振捣搅拌口。在选用模板时应考虑以下几点。

① 尽可能采用尺寸统一的模板，在拼装时可以互换。模板结构和材质要能多次重复使用，既节省模板材料又方便施工，具有较高的经济效益。

② 模板要有足够的强度和刚度，以保证混凝土浇注过程中模板受内胀力不发生形变、不损坏和不漏浆。模板如果发生形变，首先造成的是产品质量问题，也有可能造成模板形变损坏引起混凝土坍塌，或者会引起人身伤害等，所以应作为严格关注点。

③ 模板的构造要简单，便于制作、拼装和拆模，模板之间纵横方向的拼缝要紧密，有利于混凝土质量的提高和支、拆模板的效率。

④ 尽可能采用代用材料来制作模板，或组合式钢模板。在选用模板时如工程规模适宜，首先应考虑组合式钢模板。在选用代用材料时，一要保证混凝土质量，二要因地制宜。

⑤ 入料口设置，在模板拼装时，要根据采用模具法浇注的特点，需在模板上方的适当位置留出混凝土入模的入料口，以满足入料和振捣密实的需要，入料口的位置和尺寸的大小，要使混凝土物料入模和浇注捣固方便。有时往往因入料口位置、尺寸留得不合适，在浇注捣固过程中混凝土中多余的水分和气体排不出来，或者根本灌不满模板，使混凝土结硬后形成空洞和气泡，严重影响混凝土质量，所以可以在模具的合适位置预留排气孔和排水孔。

（4）脱模

混凝土层凝结后因为溶胀和本身材料特性与模具之间具备一定的黏结力，如果处理不当往往造成脱模困难。要想成功完成脱模，需在混凝土物料浇注之前，在模板的内表面涂抹脱膜剂（包括固定底模板在内），工地上常用的脱模剂有黄泥浆（稀释的）、废机油、肥皂沫等，对于固定的底模板也可采用铺设水泥纸或油毡纸等隔离层。由于脱模剂（隔离层）的作用，模板与混凝土层之间形成隔离，二者之间的黏结被隔离或者显著减少，这样就容易完成脱模了。此外，因为隔离层不具备黏结力，脱模时不会对成型的混凝土层造成损坏，对其表面质量也有一定程度的提高。所以脱模剂的使用可以方便混凝土配重层顺利脱模，并且不会造成涂层的损坏。

（5）混凝土搅拌成品物料（拌和物料）的运输

对混凝土物料的输送的基本要求是：在装卸、输料或转运过程中，保证搅拌后的混凝土物料均匀，且稠度不改变（即不离析）；此外，物料输送过程中的时间应尽量短，确保在水泥初凝前有足够的作业时间。水泥初凝时间的长短与使用的水泥、骨料、添加剂等特性有关，一般在 60～120 min。

（6）混凝土拌和物料输送机械选取

物料运送到支模浇注工位（配重层成型模板），物料运输机械的选取依据是：混凝土物料的工程数据和浇注强度（单位时间内混凝土拌和物料浇注模具仓的容积，m^3/h）、运输距离以及混凝土搅拌机的生产能力、模腔容量等，因此需要综合考虑。这里需特别注意的是，混凝土搅拌机容量（单机一次拌和的体积）与运输机械容量之间配合要相适应。

对于需要成型的管道，非常适合的输送机械是混凝土泵或风动压送混凝土设备，这类装备可以同时完成水平和垂直运输，直接送料入仓，并可以组成连续运送混凝土系统。

① 泵送混凝土。用混凝土泵沿管道输送混凝土拌和物称为泵送混凝土。混凝土泵是一种利用泵压连续输送混凝土拌和物料的设备。它可使混凝土拌和物料沿着金属管道水平运送距离长达 $300 \sim 400\ m$，或垂直运送高度 $30 \sim 40\ m$，一般每升送 $1\ m$ 高度相当于水平运送 $10\ m$，因此可以把混凝土搅拌站设置在混凝土原始料位置，方便浇注加重管工作场所的布置。

a. 泵送混凝土的基础知识。泵送混凝土，由于与传统的混凝土输送方法不同，所以对混凝土的要求也不一样，不但要满足设计产品所规定的强度、耐久性等，还需要满足管道输送对混凝土拌和物的最基本要求，即物料具备良好的泵送特性。所谓泵送特性是指混凝土拌和物具有摩阻小、不离析、不阻塞、不沉积、黏聚性好的性能，因此不是任何一种混凝土拌和物料都能泵送。

b. 混凝土泵构造原理。混凝土泵有活塞式、气压式和挤压式等几种不同的泵体构造和输送形式，目前应用较多的是活塞式泵。活塞式泵按照其构造原理的不同，又可以分为机械式和液压式两种。

机械式混凝土泵的工作原理如图 7-7 所示。进入料斗的混凝土各组分料、水、添加剂等，经搅拌器搅拌均匀，并可避免分层。喂料器可使混凝土混合料由料斗迅速通过吸入阀进入工作室。工作过程为：吸入时，活塞左移，吸入阀开，压出阀闭，混凝土吸入工作室；压出时，活塞右移，吸入阀闭，压出阀开，工作室内的混凝土拌和物料受活塞挤压排出，进入输出料管，以此工序完成工作过程。

液压活塞式泵是一种较为先进的混凝土泵，其工作原理如图 7-8 所示。当混凝

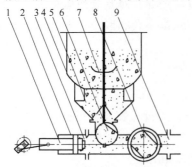
图 7-7　机械式混凝土泵结构原理图
1—活塞杆；2—气缸；3—工作室；4—料斗；5—喂料器；6—吸入阀；7—搅拌叶片；8—压出阀；9—料管

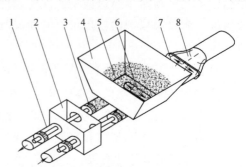
图 7-8　液压活塞式混凝土泵工作原理
1—液压缸；2—清洗水箱；3—活塞；4—料斗；5—混凝土；6—进料分配阀；7—Y 形管；8—出料分配阀

土泵工作时，搅拌好的混凝土混合料装入料斗，吸入端阀片移开，排出端阀片关闭，液压作用下的活塞左移，混凝土混合料在自重及真空吸力作用下，进入混凝土缸内。然后，液压活塞反向右移，同时吸入端阀片关闭，压出端阀片移开，混凝土被压入输料管道，输送到浇注工装。按照上述工序，实际上液压活塞泵送出料一正一反是脉冲式的，所以一般液压活塞式混凝土泵都有两套缸体一左一右并列，交替工作出料，并通过Y形输料导管，送入同一管道，使出料稳定。

② 风动压送混凝土。

a. 设备描述。通过压缩空气输送混凝土，设备由风泵、空气压缩机、贮气罐、输送导管和减压器等组成。风动压送混凝土的过程：搅拌机混拌好的混凝土直接送入风泵，然后关闭活门引入压缩空气（风压 $4\sim7~kg/cm^2$），混凝土即被压出风泵沿着输送管道以 $1\sim2~m/s$ 的速度压送到减压器出口端，并直接注入模板舱内。

风泵是风动压送混凝土的主要设备。它是由 $6\sim8~mm$ 厚的钢板焊成的锥形压力容器，能承受一定压力。容器的容积要比一次装载的混凝土大 $10\sim20~m^3$ 以上，容器上方料口有一锥形活门控制启闭。下方出料口直接与输送混凝土导管连接。

贮气罐的作用是保证风泵开动时有稳定的风压和风量，贮气罐的容积约为风泵容积的 $2.5\sim3.0$ 倍。

b. 混凝土物料配比要求。用风泵压送混凝土时，对混凝土的稠度、和易性、骨料配合比和最大粒径以及拌和质量等都有一定的要求。一般混凝土的坍落度在 $6\sim12~cm$，骨料最大粒径不超过输送导管直径的 $1/2.5\sim1/3.0$，最好以卵石为粗骨料，运送顺利，用作防护配重层的混凝土粗骨料，最大粒径以$1.0\sim1.5~cm$为宜。

c. 风动压送混凝土特点。设备简单、重量轻、耗材少、操作简单，一般的操作人员经过简单学习就可以自行操作。

运送混凝土的效率合适。根据搅拌机能力和风泵及输送导管口径大小，生产效率在 $15\sim20~m^3/h$，且能压送 $200\sim300~m$ 的水平距离或垂直升送 $20\sim30~m$ 的高度。可以同时完成水平和垂直运输，直接将混凝土拌和物料送到模板舱内。

若用来压送水泥砂浆则更为方便，此时运送效率可提高 $1.3\sim1.5$ 倍。当海底管道的防护配重层采用灌注钢丝网水泥砂浆时，只要水泥砂浆的容重控制得当，其质量是有保证的。

如将减压器换成喷枪，即可改装成喷射混凝土防护配重层设备，此时应将输送导管缩短至 $60~m$ 左右，连接 $10\sim20~m$ 软管，以便喷枪来回移动。

（7）振捣

混凝土支模浇注时，振捣是保证混凝土质量必不可少的一项措施。振捣的作用是使已经浇注的混凝土中含有的空气和多余的水分排挤出来，使之形成均匀密实的混凝土，充满模板的各个部位，达到设计要求的密实性和外形。

（8）拆模

拆模时要注意混凝土表面不受损伤，有塌陷的部位经检验记载以后，及时用较高标号的水泥砂浆修补。对于管道防护配重层的混凝土而言，保持适宜的气温（15 ℃左右）20～30 h后即可拆模。

（9）养护

混凝土的养护工作，它对混凝土的强度、水密性和耐久性都有很大的影响。养护就是使混凝土在结硬过程中，处在适宜的温度、湿度环境中，使混凝土中的水泥成分有条件充分水化。

实际生产中，管道整体焊后分段成型是不合理的，也无法完成，例如长距离海洋管道，长度达数十、数百公里，浇注的配重层需要20～30 h才能拆模，所以无法分段成型，只有按照钢管的长度，单根成型。如果管道为几十上百米，也可以采用分段成型，减少了接头二次处理，也是一种可行方式。因此实际操作中，因需要成模的模具数量多，振捣后形成的混凝土层密度极易出现不均匀，相比较其他成型方式，工人的劳动强度大，可推广性小。

7.2.1.3 滑模法

属于支模成型法的一种，脱胎于普通水泥制品管的滑模法。

滑模法由计量场地（混凝土配混）、涂覆塔和连接两者的混凝土传送带组成，如图7-9所示。涂覆塔主要由旋转的立柱、带有振动器的圆柱体滑模、管道顶端定位顶杆和提升滑模的升降机等组成。

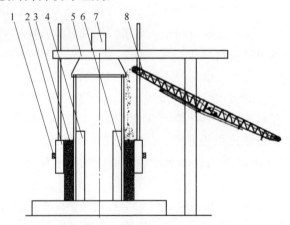

图7-9 滑模法混凝土配重示意图

1—振动器；2—滑模；3—混凝土层；4—立柱；5—升降机；6—带涂层钢管；
7—定位顶杆；8—混凝土传送带

工作原理：先将工作管套在立柱上，通过立柱旋转到竖直位置，升降机将滑模套在工作管底端，用定位顶杆将工作管定位固定，然后将搅拌好的混凝土物料通过传送带倒入滑模和工作管之间的环形空腔中。滑模边振动边旋转，并以一定的速度提升，这样混凝土就涂覆在工作管上了。

滑模法涂覆的混凝土层边浇注边振捣，涂层厚度、密度均匀，管面平滑，端头混凝土层也可立即切割平齐，也可采用更加简化的工艺，如端头堵板等在浇注过程中按照要求预留管端长度。

配重层滑模法是近期发展形成的一种新的混凝土涂覆方法，成型技术简单，有可借鉴性。但受到钢管长度以及直径等的影响，采用可旋转立柱，立柱设计复杂，如果采用上端立式吊装放置钢管，起吊高度超过一定高度后，危险性大，所以不太适合大口径管的生产。可通过简化立柱结构、方便钢管直立等使其具备可推广性。

7.2.1.4 表面喷涂法

喷射混凝土是利用压缩空气，将按一定比例混配的混凝土拌和料，通过管道输送并高速喷射到钢管防腐层表面上凝结硬化，从而形成混凝土配重层的一种方法。

（1）喷涂原理

一般采用混凝土喷射机完成，借助于压缩空气进行，将按一定比例配合的混凝土拌和料，通过管道输送并高速喷射到受喷面上凝结硬化，形成混凝土层。

喷射混凝土不依赖振动来捣实混凝土，而是在高速喷射时，由水泥与骨料的反复连续撞击使混凝土压紧密实，同时又可采用较小的水灰比（常为 0.4～0.5），因而它具有较高的力学强度和良好的耐久性，可以在结合面上传递拉应力和剪应力。喷射法施工还可以在拌和料中加入各种外加剂和外掺料，大大改善了喷射混凝土的性能。喷射法施工的特点：可将混凝土的运输、浇注和捣实结合为一道工序，不需要模板，通过输料软管在旋转的管道表面喷射，工序简单，机动灵活，具有广泛的适应性。

（2）喷涂方式

① 根据工艺流程。一般分为干喷、潮喷、湿喷和混合喷四种。主要区别是各工艺的投料程序不同，特别是加水和速凝剂的时机不同。

干式喷射（图 7-10）：将水泥、骨料干燥状态下拌和均匀，用压缩空气送至喷

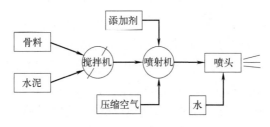

图 7-10　干式喷射工艺流程图

嘴并与压力水混合后进行喷涂的方式。此法须由熟练人员操作，水灰比宜小，石子须用连续级配，粒径不得过大，水泥用量不宜太小，一般可获得 28～34 MPa 的混凝土强度和良好的黏着力。但因喷射速度大，粉尘污染及回弹情况较严重，使用上受到一定限制。

潮式喷射（图 7-11）：将骨料预加少量水，使之呈潮湿状，再加水泥拌和，从而降低上料、拌和喷射时的粉尘。但大量的水仍是在喷头处加入和喷出的，其喷射工艺流程和使用机械与干喷工艺一样。最适用于混凝土配重层的喷涂成型。

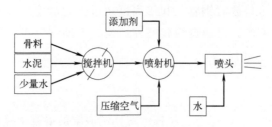

图 7-11　潮式喷射工艺流程图

湿式喷射（图 7-12）：将骨料、水泥和水按设计比例拌和均匀，用湿式喷射机压送到喷头处，再在喷头上添加速凝剂后喷出。湿喷混凝土质量容易控制，喷射过程中的粉尘和回弹量很少，但对喷射机械要求高，机械清洗和故障处理较麻烦。施工时宜采用随拌随喷的办法，以减少稠度变化。此法的喷射速度较低，由于水灰比增大，混凝土的初期强度亦较低，但回弹情况有所改善，材料配合易于控制，工作效率较干法高。宜采用普通水泥，要求良好的骨料，10 mm 以上的粗骨料控制在 30% 以下，最大粒径小于 25 mm，不宜使用细砂。

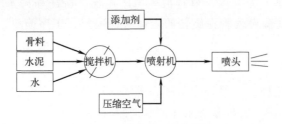

图 7-12　湿式喷射工艺流程图

混合喷射（图 7-13）：又称水泥裹砂造壳喷射，它是将一部分砂加第一次水拌湿，再投入全部水泥强制搅拌造壳；然后加第二次水和减水剂拌和成 SCE 砂浆；将另一部分砂和石、速凝剂强制搅拌均匀，然后分别用砂浆泵和干式喷射机压送到混合管混合后喷出。混合喷射是分次投料搅拌工艺与喷射工艺的结合，其关键是水泥裹砂（或砂、石）造壳技术。混合喷射工艺使用的主要机械设备与干喷工艺基本相同，但混凝土的质量较干喷混凝土质量好，且粉尘和回弹率有大幅度降低。但使用机械数量较多，工艺较复杂，机械清洗和故障处理很麻烦。此法完全不适用于混凝土配重层，在这里只做介绍。

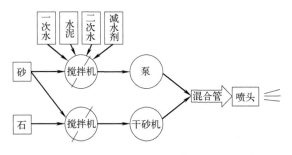

图 7-13 混合喷射工艺流程图

由于喷射工艺的不同，喷射混凝土强度不同，干喷和潮喷混凝土强度较低，一般只能达到 C20，而混合喷射和湿喷则可达到 C30～C35[7]。

② 根据压送方式。分正压吹送和负压压送两种方式。

正压吹送（图 7-14）为主要喷射形式，采用正向压力送风方式，把混凝土拌和料向喷涂枪推送，压力容易控制，喷射距离长，效率高，设备复杂。

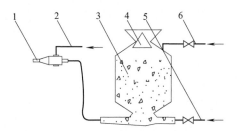

图 7-14 混凝土正压喷射机工作原理图
1—喷嘴；2—给水；3—混凝土送料室；4—钟形阀；5，6—压缩空气

负压压送（图 7-15）采用高负压方式在物料仓完成气流和物料的能量交换，并在特定的气力混合室把物料推送至扩散枪头后进入管路，完成喷射工作。负压结构简单，自重轻，喷射距离较短，喷射效率低。

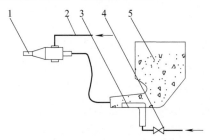

图 7-15 混凝土负压喷射机工作原理图
1—喷嘴；2—压力给水；3—压缩空气负压管；4—压缩空气；5—混凝土送料室

（3）喷涂机类型

干（潮）式喷涂机：转子式喷射机、螺旋式混凝土喷射机、鼓轮式混凝土喷射机。

湿式喷射机：泵送型湿式喷射机、气动型湿式喷射机。

（4）混凝土配重层喷涂

空气混凝土喷涂作为海底钢管道表面的薄层防护配重层是比较适用的方法，即使用在海底管道的立管部位也是适当的，这种方法还可以用来修补或补强结构物的表面，对防止腐蚀和强化结构物外表面都是比较合适的。

① 喷涂参数。空气喷涂采用泵送，砂料必须均匀级配，粒径和砂砾本身强度要求较高，不能掺杂大颗粒的钢砂等。砂料中最优含水量为3%～5%，太干不仅尘埃飞扬，而且还不易保持均匀地供料量喷射；太湿时输送砂料的胶管容易堵塞。喷涂时水泥砂浆的水灰比可比搅拌混凝土时稍小一些，一般在0.4～0.45为宜。工程实践认为最优混合料的配合比为1∶4.5（指喷嘴处的质量比），这样在喷射层面上的配比在1∶3.2～1∶3.8之间，因为喷射时有部分砂料在层面上回弹失落，所以在喷嘴处与实际层面上的配比不一样。如水灰比在0.5以上时，可以加入不大于水泥用量8%的硅质岩粉末，以提高混合料的可塑性，有利于喷射作业的顺利进行。

喷射时喷嘴距被喷射表面1.0 m左右时，喷料出口速度根据喷嘴口径有所区别，如用30 mm的喷嘴，其喷射速度可达10 m/s左右，这时喷射空气压力控制在3.5 kg/cm^2，水压在5.0 kg/cm^3（输送胶管长度在60 m左右）。

喷射层一次喷涂25 mm厚为宜（如果混凝土混合比理想，添加剂适当，混凝土层厚度也可达到75 mm）。当厚度较厚时应分层喷涂，以免新喷射料在物体表面堆积太厚而粉落。分层喷涂时，在喷涂下一层时要把前一层面上的回弹料及其他外表疏松的杂质小心地刷掉，以保证层与层之间的良好黏合。此外，使用喷射混凝土时，在水泥中必须添加速凝剂。

必须指出，喷射后对防护配重层的养护也十分重要，需保持一定的温度14 d以上。如有蒸汽养护时，养护时间可以大大缩短。

② 喷涂方式。

a. 人工手动喷涂（图7-16）。空气喷涂最初用于大断面、地坪或修补、补强等工作，所以主要采用人工操作方式。工人佩戴专门护具，手持混凝土喷头边移动边喷射混凝土。手工喷涂混凝土，混凝土层的厚度不易掌握，完全靠操作手的经验和技能。还有喷射时砂、粗骨料和水泥浆的回弹失落量大，其中粗骨料回弹量最大。

b. 在线机械喷涂方式。人工方式喷涂混凝土层，除厚度不易掌握外，材料浪费也比较严重，工人工作强度大，也无法满足大批量管道的混凝土配重层的成型。

图 7-16 人工手动喷涂混凝土配重层

为满足管道混凝土配重层的批量生产,设计了一种自动机械式喷涂方式,用固定枪架,把混凝土喷枪固定,可以保证喷枪口在涂装过程中与钢管的管表面距离一致,需要涂装的钢管螺旋传动经过喷涂工位完成配重层的成型。这种操作方式可设计为间断式和连续式两种。

间断式混凝土配重层涂装(图 7-17)是指管道逐根进行喷涂成型,只有完成一根管的涂层涂装后才能进行第二根管的涂装。

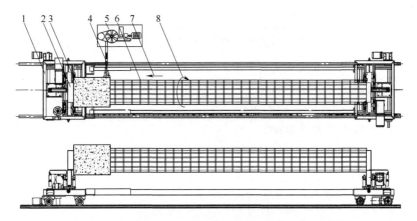

图 7-17 间断式混凝土配重层单根管表面喷涂法示意图
1—喷涂小车;2—钢管;3—混凝土配重层;4—喷枪;5—给料系统;
6—钢筋笼;7—喷涂小车前进方向;8—钢管旋转方向

涂装设备组成:物料混合基站、混凝土喷射泵、输料导管、混凝土喷枪、喷枪固定架、钢丝网缠绕装置(钢筋笼制作、穿管)、涂层表面清理刷、转管及传动小车、管端修切等。

工艺过程:混凝土物料混合并送入搅拌站搅拌待用,需要涂装的钢管放置在转管小车上,设定钢管旋转速度并转动,钢管转动同时运管小车以设定的速度向混凝土喷涂工作位行进,在管端进入喷枪位后,启动喷射机输送混凝土拌和料,并经喷枪喷涂到钢管表面,物料在冲击力的作用下,贴合黏附在管表面形成一定厚度的混凝土层，如果需要二次叠加喷涂混凝土以满足要求的涂层厚度，需采用一次涂层表面清理刷清除松散物料、回弹料等，再次进入喷涂工位进行混凝土二次喷涂，并形成最终配重层。如果采用钢丝网加固层，在涂装过程中缠绕钢丝网，并在涂装后完成钢丝网剪切，如果采用钢筋笼加强结构层，将钢管放置在喷涂车前，需要把钢筋笼穿入钢管并将间距固定。完成配重层涂装的钢管，端头修切完成后，加水、养护剂进行养护。

间断喷涂的关键技术：钢管的管径、钢管的旋转速度、钢管前进速度要与混凝土喷射机的喷涂量匹配。在进行涂装前，依据钢管直径和混凝土喷射机喷涂量，核算钢管旋转速度和行进速度。

采用钢筋笼加强层的钢管混凝土配重层成型，只能采用间断式混凝土配重层涂装方式。对于采用钢丝网加强层的一次喷涂成型的配重层，混凝土喷枪嘴的散射角要足够大，以满足混凝土层逐层叠加涂装过程中钢丝网缠绕在初始涂层，并保证与钢管表面的固定距离以及后叠加层对钢丝网和初始涂层的密实覆盖。

连续式混凝土配重层涂装（图7-18）钢管连续传动，并在传动过程中完成混凝土层的不间断连续涂装，完成涂装的钢管，逐根切断管端头并下管。

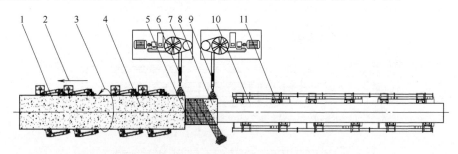

图7-18　混凝土配重层连续管表面喷涂法示意图
1—柔性传输轮；2—管道前进方向；3—管道旋转方向；4—二层混凝土层；5—钢丝网；
6—二次喷枪；7—混凝土给料系统；8—一次混凝土层；9—一次喷枪；
10—钢管螺旋传动轮；11—带涂层钢管

设备组成：物料混合基站、混凝土喷射泵、输料导管、混凝土喷枪（2套）、喷枪固定架、钢丝网缠绕装置、涂层表面清理刷、钢管螺旋传动轮、配重层成型后柔性螺旋传送轮、连续管分离装置、管端修切等。

工艺过程：混凝土物料混合并送入搅拌站搅拌待用，需要涂装的钢管连续放置在钢管螺旋传输滚轮上，螺旋向前传动。管端经过一次混凝土喷枪，启动喷射机，把混凝土料经过导管输送至喷枪并喷出，完成一次混凝土层后缠绕加强层钢丝网，并用涂层表面清理刷清除浮沉的散料和回弹料，经过二次混凝土喷枪，启动喷射机喷涂混凝土形成二次涂层，并喷洒速凝剂等添加剂，涂装完混凝土层的钢管传输至柔性传输轮。一根钢管完成涂装后，采用切割装置切割两根管端之间的钢丝网和混凝土层，分割成品管并下线，修切管端形成所需的管端长度，喷洒养护剂并养护。

关键技术：调整传输滚轮（包含柔性滚轮）的角度，确保钢管传输过程中的传动螺距（钢管转动一周向前传动的节距），螺距需与钢丝网宽度相适应，并根据钢管的直径和喷射机的混凝土喷射量，调整钢管向前传输的速度。依据钢管和成品管直径调整两种螺旋传输滚轮的间距，确保光管与配重层管的管中心一致。

采用混凝土连续涂装工艺，因为受到传输方式的限制，配重层内无法采用钢筋笼加强层，只有钢丝网加强层一种形式。

混凝土空气喷涂也是相关规范标准所推荐的钢管配重层的成型方式。

7.2.1.5 预制块安装成型

预制安装采用三步工艺完成海管配重层的制作。首先将混凝土配重层按照定长分段、分块制作成筒形或两半瓦，然后在现场安装在管道上，最后采用捆扎的方式进行固定，这种方式其实是一种钢管分段加配重块的方式，虽然也是连续加载，混凝土块可以工厂预制，体积小可以保证质量，型块密实均匀，但增加了固定或捆扎工序，二次劳动强度增大，并且为长期运行留下隐患，安装工作量大，管道敷设时，牵引拖拽时配重块容易滑移，破坏涂层或增加与海床的阻力。无钢筋笼或钢丝网加强层，整体配重层质量难以保证，预制安装工艺在常规的海管配重层制作工艺中为非推荐方式，只在现场无法成型，或少量或个位数补充海管配重层预制中采用。

7.2.2 辊压喷射冲击法

辊压喷射冲击法[8]也是表面喷涂的一种，但因为采用了转鼓挤压方式，所以与传统的压缩空气法表面喷涂有所不同。

7.2.2.1 工艺原理

其工艺原理是把混拌好的混凝土通过传送带输送至工作位，工作位是由高速电机带动的以理想间隙水平或垂直布置的一对转鼓，混凝土拌和料送入转鼓间隙，在高速电机带动下的转鼓旋转挤压混凝土，并迅速冲击螺旋传动的待涂钢管，在其表面形成混凝土层，钢管在喷涂工作位从前向后整根传动，确保涂装的完成。

辊压喷射法按照混凝土在管面的喷射位置不同分为混凝土上辊压喷射（图7-19）和混凝土水平辊压喷射（图7-20）两种。

辊压喷射法因为转鼓的布置方式不同分为水平喷射（图7-21）和垂直喷射（图7-22）。

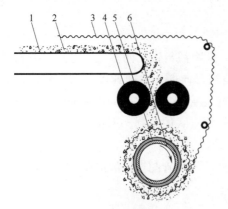

图 7-19　混凝土配重层上辊压
喷射工艺原理图

1—传送带；2—混凝土；3—钢丝网；4—喷射鼓；5—钢管涂层；6—钢管

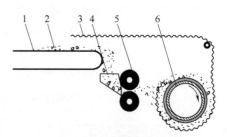

图 7-20　混凝土配重层水平辊压
喷射工艺原理图

1—传送带；2—混凝土；3—钢丝网；
4—喷射鼓；5—料斗；6—带涂层钢管

图 7-21　混凝土配重层水平喷射

图 7-22　混凝土配重层垂直喷射

（1）水平喷射

辊压的一对喷射转鼓侧向上下垂直布置在工作管侧面，高速旋转传动电机与转鼓采用万向节等方式连接，一对转鼓分别由各自相连的传动电机传递动力，转鼓安装在可升降支架上，根据管径范围变化进行转鼓高低位置的调整，以适应喷射物料接触钢管上半部，转鼓间隙也可以调整，以确保所需要的喷射混凝土量。

（2）垂直喷射

辊压的一对喷射转鼓垂直面左右水平布置在工作管上方，两组转鼓分别由各自独立的高速电机通过皮带连接，电机与转鼓组成一套独立单元体系，并安装在独立升降架上，可以上下升降和左右调整，以适应不同的管径范围，并且转鼓间隙可根据参数要求进行调整。

7.2.2.2 成型工艺

辊压喷射法的工艺流程（图7-23）为混凝土原始物料（水泥、砂、粗骨料等）以一定的比例，并添加水和添加剂等在混凝土混料工作站完成混配，做好涂层的待涂钢管放置在专用传送小车或螺旋传送辊上，并螺旋向混凝土喷射工位传送，混配好的混凝土拌和料经上料传输皮带传输到送料传送带上，送料传送带再将混凝土以一定的速度送入步进电机控制的高速旋转的一对鼓轮间隙中，混凝土经转鼓挤压并以较大的喷射速度（大于25 m/s），喷射到达喷射工位的钢管表面，同时缠绕加固用的钢丝网（或前期已经加装好钢筋笼），形成满足技术要求的混凝土配重层，涂装同时采用刮刀修整喷涂表面，使得配重层外形平整。

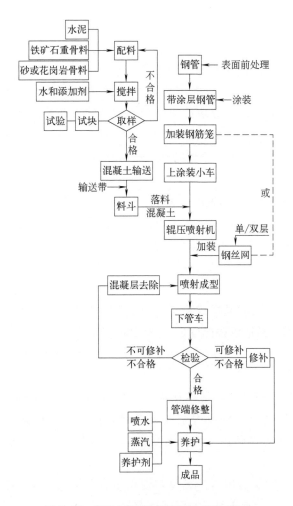

图7-23 混凝土配重层辊压喷射成型工艺图

除材料特性以外，混凝土配重层的关键参数就是厚度和密实度，混凝土层的厚度与传送皮带上输送的混凝土量、传送皮带传送的速度、转鼓间隙、转鼓旋转速度、待涂钢管的转速和传动速度等都相关，单位时间传送的物料越多，混凝土层越厚。混凝土层的密实度（致密性）则与混凝土与钢管防腐涂层的结合力以及转鼓的转速（喷射速度）有关。

7.2.2.3 优缺点

海管生产的主体单位，如中海油等专业公司，混凝土配重层成型技术全部采用辊压喷射法，并且采用的喷射工艺多为侧喷，说明了喷射法成型工艺的优点非常明显，当然任何一项技术都不能够达到理想中的完美程度，总有自身的缺陷存在。

（1）喷射法优点

① 配重层的喷射涂层厚度范围宽泛，尤其适用于厚涂层的一次成型，涂层厚度范围可以达到 25～150 mm。

② 配重层的厚度非常均匀。

③ 配重层中的增强层可以采用钢筋笼或钢丝网。在钢管涂装过程中，选用独立运管小车传送结构，管两端承载旋转，不影响钢筋笼装载或在线进行钢丝网缠绕。

④ 可以满足混凝土配重层单根间断成型或连续成型工艺。

（2）喷射法缺点

① 混凝土物料离辊后的喷射速度高于 25 m/s，混凝土中粗骨料的尖锐物质很容易快速冲击成型的涂层，造成涂层损坏，因此此法不适用于熔结环氧粉末等薄的热固性或冷固性涂层以及沥青等黏性涂层。

② 喷射成型过程中对于黏附在钢管上的混凝土层没有挤压工艺，因此混凝土层密实度较低。

③ 若采用单根间断配重层成型工艺，运管小车对涂装钢管双端支撑，在传动过程中小口径管旋转易造成挠曲变形，导致涂层的不均匀性。

7.2.2.4 技术改进

混凝土配重层的喷射冲击成型法在大量的管道工程中成功应用几十年，并且对于它的技术成熟度，在行业内至今没有严重的质疑。但如上所述，多么成熟的工艺总有其自身缺陷存在，因此需要从以下几方面对该传统方法进行改进或替代[2]。

① 减少水泥和铁矿石用量。减少水泥用量首要考虑的是环境因素，但水泥等原材料的节省主要是从经济利益方面进行考量。

② 提高混凝土的密度。提高混凝土的密度在海底管道输送设计方面具有深远

意义，因为混凝土配重层密度的提高，在厚度减薄的情况下同样可以达到管道所要求的运行稳定性，并且因体积减小而将降低水动力等对海底管道稳定性的影响，甚至可因此减少挖沟的需要。

③ 改善混凝土配重层的重量。改善重量将便于管道的铺设安装，并且降低了对铺管船上张紧器能力的要求。

7.2.2.5 关键设备

喷射式混凝土配重设备主要包括原始料上料系统、混料工作站、上料传送带、过渡传送带、续料传送带、喷射鼓单元及驱动电机、鼓间距调整装置、上料斗振动器、喷涂车（或钢管传动装置）、安装钢丝网及导向装置（钢筋笼制作及穿管机构）、圆面修切装置、管端预留切割装置、混凝土回收装置、电气控制单元等。

转鼓喷射法混凝土配重层涂装，采用的涂装方式有单根管道间断涂装（图7-24），适应的管径范围广；连续传输不间断涂装（图7-25），适应小口径钢管。两种涂装方式所采用的装置、设备并不完全相同。其主要区别在于涂装管工作区的管道传送方式：一个采用专门的涂装小车，一个采用连续的传动滚轮。

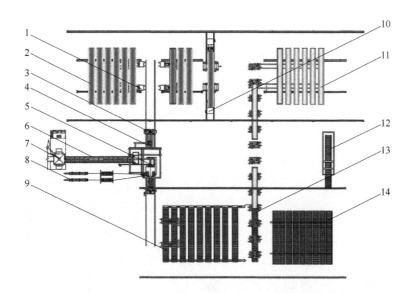

图7-24　混凝土配重层单根管道间断涂装设备组成图
1—运管小车；2—加重成品管；3—喷涂小车；4—混凝土配重层修切刮刀；5—混凝土喷射转鼓；6—物料传输带；7—混凝土料混合系统；8—钢丝网送进和累加器；9—配装钢筋笼钢管；10—配重层管端修切装置；11—防腐涂层钢管；12—钢筋笼预制机；13—钢筋笼穿管装置；14—钢筋笼成品

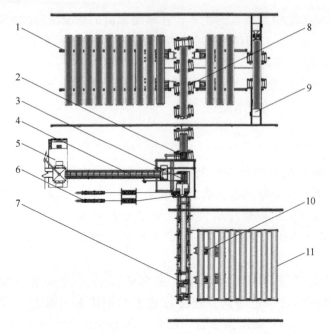

图 7-25 混凝土配重层连续传输不间断涂装设备组成图
1—混凝土加重管；2—混凝土配重层修切刮刀；3—混凝土喷射转鼓；4—物料传输带；
5—混凝土料混合系统；6—钢丝网送进和累加器；7—硬质钢管传输辊道；8—软带钢管传输辊道；
9—配重层管端修切装置；10—运管小车；11—防腐涂层钢管

（1）混凝土混合系统

混凝土混合系统（图 7-26）也就是常说的混凝土搅拌站，同建筑行业的设备配置和工作原理一致，是用来集中搅拌混凝土的联合装置，又称混凝土预制场。主要由搅拌主机、物料称量系统、物料输送系统、物料贮存系统和控制系统等 5 大系统和其他附属设施组成，混凝土搅拌站主要分为骨料给料、粉料给料、水与外加

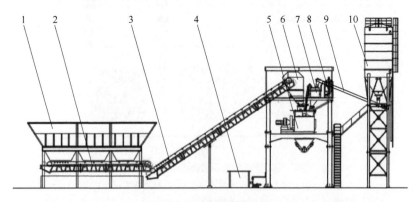

图 7-26 混凝土混合系统
1—骨料仓及称量系统；2—骨料传送系统；3—输料系统；4—给水系统；5—搅拌系统；6—骨料过渡仓；7—粉料过渡仓；8—水及添加剂给料系统；9—粉料螺旋输送机；10—粉料塔

剂给料、传输搅拌与存储4个部分。其工作原理是以水泥为胶结材料，将砂石、骨料等原料进行混合搅拌，最后制作成混凝土拌和料，作为海管配重材料使用。

混凝土混料系统，除搅拌等主设备外，还需要配备各种精良配件，如螺旋输送机、计量传感器、气动元件等，这些部件保证了混凝土搅拌站在运转过程中高度的可靠性、精确的计量能力以及超长的使用寿命。搅拌主机可配备高压自动清洗系统，具有功能缺油和超温自动报警功能，便于设备维修。

混凝土搅拌站拥有良好的环保性，在机器运转过程中，粉料操纵均在全封闭系统内进行，粉罐采用高效收尘器/雾喷等方法大大降低了粉尘对环境的污染，同时混凝土搅拌站对气动系统排气和卸料设备均采用消声装置，有效地降低了噪声污染。

海管配重的混料系统全部采用固定式搅拌站，并按照二阶式工艺布置，指将骨料称量后再次提升至搅拌机，虽然占地大，但拆装方便，制造成本低，安装容易。为每一物料配备单独的称量单元，各个物料称量之后，再加入搅拌机内部搅拌。

（2）搅拌站组成

① 搅拌主机。海管混凝土的搅拌主机采用强制式搅拌，它可以搅拌流动性、半干硬性和干硬性等多种混凝土。按结构形式分为主轴行星搅拌机、单卧轴搅拌机和双卧轴搅拌机。

② 物料及称量系统。

骨料系统，包括三个或以上的骨料斗，分别用于骨料的计量给料。每个骨料斗由集料斗、称重传感器、减速机、给料皮带及附属设备等组成。

粉料系统，由储料仓、储仓蝶阀、提升螺旋、计量仓、盘式给料器等构成。粉料储仓还带有除尘系统。

物料称量系统是影响海管配重层质量以及生产成本的关键性部件，主要分为骨料称量、粉料称量和液体称量三部分。海管配重层混凝土各物料均独立称量，一般采用电子秤及微机控制。骨料称量精度可达到 ±2%，水泥、粉料、水及外加剂的称量精度可达到 ±1%。

③ 输送系统。

物料输送的三个组成部分分别为骨料输送、粉料输送和液体输送。a.骨料输送。从骨料仓输送到搅拌站，采用皮带输送，其优点是输送距离大、效率高、故障率低。b.粉料输送。混凝土可用的粉料主要是水泥、粉煤灰和矿粉。采用的粉料输送方式是螺旋输送机输送，其优点是结构简单、成本低、使用可靠。c.液体输送。主要指水和液体外加剂，采用的唯一输送方式为泵送。水和外加剂系统由外加剂箱、水池（或水箱）、泵站、水和外加剂称量斗及管路组成。

④ 贮存系统。混凝土可用的物料贮存方式基本相同。骨料一般露天堆放；粉料用全封闭钢结构筒仓贮存；外加剂用钢结构容器贮存。

⑤ 工艺过程。配重层混凝土混合系统采用连续式给料方式：开始生产后各原材料按其距搅拌机进口的距离顺序启动、同步到达搅拌机口，并按照比例均匀进入搅拌机，搅拌机回旋搅拌的同时将料向前推进，料从进口开始搅拌／推进到出口即变为成品，生产到预先设定方量后，各材料按距搅拌机进口的距离顺序停止。此过程从启动生产到生产结束，配料、搅拌／推进、出料是连续进行的。

（3）喷射工位管道输送系统

喷射工位是海管配重层成型生产中的关键工位，由不同生产工艺决定管道传送的不同形式。单根管道间断式涂装工艺采用专用涂覆小车，连续涂装工艺则采用多组传输辊道来完成。

① 涂覆单体小车。涂覆单体小车（图7-27）是由左右各一台独立小车、中间采用硬连接组成的一套整体移动车，可通过落地轨道在喷射工位往复直线运动。每一台小车上有一组（两台）水平向布置（切面）的较大直径支撑旋转辊，一台小车上的一组旋转辊的每个辊与另外一台小车上的一组旋转辊对应的辊中心在一条直线上，并且与钢轨平行，用来保证放置钢管的平直度。涂装钢管放置在这两组旋转辊的中间，并与4个辊面相切，辊面支撑钢管端部宽度与配重层预留宽度一致。每组传动轮其中一台辊连接减速机传动机构，为钢管的自旋转提供动力。车体底部的传动轮通过减速机为整个小车提供往复动力，确保涂装管道在自旋转过程中通过喷涂工位。

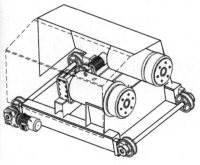

图7-27　涂覆单体小车图

a.结构设计要点。支撑滚轮水平间距调节。混凝土配重层涂装管道非单一管径，为适应管径变化，满足支撑滚轮的正常工作，并保证钢管的中心线对中，支撑双滚轮的左右间距均可调整。一般调整采用的方式是丝杠无极调整或打孔拆装调整方式。

速度调节。海管涂装采用螺旋传输方式，混凝土喷射时，一定厚度（与喷射转鼓间距有关）的线性层界面与钢管轴线方向平行，与待涂海管表面线性接触。因离鼓混凝土层的线性宽度一定，所以配重层的厚度与喷射混凝土层厚度有关，也与混凝土层的叠加层数有关，而决定混凝土叠加层数的关键参数是待涂海管的旋转速度和管道经过喷涂工作位的直线传动速度。所以采用变频无级调速的方式调整支撑轮的旋转速度和喷涂车的直线行走速度。

高度调节。混凝土喷射成型距离待涂管面的最佳距离为 400 mm 左右，如果喷射转鼓的高度设置为固定，涂覆小车的支撑轮高度需要可调，以满足各种管径范围的变化，调整方式为连动无极调整（丝杠、油缸、电动推杆等）或支块加装。采用无极调整方式，涂装后的海管由于自重会造成小车摆动，造成设备损坏程度增加和危险程度增大，并且因为保护措施不当，飞溅的混凝土会污染升降工作面，所以这种设计方式并不推荐。出于稳定性和安全考虑，建议采用喷射转鼓整体升降方式。

独立小车中间连接。涂覆小车上放置的海管，在传动过程中，因支撑轮轴线存在偏心等问题，管子与支撑轮之间出现不同步的微螺旋传动。两台独立小车之间在无约束的情况下，会引起其中一台与钢管出现脱离，所以需采用硬性约束，固定左右两台独立小车，一般的硬性约束采用连接杆或连接框架。待涂管会存在非定尺（长度）的情况，涂覆小车中间的硬性约束不能做成定尺寸，必须可以调整，可以采用承插式或可更换式。

防窜管装置。当四组支撑轮任何一个出现偏转角，势必会引起传动钢管的窜动，钢管会偏离滚轮外侧端面，向小车尾端偏移，造成管道预留端头出现误差或支撑轮直接与配重层端面接触，造成配重层分离，所以须采用支撑轮翻边（轮端面设计高出传动轮直径的轮沿）机构或固定式顶轮机构作为限位。

防护罩。混凝土喷射过程中，材料飞扬的情况无法避免，为防止混凝土落入传动动力间隙或其他支撑、调节结构，造成设备锁死或污染设备，需要增加车体防护罩来防护轴承座、减速电机、丝杠等。

b. 工艺过程。涂装前，根据涂装管道的管径和配重层厚度，计算整体小车的直线传输速度和钢管旋转速度；调整涂覆小车的每组滚轮间距，以适应待涂钢管放置；带涂管道通过送管小车放置在涂覆小车的两组滚轮中间。在工作过程中，涂覆小车上的支撑轮带动管道做旋转运动。同时涂覆小车车轮在导轨上做匀速直线运动，在两运动复合作用下，管道螺旋前进，混凝土以一定速度喷涂在管道表面，形成满足要求的混凝土配重层。针对不同管径的管道，为满足一定的喷射距离要求，需要对涂覆小车升降机构进行高度调整，同时两支撑轮轮距可调，以满足不同管径管道的安放要求。

c. 间断法涂覆设计计算。在鼓轮喷射出口混凝土层厚度一定的情况下，管道传输的螺距是确定海管配重层厚度的唯一参数，螺距是指钢管线性传输过程中，每转动一圈所行进的距离。螺距决定了喷射混凝土的喷射层数，喷射涂覆层数决定了配重层厚度（图 7-28）。

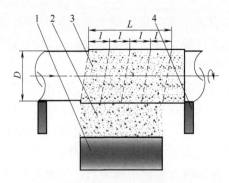

图7-28 单根管间断喷涂混凝土层装搭接示意图
1—喷射转鼓；2—喷射混凝土；3—配重层；4—管端支撑轮

设计计算：

$$t = \frac{V}{\pi D} \quad (7\text{-}1)$$

$$l = tv \quad (7\text{-}2)$$

$$n = \frac{W}{l} \quad (7\text{-}3)$$

则：

$$n = \frac{W\pi D}{Vv} \quad (7\text{-}4)$$

式中，D——带涂层管道直径，mm；

V——钢管直线传输速度，mm/s；

v——钢管旋转速度，mm/s；

t——钢管旋转一周时间，s；

W——鼓轮喷射混凝土（管面接触）宽度，mm；

l——喷射混凝土搭接宽度，mm；

n——混凝土喷射层数。

所以涂装参数主要根据管道直径、配重层厚度、鼓轮喷射混凝土宽度、离鼓混凝土厚度来确定混凝土的搭接层数，而决定搭接层数的调整参数只有钢管的直线传输速度和螺旋传输速度。式（7-4）就是建立的单根管间断涂装的简单数学模型。

② 传输辊道。传输辊道是满足待涂管道连续传输、配重层连续喷射涂装的唯一传送方式。传输辊道由多组安装一对传动滚轮的滚轮组成，滚轮组的数量和间距一般依据钢管的长度来确定，每对传动轮设置有安装减速传动的主动轮和被动轮，以保证管道的正常滚动和传输。混凝土配重层涂装过程中，管道存在两种界面结构，带防腐层的管面和新涂混凝土层的管外界面。带防腐层管道可以接触带有一定弹性的传动轮面，因防腐层已经固化或塑化成型，受到一定压力发生形变。混凝土配重层涂装后，喷射的混凝土层没有完全硬化，具有一定的松散性和塑性，

采用坚硬或低弹性滚轮会造成对混凝土层的挤压、脱落。为满足喷射连续涂装工艺的连续性，同时不破坏涂装混凝土层，涂装混凝土层后的管道传输采用柔性带传送轮。所以要满足管道混凝土层连续喷射成型，必须采用两种传动滚形式。

a. 常规传动滚轮（图 7-29）。由单组传输滚轮，由固定底架、一对传动轮、可滑动轮架、角度调整机构、滚轮间距调整机构组成。

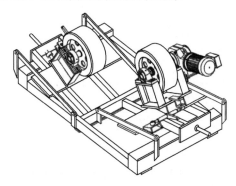

图 7-29　常规传动滚轮三维视图

滚轮。每组传动轮由一主动轮（连接减速机传动）和一被动轮组成双组轮。滚轮采用钢质轮毂外涂覆软面胶的传动轮，胎面硬度一般在邵氏硬度 70°～80°。

角度调整机构。海管配重层的厚度是其关键参数之一，而厚度是由初始混凝土喷射面宽度、厚度以及在管道上混凝土层的叠加层数决定的。在混凝土层宽度和厚度确定的情况下，叠加层数是管道传输过程中唯一需要调整的，叠加层数由管道的传输螺距决定。与间断喷涂的涂覆小车参数调整不同，管道传输螺距大小由滚轮的偏转角大小确定，滚轮的偏转角调整机构采用电动推杆或手动自锁机构。

滚轮间距调整机构。适应不同管径的混凝土配重层的涂装是涂装线建设所要达到的最基本要求，每组传动滚轮只能通过双轮之间的间距调整来满足各种管径生产的要求。滚轮间距调整机构可以采用电动丝杠和手动调节丝杠等多种形式。

b. 柔性带传动轮（图 7-30）。指传输管道的接触面是柔性软带，对于已经涂装

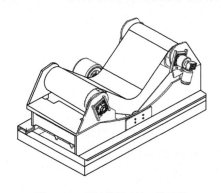

图 7-30　柔性带传动轮三维视图

的混凝土层为下兜式大面积承载,减小了涂层接触后的局部压强,把整根管道的承载力分散在多组柔性带传动轮上,满足了承载管道和配重层的整体重量而不破坏涂层的连续涂装。

柔性带传动轮由固定底架盘、高强传输皮带、传输皮带轮、传动减速机电机、皮带张紧轮、高度调整机构、角度调整机构等组成。设计时,除底架外,按照最重载荷(管道自身重量加配重层重量等)选择高强度皮带;按照管道稳定传输的动力设计选用电机减速机;设计防止传动时传输皮带脱出的机构;设计高精度的皮带轮角度调整机构;设计管道传输时的稳定轮。管道传输前,按照管道传动螺距的要求进行传动皮带轮角度调整,按照不同管径及前后涂层厚度进行管底标高的调整,以及管道传输时稳定轮的间距调整等。

c.连续法涂覆设计计算。建立的连续涂装混凝土喷射层在管道上的搭接层简单数学模型见式(7-4),在混凝土喷射幅宽度一致时,搭接层数只取决于涂覆管道的外直径(带防腐层外径)和传动轮的偏转角度(传统轮偏转角和柔性带轮偏转角)(图 7-31)。

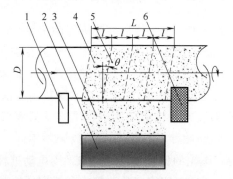

图 7-31　连续喷涂混凝土层搭接示意图
1—常规传动滚;2—喷射转鼓;3—离鼓喷射混凝土;4—混凝土配重层;
5—滚轮偏转角度(θ);6—柔性带传输辊

计算公式:

$$n = \frac{W}{l} \tag{7-5}$$

$$l = \pi D \tan\theta \tag{7-6}$$

则:

$$n = \frac{W}{\pi D \tan\theta} \tag{7-7}$$

式中,W——鼓轮喷射混凝土宽度,mm;
D——带防腐层管道外直径,mm;
l——喷射混凝土搭接(接触管面)宽度,mm;

θ——钢管传输螺旋角（滚轮偏转角），（°）；

n——混凝土喷射层数。

（4）间断涂装工艺中的钢筋笼制作及其穿管机构

海管配重层中采用钢筋笼加强结构，只应用于单根管道混凝土间断涂装工艺中。所以一般采用钢筋笼预制并预先穿管才能进行涂装。

钢筋笼是由相关尺寸、类型的钢筋焊接而成，在混凝土喷射涂装前套在待涂海管外表面的一种筒状笼形结构。海管配重层中钢筋笼的主要作用是增强混凝土配重层的抗压强度、抗剪切强度和抗冲击强度等，是相关标准要求的配重层中必不可少的结构件。

① 钢筋笼自动焊接机。钢筋笼采用人工焊接或自动焊接方式。由于钢筋笼对于箍筋之间的间距精度要求非常高，传统人工制作钢筋笼方式并不适合施工，所以一般采用自动化钢筋笼滚焊机来完成所需钢筋笼的焊制工作（图7-32）。

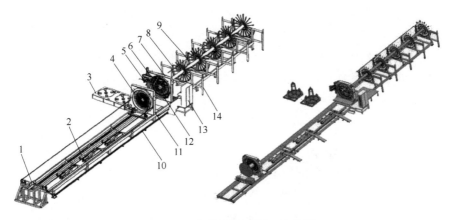

图7-32 钢筋笼滚焊机结构示意图[9]

1—拖动驱动系统；2—钢筋笼支撑；3—箍筋放线架；4—主筋固定器；5—箍筋矫直机构；
6—焊接机械手；7—固定旋转驱动机构；8—主筋；9—主筋承接分离机构；10—滑动导轨；
11—移动旋转驱动机构；12—主筋导管；13—控制台；14—主筋料架

钢筋笼加工流程：主筋下料→上料（主筋、箍筋）→穿筋、固定→起始焊接→正常焊接→终止焊接→切断箍筋→分离固定盘、松筋、分离移动盘→卸笼→降下支撑架→移动盘复位。

工艺描述：

a. 主筋预先下料，切割、对焊或套筒固定成所需长度，吊放至主筋储料架备用。

b. 箍筋放置在可旋转放线架上。

c. 主筋链传动上料并分布在分料盘圆周上，同时以人工或机械方式穿入固定盘和移动盘环形模板的导管内，并固定（螺栓等方式）。

d. 将箍筋穿过矫直机构和除锈机构，箍筋并排连续绕2圈，与主筋交叉并焊接固定（人工）。

e. 正常焊接固定盘和移动盘同步旋转，使箍筋连续在主筋上缠绕并进行焊接，同时移动盘缓慢移动。

f. 终止焊接并排绕箍筋2圈，焊接牢固，切断箍筋。

g. 分离固定盘移动钢筋笼，使钢筋笼和固定盘分离。松筋，松开固定主筋和移动盘的螺栓。分离移动盘，移动钢筋笼，使钢筋笼和移动盘分离。

h. 卸笼，把加工好的钢筋笼移离支撑架，采用吊装、手动推离或机械方式等。

i. 降下支撑架归位，移动盘归位，准备生产下一个钢筋笼。

② 钢筋笼穿管机构。混凝土配重层的加强钢筋笼是在涂层涂装前预制的，因此在混凝土喷射前须完成钢筋笼套入待涂管道并居中。

钢筋笼的特殊性在于笼表面为网格状结构，根据相关标准网格具备一定的长宽尺寸，如果在这些空格的底部安装多组小直径轮组（钢筋笼穿通式小型传动轮），滚轮直径足够小并穿通钢筋笼网格，轮面高度高于钢筋笼内面，并等同于钢筋笼与待穿管的均匀间隙值，则管道在穿通过程中，就不会与钢筋笼发生接触，并轻松完成穿管工序（图7-33）。所以混凝土配重层的待涂管穿入钢筋笼只存在管道与传输滚轮之间的摩擦力。

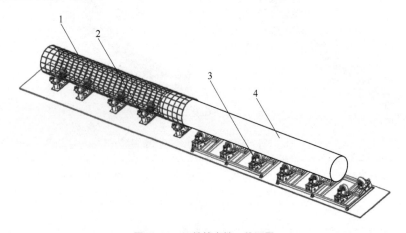

图7-33　钢筋笼穿管三维视图
1—钢筋笼；2—钢筋笼穿通式小型传动轮；3—钢管直线传动轮；4—钢管

设计要求：

a. 管道直线传动滚间距高低可调，适应系列管径要求。

b. 钢筋笼穿通式小型传动轮的轮座高低和轮间距可调，以适应不同管径，并且整个轮组左右间距可调，以避免与主筋发生干涉。

c. 设备组成中还需要安装下部钢筋笼支撑机构。

d. 绑扎支撑块的钢筋笼有可能存在穿管阻力，需额外增加钢筋笼箍抱装置

（图 7-34）。

e. 直线传动轮安装驱动动力源，钢筋笼穿通式小型传动轮可以采用被动式，也可加装动力。

因为混凝土层厚度的要求不同，待穿钢筋笼管道的表面涂层有两种选择：一种纯粹防腐涂层（图 7-34），另一种初步涂装的第一层混凝土层（图 7-35）。

图 7-34　防腐管安装钢筋笼示意图　　　图 7-35　加厚配重层安装钢筋笼图

（5）连续喷涂工艺中的钢丝网送进及稳定机构（图 7-36）

(a) 放卷装置　　　　(b) 钢丝网分配和供给系统　　　(c) 钢丝网导向装置

图 7-36　钢丝网送进及其稳定机构

混凝土配重层成型如果采用连续涂装工艺，因为待涂钢管的连续传动，预制钢筋笼的方式完全无法在此工艺上进行应用。连续混凝土喷射涂装工艺中，采用连续缠绕钢丝网加强结构。缠绕的钢丝网一般根据技术规格书由专业的厂家制作，采用定宽度整卷供货，所以在海管配重层涂装厂区，不需要现场制作钢丝网，只需要设计制造钢丝网放卷、钢丝网展平校直和缠绕前的导向装置即可。

放卷装置［图 7-36（a）］由落地支撑架和放卷支座组成，设计两个独立线卷，同时喂进，满足换网要求和配重层多层丝网缠绕要求。

钢网分配和供给系统［图 7-36（b）］包括两个钢网分配器装置、两个钢网控制刹车装置以及钢网引导支架装置；钢网分配装置有 2 个钢网导引卷轴，卷轴通过气缸控制摇臂，将其控制在适当位置。在钢网分配装置一边设有阀门控制气缸。

整个钢网分配系统同时提供了两条钢网供给系统。钢网卷轴支持装置安装在喂网装置和引网装置之间，保持一致。

钢网引导支架的主要作用是引导钢网从卷轴到导向轮，喂网系统钢网缓冲装置维持着钢网的重量，在进网、喂网、刹车过程中可以上下滑动，进而维持钢网不断网。刹车装置是由气缸控制的，钢网分配装置的一边设有阀门控制气缸，钢网缓冲装置利用压紧摇臂控制钢网，保持钢网一直处于张紧状态。装置高度与混凝土喷射转鼓台架高度一致，确保出网高度在待缠管表面以上。

钢丝网导向装置[图7-36（c）]主要作用是确保钢丝网在缠绕过程中，引导钢丝网平直缠绕在待涂管表面，包括钢网引导卷轴和弓形引导。钢网卷轴分开独立引导钢网到弓形引导。弓形引导提供两路间距，支持多条钢网连在钢管上，同时设置钢网在混凝土层中的厚度。引导卷轴一般安装在靠近展平校直装置和缠绕区喷射鼓台架上。第一组引导卷轴改变钢丝网方向，沿喷射鼓台架平直延伸至缠绕区导向轮，喷射区的引导卷轴转换钢丝网方向水平延展至待涂管表面。喷射鼓工位导向装置的作用是确保钢丝网的倾斜角度与钢管传动速度适应，以防止出现丝网打折现象。对于间断喷涂工艺，钢丝网之间的搭接宽度只与待涂管的直径、传动速度和直线行进速度有关；采用多组偏转角度的传动辊传动的待涂管（连续工艺），钢丝网的搭接宽度只与管道的直径和滚轮的偏转角度有关。

（6）混凝土喷射装置

海管配重层成型是在喷射涂装工作区完成的，涂层的成型工序包含混凝土拌和料输入工作料斗、加强钢丝网缠绕（间断涂装法）、混凝土层喷射成型、速凝剂喷洒、涂层表面及其厚度修整等，此工位的关键设备或整个混凝土层涂装生产线的关键设备是混凝土喷射装置（图7-37）。

图7-37 混凝土层喷射装置

混凝土喷射装置的组成设备比较多（图7-38），结构比较复杂，主要设备有混凝土拌和料输送带、工作料斗、传动电机、喷射转鼓、工作平台、操作室、操作台等。在钢管上部有喷水装置，以保证防腐层和混凝土层之间有足够的结合力。

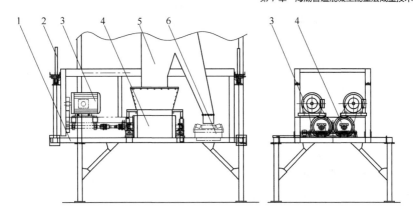

图 7-38　混凝土喷射装置简图
1—工作台架；2—升降机构；3—传动电机；4—喷射转鼓；5—料斗；6—输料皮带

其中核心设备是喷射转鼓。喷射转鼓是钢质内芯外包覆耐磨橡胶的平直辊，辊工作面长 1 m，辊直径 600～700 mm，橡胶层厚度为 50 mm 左右。

技术关键：

① 为适应不同管径涂层涂装要求，喷射转鼓与减速机安装在可升降台上，根据管径范围的变化要求采用液压升降装置等进行顶升。

② 整体升降平台须采用刚性整体结构，确保在喷射转鼓高速运转时，整个操作台架的稳定性，并且确保长时间运转不变形。

③ 喷射转鼓为高速转动装置，并且自身重量和体积均比较大，在高速旋转时转动必须均匀，因此在设计及加工时不得出现偏载、偏心等重量不均衡状态，例如采用端面倒角时，倒角的尺寸必须一致，这样才能保证中间位的正常工作和双鼓之间的间隙一致。

④ 喷射转鼓的特殊性不但体现在设计加工上，而且还体现在安装上，必须满足喷射等工艺要求，例如其左右紧固螺栓的拧紧力不但一致，还需要达到设计值，因此对螺栓紧固时要求采用定扭矩扳手。

⑤ 转鼓的高度可调是为了满足混凝土距离管面的喷射距离在理想值范围内（约 400 mm），并需要设计两转鼓间隙调整机构和调整完成的锁紧装置，调整的要求是双鼓间隙平直并且间隙一致，一般采用塞规等量具测量间隙的一致性。

⑥ 鼓轮转动通过 74.6 kW 电机带动，一对鼓轮之间的间隙非常小。高速的喷射使鼓轮磨损很快，通常的减薄量为 1～2 mm，因此每天要卸下来打磨（砂带修磨），保持良好的喷射效果。

（7）混凝土层修切刮刀

在喷涂单元的末端是刮刀系统，刮刀的作用是使钢管表面混凝土平滑，刮刀装置是通过钢网控制的，板上的气缸控制上升和下降。

混凝土层涂覆时修切刮刀的最主要作用是修正配重层达到规定厚度，如图7-39所示，刮刀采用气动加力装置等搭在初始涂覆的混凝土层表面，在管道旋转过程中，修切涂层不规则的地方以及多余混凝土层的外表面，以达到规定厚度，并清除散浮混凝土物料以达到清理的目的，修切的散料通过回收带回收利用。

刮刀的结构形式有两种：一种是多组刮刀片布置在同一水平面［图7-39（a）］，口径大的管道接触多组刀片，小口径管接触刀片数量少，此类型刮刀也可设计成刀片间距可调的方式以满足各种管径要求；二是刮刀工作面采用圆弧状［图7-39（b）］，内径与混凝土层外径一致，紧贴于刚喷完不规则的混凝土层外表面，达到修整的目的，其优点是多组刮刀同时作用，效率高，缺点是每种管道需要配套适应混凝土层外径的刮刀。

(a) 平面刮刀　　　　　　　　　　(b) 弧面刮刀

图7-39　混凝土层修切刮刀

（8）配重层管端修磨

混凝土配重层涂装完成后，除防腐层与管口预留一定长度外，混凝土层与管口也需要预留一定长度，并要求大于防腐层端预留长度。涂装混凝土层后涂层端面是一个不平整状态，因此需要采用修切刀切除多余的混凝土端面，而且清除的混凝土层底部与防腐层残存不规则的附着层，需要清理，用钢刷轮进行打磨清理。

整套装置的关键部件是钢质修切刀片和钢质刷轮，分别由旋转电机带动进行修切和打磨（图7-40）。需要注意的是，修磨的工序是先进行管端混凝土层切割分离，其次进行残存层的修磨，清理残余混凝土层，因为采用的是钢质刷，应该由人工操作刷轮，直至完成操作，以防止破坏底部防腐层，最终剩余的少量黏结混凝土，须由人工进行清理。

因受到混凝土层强度的影响，修切刀需要较好的强度和刚度（图7-41）。

（9）转鼓修磨装置

在满足设计、加工和安装的前提条件下，喷射转鼓的表面橡胶层的磨损是影响混凝土层喷射厚度均匀性和涂层密度的又一要素。因此，当转鼓表面出现磨损时，就必须进行修磨，因为转鼓的表面是一层耐磨橡胶，所以一般采用砂带进行修磨。

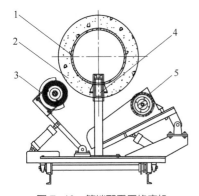

图 7-40 管端配重层修磨机
1—带防腐层管道；2—混凝土配重层；3—清
理钢刷轮；4—管端顶轮；5—混凝土修切刀片

图 7-41 端部修切图

转鼓修磨机的主要组成部件为：安装转鼓的台架和夹紧机构、转鼓旋转的传动电机、带动力的修磨砂带、调整修磨砂带进给量的手动调节机构（如同车床进给机构）、电机传动的砂轮带、行走的丝杠、丝杠与转鼓平直度的调整机构（图 7-42）。

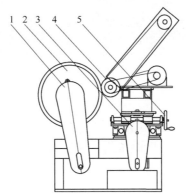

图 7-42 转鼓修磨机
1—转鼓旋转动力；2—待修转鼓；3—修磨砂带行走
电动推杆；4—修磨砂带；5—进给量调整手轮

鼓轮修磨操作的操作步骤是：检测工作鼓磨损状态、从工作位拆卸转鼓、初步装载鼓轮于修磨机上，并夹装紧固，调整转鼓轴心与修磨砂带滑动的丝杠平行，手轮调整约 0.3～0.5 mm 进给精度进行表面修磨。为防止出现螺旋状修磨纹，修磨带行走螺距低于砂带宽度，例如采用 80 mm 宽度的砂带，实际螺距一般要求 70 mm，要求 10 mm 左右搭接。

在实际操作中，转鼓表面属于高磨损，尤其工作面中段，基本一天时间减薄量就会达到 1～2 mm，所以工作鼓必须拆装并修磨一次。但在实际操作时，出现均匀磨痕时修磨概率降低，当出现不规则磨痕时才需要修磨。

对于拆装后工作鼓的修磨，其缺点是：拆装时间长，工人劳动强度大，安全风险高，并且同时需要两到三组进行换装。

针对普通修磨机的缺点，海油公司在南海深水荔湾 3-1 海底管道配重层涂覆项目中，开发出了在线转鼓砂带修磨机（图 7-43），设计带滑动轨道的整体车，修磨时安装在工作位的转鼓侧面，采用升降装置顶升砂带机，调整互动丝杠与转鼓芯的平直度进行修磨，因地面安装、轨道平直度等的影响，在线修磨机的精度远低于传统修磨设备，并且在线修磨机适合于侧置式转鼓修磨，对于上置式转鼓，因为其空间高度和双鼓水平对置，在线修磨机的设计会更加复杂。因为在线修磨机对场地平整度、设备设计精度提出了更高的要求，所以使用前需考虑多方面因素。

图 7-43　在线转鼓砂带修磨机

（10）回收系统

用来回收没有涂覆到钢管上的混凝土，回收系统包括三条皮带。混凝土料掉进喷涂单元前面的基坑中，进入横向传送皮带，这个横向皮带和其他两条皮带将混凝土料回送到过渡皮带上，传回到喷涂单元上。保证混凝土余料的加入量不大于总量的 10%。

7.2.2.6　国外参数

辊压喷射法采用冲击成型。国内海管管道工程建设中，采用辊压喷射法成型的管道管径已经涵盖了大中小口径管道。国外相关专业公司也给出了应用的最大管径范围和相关参数值（表 7-3）。

表 7-3　辊压喷射冲击适用参数（Africoat 公司）

性能	喷射冲击法
密度	$2250 \sim 3050 \ kg/m^3$

	续表
最小混凝土涂层厚度	40 mm
最大混凝土涂层厚度	150 mm
适用最大直径	> 1060 mm

7.2.3 挤压缠绕法

辊压喷射成型的优点无须赘述，但这种成型工艺对于薄涂层和固化定型的防腐层容易造成冲击损坏，所以在20世纪70年代，由美国挤压涂层公司（Compression Coat Inc.）经过多年的努力研究成功。从1973年开始，在世界范围内大量采用[10]。

7.2.3.1 工艺原理

敷设在连续传动传送带上的混凝土拌和料挤压堆积在待涂管表面，通过与管表面接触并张紧的缠绕带均匀挤压物料连续包裹在管表面形成特定厚度的混凝土层，在混凝土层缠挤过程中，完成钢丝网的添加缠绕工作（图7-44）。

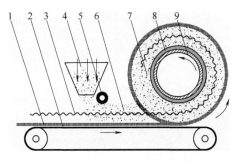

图7-44 混凝土配重挤压缠绕法原理图
1—聚乙烯带；2—物料传送带；3—钢丝网；4—混凝土斗；5—滚轮；6—混凝土拌和料；7—混凝土配重层；8—管道涂层；9—待涂管

7.2.3.2 成型工艺

成型工艺（图7-45）：由上料系统将按照比例混配完成的混凝土拌和料连续输送到物料传送带上，经回转送料皮带将混凝土连续不断地堆积到与之形成一定间隙（混凝土厚度相适应）的待涂管表面，再通过缠绕聚乙烯带和回转皮带来共同施加压力,混凝土被挤压到已防腐的待涂管表面,并通过聚乙烯带缠绕张紧,在进行挤压缠绕的同时按照要求把单层或多层的加强钢丝网在不同混凝土层间进行缠绕。

在此过程中,钢丝网和聚乙烯外缠绕带均为连续缠绕过程。完成涂装的混凝土层的管端在线进行切割和修整,最终产品经过检验、养护后形成成品管。

挤压缠绕法所形成的混凝土层的主要参数如图7-45所示。

① 混凝土层的厚度。由通过单位时间内堆积在钢管表面上的混凝土量(送料皮带传动速度),以及待涂管与缠绕带之间的间隙来确定。

② 混凝土配重层的致密性和结合力。由涂覆过程中缠绕带的张紧程度(对钢管表面施加的压力)、混凝土松散程度等参数来决定[8]。

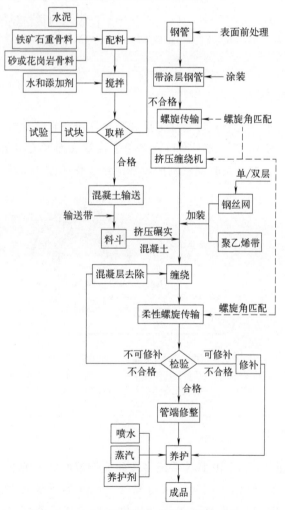

图7-45 混凝土配重挤压缠绕法成型工艺图

7.2.3.3 优缺点

这种成型工艺具有下述优点[10]：

① 生产率高，劳动强度低。因为所采用的工艺，待涂管在进行配重层涂装过程中，可以连续传动，只需要保证给料器物料的稳定传输（混凝土拌和料、钢丝网、聚乙烯带等）。

② 混凝土层厚度、容重均匀。本工艺过程采用钢丝网、外聚乙烯带跟随叠加缠绕方式，缠绕过程中逐层包裹，混凝土量稳定连续。

③ 涂层表面完整，修补工作量小。混凝土层涂装过程中外层同时缠绕聚乙烯带，涂层表面平整，基本上不需要表面修补，并且聚乙烯带起到保护作用，因此混凝土不会脱落。

④ 端头可立即加工切齐。涂装工艺过程连续传输生产，未采用独立运管小车，加工过程中即可完成端头切割修整。

⑤ 养护周期缩短。混凝土层外缠绕的聚乙烯带，可以锁住涂层水分，有利于混凝土层的水合作用和养护。

⑥ 钢丝网位置精确，不会触底或露面。设计合理的工装，可以精确定位钢丝网的位置，无论是单层还是多层，不会接触钢管管道外壁（触底）或外露于混凝土表面（露面），并在混凝土涂装过程中，钢丝网一直为收紧状态，使得混凝土紧贴在管表面，不会分离。

⑦ 适应管径范围大。挤压缠绕法，采用多轮组传输方式，钢管多点支撑，口径较小的钢管在涂装过程中不会产生挠度变形。

⑧ 适用于不耐冲击防腐涂层的混凝土配重层的涂装。这项技术不会对涂层造成冲击，因此这对 0.3 mm 厚的薄防腐涂层可以做到没有破坏。

⑨ 可在寒冷地区（≥-25 ℃）施工，成品管可在雨天堆放。

缺点：

① 涂覆混凝土层厚度范围 25～80 mm，不适于涂覆太厚的混凝土涂层。

② 混凝土层成型过程中，因其特殊的传动形式，混凝土层加强只能采用钢丝网，无法采用钢筋笼形式。

③ 成型速度较慢。挤压缠绕法，在我国现有的海洋管道混凝土配重层成型工艺中应用比较少。

7.2.3.4 主要参数确定

挤压缠绕法作业示意图如图 7-46 所示[1]，除混凝土搅拌站等辅助工序外，主涂装工位由钢管连续传动的螺旋传输滚轮、挤压缠绕装置、上料系统组成。待涂管在连续传输滚轮上进行螺旋向前传动，在挤压缠绕工位完成钢管表面混凝土层的挤压缠绕。而传动轮的角度、旋转速度等决定了钢管的传输螺距以及传输速度，钢管传输螺距又必须与缠绕的钢丝网和聚乙烯带的宽度相适应，才能确保钢丝网的无缝搭接和聚乙烯带的合理过渡搭接。混凝土物料的混合比以及干湿程度（松散程度）决定了涂层的黏结性能以及与钢管传动相适应的涂层黏结厚度，所以合理的物料特性和参数调整才能确保挤压缠绕工序的连续完整。

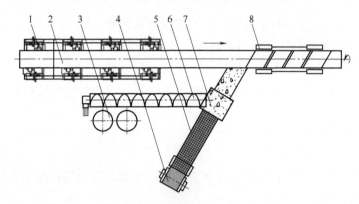

图 7-46　挤压缠绕作业示意图
1—防腐管传动轮；2—待涂管道；3—混凝土搅拌机；4—聚乙烯胶带；5—钢丝网；
6—物料输送器；7—干硬性混凝土；8—混凝土管柔性传送辊

（1）物料混配

骨料、砂石、水泥按照合理比例配制，是产品质量保证的先决条件。选用合理材料和半径的骨料，例如选用连续级配碎石的普通骨料（表观密度 2.64 g/cm^3）、中砂细骨料（表观密度 2.61 g/cm^3）或铁矿石（4.66 g/cm^3）、铁矿砂（4.63 g/cm^3）重骨料[9]，骨料半径一般要求 10 mm 以下，水灰比不宜超过 3.5%（一般严格控制在 2.8% ~ 3.0%[10]），合理的搅拌时间 60[11] ~ 180[10] s，须依据实际经验确定，而相关文献提出了最佳混合比骨料，即骨料∶水泥∶水=68.8%∶24%∶7.2%[12]。为达到连续供料，满足配重层连续成型，合理设计搅拌机，满足混凝土制成品量，或选用两台、多台混凝土搅拌机。

（2）物料输送

采用螺旋传输机构或皮带输送机进行混凝土物料的输送，这两种输送方式是长距离输送的主要方式，包括从搅拌站输送至挤出缠绕料斗，落料以及切割废料等回收传输等，现阶段所存在的混凝土配重装置中，成品料采用输送带传动，螺旋输送机只输送水泥等粉料。

（3）管道螺旋传输螺距参数

钢管传输的螺距是确保钢丝网缠绕宽度相适应和聚乙烯合理搭接唯一需要设置的参数，但螺距参数值的大小，须由钢丝网和缠绕聚乙烯带的宽度决定。采用连续螺旋传输滚轮，钢管传输螺距只与传动轮的偏转角度和钢管外径有关。

螺距参数确定如下：螺旋传输滚轮，满足钢管的自旋转和直线行走，当偏转角 $\theta=0°$ 时，钢管的传输螺距为0，钢管只作自旋转运动，滚轮逆时针或顺时针偏转一定角度时（图7-47俯视状态下），钢管在自旋转的同时，会产生螺距，才会向前或后传动（减速机正、反向转动）。

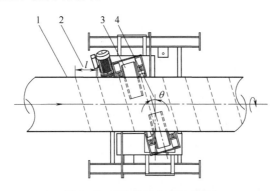

图7-47 缠绕滚轮偏转角度调整
1—钢管；2—螺距 l；3—传动轮；4—偏转角 θ

钢管传输的螺距计算公式是：

$$l=\pi D\tan\theta \quad (7\text{-}8)$$

式中，l——螺距，mm；

D——钢管外径，mm；

θ——钢管传输螺旋角（滚轮偏转角），(°)。

（4）挤压缠绕装置参数确定

混凝土挤压缠绕装置是涂装的关键设备，虽然滚轮的传输角度决定了管道传输的螺距，但此螺距的调整必须根据钢丝网和聚乙烯带的宽度参数来确定，须相互满足参数后进行钢管传输滚轮角度的调整。当确定了传输滚轮的偏转角度后，挤压缠绕装置和钢丝网的导向装置的偏转角度必须与传动轮偏转角度适应，这样在钢丝网和聚乙烯带缠绕过程中，不会造成钢丝网和聚乙烯带打折或褶皱的出现。

（5）缠绕参数确定[10]

带式进料缠绕机的结构非常复杂，除必需的输料器和输料带外，还需加装钢丝网和聚乙烯缠绕带，以满足在混凝土挤压涂覆过程中，将混配完成的混凝土拌和料缠压在旋转的管道表面，钢丝网与聚乙烯在拉紧的条件下螺旋缠绕，从而形成压缩、连续的封闭结构。

在缠绕过程中，当混凝土层厚度＜70 mm时，采用一层钢丝网作为骨料架；当混凝土层厚度≥70 mm时，用两层钢丝网形成骨架材料，钢网搭接宽度要≥20 mm。聚乙烯带将混凝土紧紧缠压在钢管表面形成密实结构，并完全封闭刚挤压在钢管表面的混凝土，防止其水分快速蒸发，有利于混凝土得到完整水合作用及养护。

管子涂覆完成后，在带式进料缠绕机后用高频振荡器将配重层内的空气排出，并用切割器切割混凝土端部，切割后管子堆放检验。

7.2.3.5 关键设备

挤压缠绕法主要由混凝土料混合系统（搅拌站）、上料系统、料斗、送料皮带、缠绕带、步进电机、钢丝网、钢管传送机构组成。

（1）钢管传输装置

混凝土配重过程中，钢管稳定连续传动是保证配重层挤压缠绕并形成均匀涂层的先决条件，常规的钢管螺旋传动轮设计已经非常成熟，传动轮设计中包含全部参数：钢管管底标高值、传动轮偏转角度值、适应多种钢管直径的滚轮间距调整值以及传动轮非刚性胶轮硬度（肖氏硬度70°～90°）等。

混凝土配重层涂装过程与钢管螺旋传输过程不完全一致。到达涂装工位后，缠挤的混凝土层没有完全硬化，具有一定的松散性和塑性，如果接触硬性轮，会挤压破损混凝土层，所以传动轮设计分为两种，混凝土涂装前的普通传动轮，滚轮采用非刚性胶轮，而涂装后须采用柔性带传送轮，结构如图7-48所示。

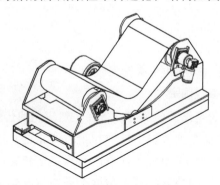

图7-48 带式传动轮三维视图

带式传送轮由底盘、带轮、张紧轮、顶升机构、传动稳定装置、传动机构、传动皮带等组成，要求按照满足形成钢管传动螺距的角度调整以及不同管径的管底标高调整，按照最重载荷（管道自身重量加配重层重量等）选择高强度皮带，设计防止传动时传输皮带脱出的机构，设计管道传输时的稳定轮。

（2）挤压缠绕机

挤压缠绕机所要求具备的功能。如前文所述，挤压缠绕机构首先要具备对待涂管道传输螺距进行相应角度调整的功能，缠绕过程中使得钢丝网和聚乙烯带按照缠绕角度稳定平滑地缠绕在混凝土层间或表面；其次无论单层或多层钢丝网以及聚乙烯带，间距需要恒定，因此机构须具备稳定各层间距和防止挠曲的张紧和阶梯机构；最后具备钢丝网送网、平整和导向，聚乙烯卷安装和送带，混凝土送进和回收物料输送，挤压张紧混凝土物料等功能。

缠绕机设计。相关文献[10]中提出了一种挤压缠绕机（图7-49）。装置下部设角度导向轮，通过导向轮的偏转来调整缠绕机的角度，以适应不同管径混凝土配重层涂装对螺距的要求；缠绕机内设一回转结构的缠绕送料带，用来输送混凝土拌和料，钢丝网以及聚乙烯胶带在缠绕过程中与混凝土跟随，并且具备对混凝土层的挤压作用。为防止传输皮带在重压下发生挠曲，在皮带下部装有耐磨尼龙板或涂装塑料层的支撑板（或其他耐磨塑料板衬的支撑板，以减小摩擦力）；为使钢丝网与钢丝网之间（多层）、钢丝网与聚乙烯胶带之间形成定距离阶梯过渡，用两根皮带（可采用三角带）分别由四个带轮张紧，并按照涂装的间距要求，以使各层形成定距离阶梯形过渡层；漏斗形箱体输料器的后部钢丝网以及聚乙烯胶带入口处设有阻尼板，防止物料散落，前部出料口设置一个可以调整口形的间隙（稳定给料），并随动调整旋转的挤压滚轮（带动力），滚轮为阶梯形结构（图7-50），其阶梯部分可根据搭接间距要求确定，动力控制挤压滚轮旋转用以保证挤压层的容重（密度）及厚度。

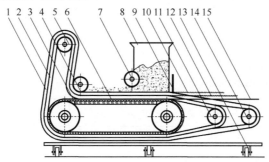

图7-49　挤压缠绕机构示意图[10]

1—支撑带1；2—支撑带2；3—输料带；4—带轮1；5—带轮2；6—四氟板；7—挤压滚轮；8—送料器；9—阻尼板；10—钢丝网1；11—带轮3；12—钢丝网2；13—导向轮；14—带轮4；15—聚乙烯带

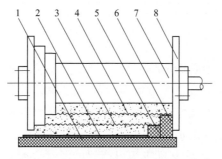

图7-50　钢丝网与聚乙烯带层间截面图[10]

1—输料带；2—聚乙烯带；3—钢丝网1；4—钢丝网2；5—支撑带1；6—支撑带2；7—滚轮；8—送料器

需要注意的是,挤压缠绕机整体必须为稳定结构,防止缠绕过程中发生震动,层间间距的带轮高度可调,以满足层间间距的适应性调整。挤压滚轮的阶梯高度需与钢丝网和聚乙烯带设置的皮带高度相适应,回转传送带必须具备张紧力,以满足挤压状态下对涂层施加额外的力。

7.2.3.6 国外参数

挤压缠绕法采用压挤混凝土后缠绕成型。国内海管涂装中,缠绕法因管道自重和混凝土层重量只能适用于较小的管径,但在国外相关专业公司却给出了很大的范围和参数值(表 7-4)。

表 7-4 挤压缠绕法参数(Shaw 公司)

性能	挤压涂层
密度	$1800 \sim 3050$ kg/m^3 ($112 \sim 190$ lbs/ft^3)
钻芯试件抗压强度(28 d)	$30 \sim 40$ MPa ($4350 \sim 5800$ psi)
立方体试样抗压强度(28 d)	$40 \sim 50$ MPa ($5800 \sim 7250$ psi)
最小混凝土涂层厚度	25 mm
最大混凝土涂层厚度	150 mm
适用最大直径	1220 mm
适用最短管长	5.5 m
适用最长管长	19.8 m

7.2.4 离心灌浆法

辊压喷射法和挤压缠绕法都是国外开发的技术,我国在混凝土加重的海底管道研究应用方面起步较晚,第一次进行海管配重层涂装时,采用的海管配重的全套技术和装备均为进口。近几年虽然我国已经完成了上述两种成型工艺的全套装置的国产化,但我国在这方面仍旧没有自主知识产权。中国石油集团工程技术研究院 2005 年研究开发了一种拥有自主知识产权的混凝土配重层涂覆新技术——离心灌浆法[13]。

离心灌浆法采用多道工序完成海管配重层涂装，并且引入了预应力概念。首先将混凝土拌和料（适用于离心预制）采用离心成型工艺预制混凝土配重层（管筒状），然后将待涂管（做好外防腐的钢管或保温管）穿进预制好的混凝土配重层管筒内，在层间注入灌浆料，通过微膨胀技术把预制好的混凝土配重层和待涂管黏结起来，从而形成整体涂层。

7.2.4.1 离心预制工艺

与混凝土喷射以及辊压成型方式不同之处在于，配重层采用离心灌浆法，非一次性在线成型，需要采用三道工序来完成：混凝土配重层的管筒预制、穿管和灌注黏结剂料（图7-51）。需要注意的是，采用此工艺层间的加强结构无法采用钢丝网，只能采用钢筋笼。

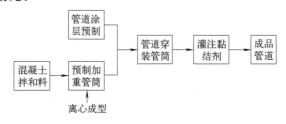

图7-51 离心灌浆成型工艺图

（1）配重层管筒预制

离心法加工配重层混凝土管筒，需要根据配重层对混凝土性能的要求，以确定的各种混凝土物料配合比例，来称重计量各种原材料，并送入搅拌机搅和均匀，预应力钢筋墩头后，绕筋滚焊成钢筋笼，并将其装入离心成型模具内，将搅拌好的混凝土物料浇灌入模具内，均匀布料并合模，张拉钢筋到要求的预应力后，固定好端头法兰后离心成型（图7-52）。

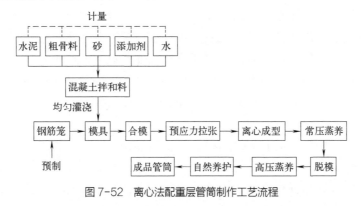

图7-52 离心法配重层管筒制作工艺流程

成型后的加重混凝土管筒在脱膜前，首先带模具整体放入养护池内进行蒸汽养护（常压），达到规定的脱模强度后再脱模。脱模后的混凝土管筒放入压蒸釜，在规定的时间高压蒸养后送到成品堆场进行自然养护。

混凝土管的离心成型在建筑行业中属于成熟技术，在此借用后完全可以满足海管配重层外管筒的制作。

（2）待涂管的穿管

待涂管首先要求完成涂层的涂装。穿管的工艺过程和工装完全可以参照保温管道的"两步法"和混凝土配重层涂装前钢筋笼的穿管技术。可以采用的方式有两种：一，穿管辊道，把混凝土管筒固定在一台架上，把待涂管放置在可以使管直线传动的多组滚轮组成的辊道上，在管道的尾端施加连续推力，直至把待涂管送入管筒，并使之居中；二，把待涂管悬臂支撑呈悬空状态，混凝土管筒放置在可以直线行走的小车上，直接送入待涂管，此法的好处是通过调整送管小车的高度，使得待涂管完全居于管筒中心，周向间隙均匀，一般不需要二次调整。实际操作中，穿管没有高深的技术要求。

（3）灌浆黏结

穿管完成的混凝土配重层管筒和待涂管之间的间隙内需要注入黏结材料，使两者结合在一起才能完成最终的海管配重层成型。

① 灌浆材料所采用的类型。水泥净浆（不加砂石的水泥浆）、水泥砂浆（由水泥、细骨料和水配成的砂浆料）、环氧树脂等。水泥含量如果过高，容易引起堵管现象，所以海管配重层的灌浆材料建议采用水泥砂浆，要求采用细砂，并且其最大粒径应不大于环形空隙尺寸的四分之一。

② 灌浆方式。压力注入。采用浆料泵在一定的压力下把灌浆料注入需要黏结的腔体中，一般垂直底部进料，把完成的待涂管和管筒竖直后放置在专用工作台上，用箍抱支架固定工作管，在管筒底部位置增加支撑，预留出底部进料口，灌浆输送管送入进料口，从管底部进行输料，自上而下完成料液灌装；或把工作管道倾斜或水平放置，同样采用料浆泵从管端头输料，完成填充。对于管道竖直状态下进行注入的方式，笔者并不特别推荐，因为需要起吊或竖管这类复杂、操作危险的装置，而一般的灌浆料流动性非常好，所以推荐倾斜或水平方式进行压力注入。压力注入的最大优点是注料速度快，但放置时间过长易造成物料凝结，尤其双组分灌浆料，如环氧树脂等。压力注入的泵可以采用砂浆泵或混凝土泵。

重力流入。灌浆料是自动流平材料，不用泵也可以灌注到需要的黏结空腔，如果采用流动性更好的灌浆料，可以在工作管竖直或倾斜状态下从上而下采用自流方式灌浆。要求物料桶置于管口上方一定距离，让物料以自重方式流入黏结空隙中，完成灌料。

③ 操作过程。管筒表面清理。将预制好的混凝土配重层管筒在灌浆前一天清

除内表面杂物和灰尘，并用水充分润湿内表面，以改善与灌浆料的黏结性能。

待涂管外涂层表面处理。待涂管外涂层表面经过钢丝刷、钢砂击打进行打毛处理或涂装过程中完成起脊处理，可以改善与灌浆料的黏结。

工作管穿管。将待涂管穿进混凝土配重层管筒内，在待涂管和管筒两端分别安装固定支架，使待涂管在配重层管筒内对中固定，确保灌注间隙均匀。

灌注。用封堵板封堵待涂管两端的环形空隙，一端预留灌注料口，并接入灌浆泵枪头，另一端预留排气孔，然后在空腔内注灌浆料。当灌浆料从排气孔流出时，并且空腔进料端面出现满溢状态，先堵排气孔，再停止灌浆，然后保持泵输压力一定时间（约 5 min），使灌浆料充分灌注。灌浆时，灌浆料应不间断地搅动以保证其连续灌注，要求一根管道一次性灌注完成，尤其要注意灌注过程，防止因超压造成爆管或流动不畅造成堵管现象发生。

养护。工作管灌浆完成后，在常温常压下养护 7 d。

7.2.4.2　离心成型主要特点

① 由于离心甩动作用，混凝土配重层管筒制作过程中具备脱水作用，操作过程中可以使混凝土层中剩余水灰比降低，并且离心成型的混凝土结合强度比喷射和挤压混凝土等成型的要高，试验证明了采用离心方式混凝土强度可提高 20% 以上。

② 在离心力的作用下，混凝土材料之间结合会更加紧密，混凝土容重提高，其密度能够提高 8% 左右，在同等配重层重量要求的前提下，可以降低整个配重层体积，有利于配制高密度加重混凝土层。

③ 硬化后混凝土层的孔隙尺寸减小，连通孔数量减少，从而降低吸水率，提高了混凝土配重层的抗渗和抗冻耐久性。

④ 成型的混凝土配重层外观光滑，尺寸均匀，质量分布均匀，使得配重层的尺寸和质量得到精确控制。

⑤ 由于钢筋笼对混凝土配重层施加了预压应力，当混凝土配重层受到外部荷载的作用时，钢筋的预应力可部分或全部抵消外荷载对混凝土的拉应力，减小了裂缝产生或宽度的增加，从而也提高了混凝土配重层的抗裂性。

⑥ 配重层混凝土管筒与管道涂层之间结合紧密。管筒与待涂管之间是通过其有一定微膨胀性能的灌浆材料来填充密室并完成黏结的，微胀材料和待涂管表面的表层预处理极大地增加了层间阻力，所以配重层间结合力非常强，避免了海管配重层滑脱现象的出现。

7.2.4.3　离心灌浆法涂层性能测试

表 7-5 列举出了海洋管道混凝土配重层采用离心灌注法成型后的性能测试结果[14]。

表 7-5 混凝土配重层整体性能检测表

序号	检测项目	检测方法	规范或要求	管道	测试结果
1	界面抗剪强度	截取一定长度的管段，置于压力试验机上进行推脱试验	≥ 0.1MPa	单层防腐加重管	0.91 MPa
					0.85 MPa
					0.21 MPa
					0.19 MPa
2	抗冲击性能	采用一定质量的锤以 3 kJ 的能量撞击管道同一点 60 次（只针对无保温层的混凝土加重管）	无加固网暴露		撞击处有少部分混凝土脱落，但深度较浅，没有暴露加强筋，撞击处周围无裂缝
			无具体要求		冲击 2 次，开始有裂纹出现，冲击 7 次后，撞击处有少许混凝土脱落，没有暴露保温层
		采用一定质量的锤以 10kJ 的能量撞击管道同一点 6 次（只针对无保温层的混凝土加重管）	无具体要求		撞击处表面有少许混凝土脱落，深度很浅，没有暴露防腐层，撞击处周围无裂缝
			无防腐层破坏，混凝土剥落半径 < 300 mm		冲击一次后，撞击处表面混凝土脱落，露出配筋，周围出现较长的裂缝。冲击 2 次后，暴露出保温层
3	抗弯性能	采用二集中力四分点等效荷载加载的测试方法	无具体要求		开裂弯矩 58.31 kN·m，破坏弯矩 174.66 kN·m，推算最小弯曲半径为 107 m
			无具体要求		开裂弯矩 65.65 kN·m，破坏弯矩 138.1 kN·m，推算最小弯曲半径为 111 m

7.2.5 混凝土配重层基本参数

7.2.5.1 混凝土配重层设计[2, 14]

混凝土配重层是包裹于工作管外壁、增加管道重量的辅助涂层。海洋管道的运行主体是工作管道（钢管），管道涂装的防腐层、配重层等主要目的是保证其长期稳定运行。对于配重层的设计需要满足以下要求。

（1）混凝土配重层密度[15]

密度低于 2400 kg/m³ 的混凝土属于普通混凝土，高于 2400 kg/m³ 的属于高密度混凝土或重混凝土。采用低密度的混凝土，配重层直径增大，因此英国某工程公司明确指出，混凝土配重层的厚度不宜超过钢管的半径。若采用高密度混凝土，可使涂层减薄，方便施工，也使管线安装容易。但为达到高密度，要在混凝土中掺入铁矿石或重晶石。

为减少工程投资，并不一定非要选择造价高的骨料，配重层的混凝土密度可以根据管道结构对其作用的流体动力敏感度来合理地设计确定。普通混凝土配重层的密度 2240～3040 kg/m³，高密度 3000～3500 kg/m³。

（2）混凝土配重层的抗挤压强度[15]

配重混凝土层应具有足够的抗挤压强度。涂覆管道节点处应力集中系数越大，管节点处的应力越大。尤其在管道铺设过程中，配重混凝土层将承受最大的径向挤压应力和轴向挤压应力。挪威船级社海底管道系统规范中要求混凝土层最小轴心圆柱体抗压强度为 40 MPa。

（3）混凝土配重层刚度要求

在管道敷设或拖拽等过程中，只要保证配重层不出现挤压破损情况，在许可范围内的弹性变形，包括裂纹等都是设计允许的。但对于单层保温管道，因为聚氨酯保温层的存在，其抗压强度极低，当配重层的弹性变形超过一定值时，极有可能破坏保温层结构，并且当配重层越薄，这种情况越严重。所以在进行配重层设计时，还需要考虑涂层环向刚度要求，并且需要明确配重层的厚度设计会影响到涂层的刚度。

（4）混凝土配重层的抗弯能力

海洋管道无论采用何种敷设方式，在下放到海床的过程中均会产生极大的弯曲应力，这样就要求混凝土配重层具有较高的抗弯能力，否则混凝土层会发生弯曲破坏而脱落，以至于不能起到加重和保护的作用。增强混凝土配重层的抗弯能力，可以采用提高混凝土材料本身的抗拉强度和抗弯强度等措施，但是由于混凝土材料本身的特性导致抗弯能力提高幅度有限。在混凝土中配置纵向和环向钢筋笼或钢丝网是提高混凝土涂层抗弯能力的较好手段之一。另外，还可以在混凝土中掺加纤维增强材料，以提高混凝土的抗裂能力和抗弯能力。

（5）混凝土配重层的抗冲击能力

海洋管道在敷设、运行等全过程中均会遭受到外部冲击力，如浪涌造成的管道与铺管船等的冲击，海管着地时与海底岩石冲撞，渔网拖拽和投锚冲击等。因此要求混凝土配重层须具备足够的抗冲击能力。

（6）混凝土配重层的吸水率

混凝土层的吸水率也是影响海底管道水下重量不容忽视的因素。吸水率越高，增加的水下重量越大，给铺管施工时对海底管道的控制带来不利，比如吸水率达到 5%，能增加大约 6 kg/m 的水下重量。因此在设计中要对吸水率提出明确的规定，重量吸水率 ≤ 5%[5]，体积吸水率 ≤ 8%[4]。

通过降低混凝土的孔隙率，减小连通孔的大小和数量，可以降低混凝土配重层

(7) 混凝土配重层成型

按照比例混合的混凝土拌和料是一种松散物料,在钢管表面上成型有多种方式,但现阶段主要采用的是辊压喷射、挤压缠绕两种方式。而成型工艺的选择由待涂管道直径、涂层类型以及配重层要求的厚度决定。采用任何一种方式所用的混凝土拌和料均为干性混凝土,要求涂装后的坍塌度在 1～3 cm[9]。

配重层若要达到上述特性要求,需要从材料选择、材料配比、添加剂使用、配重层成型技术、成型工艺等多个方面考虑。

(8) 混凝土配重层与外涂层的相互作用

混凝土配重层要施加到管线涂层的外面,从设计上必须注意和考虑这两种涂层在以下三个方面的相互作用。

① 对确定要施加混凝土配重层的海底管道,在外涂层设计中,要特别注意选用的涂料与混凝土配重层的相容性。挪威海底管道规程指出,煤焦油、沥青瓷漆、沥青玛蹄脂和环氧树脂等与混凝土能很好地配合[10]。但上述涂料大部分被淘汰,采用的三层 PE 塑性涂层并不具备相容性,也不妨碍其使用,所以上述条件并不成立。

② 当确定混凝土配重层施工工艺时,要注意所选外涂层的强度和厚度能否经受住施工过程的机械损伤。例如,喷射法涂装混凝土层时,采用厚度为 625 μm 的环氧粉末涂层,喷射速度≤25 m/s 时,可不被击穿,但当喷涂速度高到 30 m/s 时,要做到不穿孔,环氧粉末涂层的厚度就要超过 1 mm。

③ 混凝土配重层与外防腐涂层之间要有足够的减阻特性,以保证在海底管道铺设施工过程中这两者之间不发生滑脱。

(9) 对现场补口的要求

海底管道混凝土配重层现场补口设计,除要达到保护外涂层、保持管线外径不变和刚度连续一致外,还要求现场操作简便,省工省时。尤其是采用铺管船作业时,往往规定防腐涂层和混凝土配重层现场补口在同一个工作站进行,而且从铺管速度考虑,要求两个涂层补口包括全部施工操作和质量检测必须在 15～20 min 之内完成[16]。

7.2.5.2 主要原材料及性能要求

混凝土配重层由水泥、细骨料、粗骨料、水、掺和剂等按设计比例掺混组成。避免配重层内部缺陷的最佳方法就是选择和制备良好的混凝土原材料。所以涂装前,进厂的每种材料都应提供用于预定用途的证明材料书。

(1) 水泥

海管配重用水泥宜采用Ⅱ型硅酸盐水泥 P·Ⅱ 或普通硅酸盐水泥 P·O,标号不宜小于 42.5 号，其性能应符合 GB 175 或 ASTM C150 中 II 型水泥的规定（表 7-6、表 7-7）。

水泥的含碱量要求 ≤ 0.6%。水泥中的铝酸三钙（C_3A）是水泥中另外一个重要的参数指标，是水泥熟料在烧制过程中形成的，一般水泥熟料中含量为 5% ~ 12%，C_3A 的结构是空隙型的，水化速度比较快，可提高水泥的早期强度，增强钢管的防腐能力而不减弱混凝土的耐久性。但 C_3A 活性较强，与海水中的硫酸盐发生化学反应，产生应力，易引起混凝土结构破坏。高含量的 C_3A 会增大水化热，产生温度原因引起的应力裂纹。因此按照相关规定，海管混凝土 C_3A 含量须 ≤ 8%。

表 7-6　水泥技术指标

序号	检测项目	标准要求
1	三氧化硫 /%	≤ 3.5
2	氧化镁 /%	≤ 5.0
3	烧失量 /%	≤ 5.0
4	碱含量（$Na_2O+0.658K_2O$）/%	≤ 0.6
5	细度 /%	80 μm 方孔筛余 ≤ 10.0
6	沸煮安定性	合格
7	铝酸三钙 C_3A/%	≤ 8.0
8	初凝时间 /min	≥ 45
9	终凝时间 /h	≤ 10

表 7-7　水泥强度

标号	抗压强度 /MPa		抗折强度 /MPa	
	3 d	28 d	3 d	28 d
42.5	≥ 16.0	≥ 42.5	≥ 3.5	≥ 6.5
52.5	≥ 22.0	≥ 52.5	≥ 4.0	≥ 7.0
62.5	≥ 27.0	≥ 62.5	≥ 5.0	≥ 8.0

（2）骨料

细骨料和粗骨料在海管配重层中，以河沙和铁矿砂为各自最典型的代表，以成型所要求的低密度或高密度混凝土。粗骨料是在 5 mm 的网筛上残留 85% 以上的骨料；细骨料是在 10 mm 网筛上全部能筛滤、在 5mm 的网筛上筛滤 85% 以上的骨料。

无论采用哪种骨料，评定砂质量的重要指标就是颗粒级配。砂的颗粒级配表示砂的大小颗粒的掺混比情况。在混凝土物料中砂粒之间因其尖锐、异形必定会存在空隙，这些颗粒间隙需要通过水泥浆来填充，只有选用颗粒级配较好的砂，才能够达到节约水泥和提高强度的目的。使用良好颗粒级配的砂配制混凝土可用较少的水，且和易性好，均匀密实，同时达到节约水泥的效果。粗和细两种骨料互相级配，也是海管混凝土配重层常用骨料。

① 细骨料。细骨料是海管进行混凝土配重成型时的主要添加成分，粒径在 1.5～4.75 mm，俗称为石（子），分为天然砂和机制砂等。

a. 天然砂。由自然风化、水流搬运和风选、堆积形成的，经人工开采和筛分的粒径小于 4.75 mm 的岩石颗粒，包括河沙、湖砂、淡化海砂，但不包括软质岩、风化岩石的颗粒。天然砂密度 $\geqslant$ 2500 kg/m^3；天然砂选用不含有黏土和片状岩的优等级含硅型砂。

骨料中含有的硫化物、硫酸盐、氯盐和其他有害杂质会腐蚀加强筋，层片状的物质与水泥的黏结性能差，影响混凝土的强度和耐久性。故要求骨料中不含有其他杂质，应该洁净。

所选用砂的技术指标应符合 GB/T 14684 的规定。

b. 机制砂。经过除土处理，采用机械破碎，并筛分制成的粒径小于 4.75 mm 的岩石、矿山尾矿或废渣颗粒，例如花岗岩骨料，但不包括软质、风化的颗粒。机制砂在含水状态下的密度一般为 4300 kg/m^3；机制砂的性能指标应符合表 7-8、表 7-9 的规定。

表 7-8　机制砂粒径分布（颗粒级配）

筛孔尺寸/mm	9.50	4.75	2.36	1.18	0.60	0.30	0.15	0.008
通过率/%	100	85～100	—	40～80	—	10～30	0～15	90

表 7-9　机制砂主要性能指标

序号	检测项目	质量指标	检测方法
1	粒径/mm	<9.5	GB/T 14684
2	含水率/%	≤3	
3	叶片状含量/%	≤15	
4	氯化物含量/%	<0.06	GB/T 14684 DL/T 5151
5	活性硫化物含量/%	<4	

② 粗骨料。粗骨料在海管混凝土层中称之为重骨料更为恰当。混凝土配重层的容重是一个非常重要的指标，单位体积的重量越大，配重层体积越小。粗骨料就是铁矿砂类可以增加配重层密度的材料。海管配重层的密度已经要求达到 3040 kg/m^3，所以一般都采用铁矿石或重晶石类重型骨料。粗骨料还要求具备足够的强度和坚

固度。

a. 铁矿砂。铁矿砂是由破碎的铁矿石形成的砂状颗粒，含有铁元素或铁化合物，其特点是高密度、强度好。粒径分布见表 7-10。

主要技术指标：粒径 < 6 mm；比重 SG > 4.4 kg/cm^3；含水率 < 1%；80 μm 以下细铁矿粉 ≤ 6%；泥块含量 ≤ 0.5%。

表 7-10　铁矿砂粒径分布（颗粒级配）

筛孔尺寸 /mm	9.50	4.75	2.36	1.18	0.60	0.30	0.15
通过率 /%	100	90～100	—	40～80	—	10～30	0～10

b. 重晶石（砂）。表观密度要求在 4300 kg/m^3 以上，其中 BaSO$_4$ 含量不低于 90%，内含石膏或黄铁矿的硫化物及硫酸化合物不超过 7%，碎石含泥量 ≤ 1%。在海管混凝土配重层中，重晶石应用概率比较小。

（3）水

水是混凝土拌和料的主要组成材料之一。拌和用的水质不纯，可能产生多种有害作用，最常见的有：影响混凝土的和易性及凝结；有损混凝土强度的发展，降低混凝土的耐久性；加快钢筋的腐蚀，导致预应力钢筋的脆断，使混凝土表面出现污斑等。所以必须采用合格水源。①要求采用清洁水，并且水的浊度不得大于 2000 ppm；②自来水、天然水等符合国家标准的生活用水均可用于拌制和养护混凝土；③沼泽水和不流动的湖水不宜采用，其可能含有丹宁酸，会延缓水泥的凝结和影响混凝土的强度，使用时必须事先检测以证明其不含有害物质。也不得使用海水以及含有油类、糖、酸或其他含有污浊物的水；④如果将天然矿化水作为混凝土拌和水时，必须经过检测，要求其 pH ≥ 4，硫酸盐含量（按 SO$_4^{2-}$ 计）< 0.22%。

（4）外加剂

外加剂（Admixture）指的是添加在混凝土中用来提高混凝土强度、改善混凝土耐久性、节约水泥用量等的有机、无机或复合的化合物，例如减水剂、增凝剂、表面硬化剂等。①混凝土配制不得采用含氯化物的外加剂。在混凝土的混合料中，氯化物含量按游离的 CaCl$_2$ 计算，不应超过水泥重量的 0.4%；②在海管混凝土配制中常使用的是减水剂，可促进水泥的水化和硬化进程；③混凝土引气剂，因其高减水性能，不利于拌和物料的喷射或加压时黏结性能的降低；引气剂在混凝土层间产生的气泡使混凝土的弹性模量略有下降，虽然对混凝土的抗裂性有利，但是气泡也减少了混凝土的受力面积，从而使混凝土的强度及耐磨性降低。一般来说，含气量每增加 1%，混凝土强度下降 3%～5%。所以海管配重层尽量不要使用引气剂。提高混凝土涂层的抗压强度最主要的措施是掺加高效减水剂，降低混凝土水灰比（或水胶比），或适当提高水泥等胶结料用量。④混凝土配制时所使用的外加剂应符合 GB 8076 的规定。

7.2.5.3 混凝土层间加强筋

混凝土配重层的强度特征除要求优异的混凝土材料特性以外，加强筋是保证混凝土层强度的主要手段，一般由加强筋承担其中的拉力，混凝土承担压应力。

加强筋的形式分为钢丝网式、笼式。混凝土加强筋的环向最小配筋率为混凝土涂层纵向截面积的 0.5%。纵向加强筋的最小配筋率为混凝土涂层横向截面积的 0.08%。

（1）钢丝网（图 7-53）

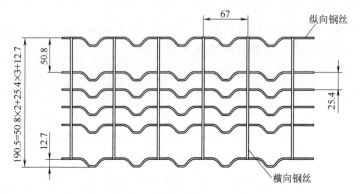

图 7-53　钢丝网结构图（单位 mm）

由纵横钢丝经电阻焊点焊而成的网状结构，钢丝表面镀锌的普通低碳钢盘条；纵向钢丝最小直径≥1.6 mm，横向直径≥1.8 mm（±0.05 mm）；钢丝的盘条牌号、化学成分（熔炼分析）、镀锌层质量等符合相关标准规定。力学性能见表 7-11。

表 7-11　钢丝网力学性能指标

序号	检测项目	质量指标	检测方法
1	钢丝直径偏差	±0.05 mm	YB/T 5294
2	180°弯曲（不开裂）	≥4 次	GB/T 238
3	伸长率	≥12%	GB/T 228.1
4	金属丝抗拉强度	≥485 N/mm^2	GB/T 228.1
5	金属丝屈服强度	≥385 N/mm^2	GB/T 228.1
6	钢网焊点剪切强度	≥241 N/mm^2	GB/T 1499.3

（2）钢筋笼

钢筋笼结构是在有一定间距的纵向直钢筋上，连续螺旋缠绕冷拔钢筋形成的笼状结构，并在每个钢筋交叉点上采用焊接固定，也可采用钢筋圆环代替连续螺旋缠绕的钢筋。材料和材料的焊接检验应符合相关标准的规定；

横向和纵向钢筋的直径可根据最小配筋率进行计算，最小直径应≥3 mm；

钢筋笼交叉节点的焊接剪切强度值应≥241 N/mm^2；

纵向钢筋数量不应少于4根，并均匀排布。纵向钢筋沿四周间距为50～250 mm。横向钢筋沿纵向间距≤150 mm，但在混凝土涂层的两端和邻近阳极的两端，横向钢筋间距应为50 mm（图7-54）。

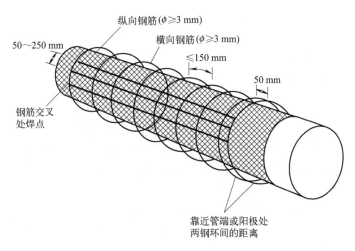

图7-54　钢筋笼增强结构图

7.2.5.4　混凝土拌和料混合比

混凝土配比设计的目的是在达到混凝土配重层设计要求和特定条件下使用性能的前提下，采用取材广泛、天然或易于成型的、经济简单易用的材料来生产混凝土配重层。要求制备的混凝土配重层具有以下性能：良好的施工性能、可靠的强度和刚度、符合工程需要的理想容重、经济适用性以及后期的可推广性。

（1）混凝土配比基本要求

① 混凝土拌和物所要求的施工性能，应具备满足施工操作的和易性。

② 硬化后的混凝土的力学性能，应满足工程结构设计或施工进度所要求的强度和其他力学性能。

③ 耐久性。硬化后的混凝土应满足，与使用条件相适应的耐久性，如抗冻性、抗渗性、耐磨性等。

④ 经济性。应在保证混凝土全面质量的前提下，尽量节约水泥，合理利用原材料，降低成本。

（2）混凝土混合及配比

① 参数确定。海管混凝土配重层的初期预制采用实验室砌块进行相关参数的确定,并依据海洋环境(海水深度、海浪强度、海洋地质状况等)确定混凝土配重层理想容重以及强度参数等。

② 配合比取值。对于混凝土的配合比要求,其常规取值方法有两种:一、前期经验值,海洋配重管敷设在国内外海洋管道建设中已经有非常多的成功案例,如果相关的施工单位有前期类似工程的配比经验,前期工程的配比可经适当的试验验证后直接使用;二、完整试验验证,海洋环境千变万化,如果已有的相关海洋配重管数据无法满足要求,或经过简单验证也无法达到要求,就需要在实验室进行配比试验,制作砌块并经工艺评定,对混凝土的各项指标进行验证,达标后才能够用于正式涂敷生产。

(3) 混凝土配合比对性能的影响

管道配重用混凝土由粗骨料(铁矿石)、细骨料(河沙)、水泥和水混合而成。除容重以外,还要求具有优异的力学性能,诸如抗磨性能、抗压性能及抗弯曲性能。Bechyne 等[17-19]在研究中已经证明混凝土的抗磨性与其抗压强度成正比,也即抗磨性随着抗压强度的增加而增加。抗压强度影响因素主要有水灰比、骨料级配及最低水泥用量。

混凝土所需要的密度取决于实际工程要求的海底管的水下重量。混凝土采用常规物料进行混配,如水泥、砂、石、水和外加剂,水泥的密度一般为 3.1 g/cm^3,砂、石的密度一般为 2.6 g/cm^3,水的密度为 1.0 g/cm^3,这些材料组成的混凝土密度一般约为 2400 kg/m^3。为了使混凝土获得较高密度,一般采用掺加重骨料(如铁矿石)、降低水灰比、适当提高水泥用量等措施。目前混凝土能达到的密度约为 3500 kg/m^3 [9]。

对混凝土水泥的最低用量一直存在异议,相关文献[12]就对海管混凝土配重层的水灰比进行了研究。采用普通硅酸盐水泥,赤铁矿与可饮用自来水配比,发现:①配重混凝土抗压强度随水泥用量的上升而增加,当达到某一数值后,其抗压强度随水泥用量增加而下降;②配重混凝土密度随水泥用量的上升而下降。

(4) 混凝土配重层设计

混凝土配重层的设计需要考虑如下几个方面:①混凝土配重层强度的确定;②水灰比的确定,混凝土的强度主要取决于其水灰比。当其他条件相同时,水灰比越大,混凝土强度越低;反之,水灰比越小,混凝土强度越高;③单位体积混凝土量的确定,受水灰比、外加剂量等多种因素的影响;④粗、细骨料的用量配比计算。

(5) 混凝土配重层配比表

实际上最佳的混凝土混合比并不一定参照相关文献中的数值,这些数值只是针对特定深度的海域,所以合理的混合比的前提条件是密度,由密度来确定混合比,所以对于所要求的密度，提供下列配比，见表 7-12 ～表 7-15。

表 7-12 密度 2240 kg/m³ 混凝土配重层配比表

材料	密度/（kg/m³）	混合比/%	混凝土密度/（kg/m³）
花岗岩	2600	60	
水泥	3100	30	2240
水	1000	7.5	

表 7-13 密度 2540 kg/m³ 混凝土配重层配比表

材料	密度/（kg/m³）	混合比/%	混凝土密度/（kg/m³）
铁矿砂	4100	60	
河沙	2550	6.25	
水泥	3100	27	2540
水	1000	6.75	

表 7-14 密度 2940 kg/m³ 混凝土配重层配比表

材料	密度/（kg/m³）	混合比/%	混凝土密度/（kg/m³）
铁矿砂	4300	68	
河沙	2550	5.12	
水泥	3150	21	2940
水	1000	5.88	

表 7-15 密度 3040 kg/m³ 混凝土配重层配比表

材料	密度/（kg/m³）	混合比/%	混凝土密度/（kg/m³）
铁矿砂	4300	68	
河沙	2550	5.5	
水泥	3150	21	3040
水	1000	5.5	

（6）混凝土配重层配比总结[12,20]

① 混凝土的密度随骨料密度的增大而增大，例如低密度混凝土配重层采用花岗岩类骨料，而高密度配重层则建议采用高铁矿砂等。

② 配重混凝土密度随水泥用量的上升而下降，水泥含量上升，势必造成骨料含量降低。这只是混配比例的关系，不需要特意强调。

③ 混凝土的抗压强度随水泥用量的增加而增大，但达到一定值时，随水泥用量增加而下降。

④ 水灰比是混凝土重要的控制参数，是水与水泥两种成分之间的重量比。在水泥强度一致的情况下，混凝土的强度取决于水灰比。试验证明，混凝土强度随

水灰比的增大而降低。对于低密度混凝土配重管水灰比一般不超过0.3，高密度则要求水灰比一般不超过0.35。

⑤ 骨料级配决定了混凝土层的抗压强度，当混凝土配合比一定时，其抗压强度起初随着粗骨料的增多和细骨料的减少而增大，当达到最大值后又逐渐降低。

⑥ 水泥用量越大，细骨料应越少。

⑦ 密实度与骨料密度共同决定了混凝土的密度。在骨料总质量不变的条件下，当混凝土密实度不够时，密实度占主导地位，它决定了混凝土密度的发展趋势，随着密实度的不断增加，混凝土密度逐渐增加到最大值；当混凝土获得一定密实度后，骨料密度就成为混凝土密度的主要决定因素。

⑧ Füller理想级配计算公式适用于配重混凝土配合比的设计。

⑨ 相关文献中提出的最佳混凝土比在实际应用中应该以密度来决定，在特定密度下，所提出的混合比是一个非常好的参考数值。其中，水灰比是首要关注的。

（7）骨料级配公式

① Bolomey 等式。

当固体颗粒仅涉及骨料时，Bolomey 公式为：

$$P_d = \frac{A_B - C_B + (100 - A_B) \times \sqrt{\dfrac{d}{D_{max}}}}{100 - C_B} \times 100\% \tag{7-9}$$

式中：P_d——固体颗粒（水泥和骨料）通过筛孔径 d 的百分比；

A_B——常数，其值取决于新拌混凝土的和易性和骨料的类型（天然骨料或人工骨料），通常在 8～14 之间，见表7-16；

C_B——混凝土中胶凝材料占全部固体材料（胶凝材料、砂、石）的体积比；

D_{max}——骨料的最大粒径，mm。

表7-16 混凝土的和易性和骨料的类型对 A_B 的影响

骨料类型	坍塌度/mm		
	0～50	50～150	150～250
天然骨料	8	10	12
人工骨料	10	12	14

② Füller 等式。

如果常数 A_B 为0，且固体颗粒仅涉及骨料时，则 Bolomey 等式就变成 Füller 和 Thompson 提出的理想级配关系式：

$$P_d = \frac{100 \times \sqrt{\dfrac{d}{D_{max}}} - C_B}{100 - C_B} \times 100\% \tag{7-10}$$

该式重点研究如何使固体颗粒间的孔隙率最小，使水泥浆能够尽量填充这些空隙。该系统中，最细元素（水泥颗粒）填充中等尺寸元素（砂）之间的空隙，后者又填充粗骨料颗粒（砾石和碎石）之间的空隙。此外，混凝土固体颗粒若满足式（7-10），此时所有固体颗粒堆积最紧密，与水搅拌时系统流动性会降低，影响搅拌和浇注。因此，Füller 和 Thompson 提出的理想级配关系式对于大体积混凝土所用的干硬性混凝土最为适用。

7.2.6 混凝土配重层生产工艺

混凝土配重层的生产是一个完整的工艺过程[5, 11]（图 7-55），满足防腐要求的管道在海管配重层涂装工区，完成检测、加强筋安装、混凝土成型、混凝土养护、配重层检验、成品堆放的整个过程。

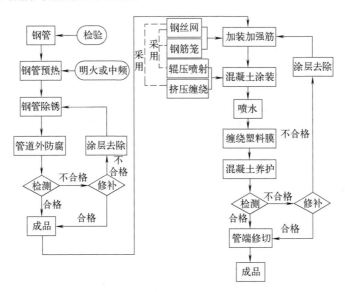

图 7-55　海管外防腐及其混凝土配重层生产工艺

7.2.6.1 涂覆程序

开工前，应制定详细的涂覆程序，涂覆程序至少应包括以下内容：①工艺评定试验；②原材料的规格书、类型、厂商、质量控制方法等；③混凝土搅拌、钢筋的配置、混凝土配重涂覆、养护、修补、涂覆设备和装置，以及所使用参数范围的确定；④阳极安装（如有要求）；⑤检验、试验程序（包括形式检验）。

7.2.6.2 涂覆工艺评定试验

① 正式生产前，应对所选定的混凝土原材料，在涂覆生产线上做混凝土配重

涂覆，以对所选用的原材料、配比、涂覆设备和工艺进行检验。

② 对于涂覆设备、工艺条件、所选用的原材料及配比等均无改变的情况，且在可连续生产的条件下，可不做涂覆工艺评定试验。

③ 由涂覆工艺评定试验所生产的混凝土配重管，其性能检验和试验按《海底管道混凝土配重涂层技术规范》（SY/T 7398—2017）中表3规定的项目进行。各项性能指标满足规定要求后，方可投入正式生产。

④ 经涂覆工艺评定试验所确定的涂覆工艺参数、物料配比和材料性能，不得随意改变。若有改变，应重新进行涂覆工艺评定试验。

⑤ 当水泥型号、防腐层外表面的粗化处理方式发生改变时，应重新进行涂覆工艺评定试验。

⑥ 混凝土配重层厚度小于50mm时，可不做涂层钻芯试件的强度检测。但应制作立方体试件，按规定检测其抗压强度。

7.2.6.3 混凝土配重层涂覆

（1）混凝土物料拌和输送（图7-56）

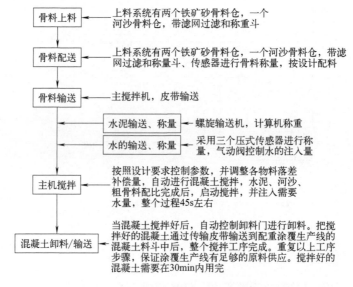

图7-56 混凝土搅拌工艺流程及说明

混凝土搅拌设备首先需要满足与涂覆能力相匹配，均已采用机械动力。为确保精度，建议采用计算机控制的自动搅拌系统，可以采用连续式或间断式搅拌设备。

① 物料计量精度要求。混凝土拌和物料各组分需要精确计量，为达到其最低精度要求，每批物料应分开称量，并保证同一批物料能够充分搅拌。各物料称量斗精度：铁矿砂，精度±2%；砂子，精度±2%；水泥，精度±1%；水，精度

±1%。

② 间断式设备搅拌过程。

a. 根据混凝土配重层性能要求,设定计量及其配比参数。

b. 确保骨料仓、粉料仓和水、添加剂等足量充分,防止输料中断。

c. 给定计量的水泥通过螺旋传输送入料斗内。

d. 水和添加剂通过流量计量装置精确计量后输入料斗。

e. 按照骨料配料要求通过骨料仓、称量斗及传感器对铁矿砂、砂子等进行计量称重,满足一次拌和的物料经传输带传输至料斗内。

f. 当水泥、水和骨料配料完成后,送入搅拌主机进行搅拌,整个搅拌过程在60 s左右完成。

③ 连续式设备搅拌过程。

a. 按照物料拌和比预设搅拌参数。

b. 骨料仓、粉料仓、水、添加剂箱有足够的备料。

c. 骨料连续配料,采用带压力传感器的两条或三条由计算机控制的皮带秤。

d. 水泥连续配料,由计算机控制的螺旋输送机输送到水泥螺旋秤中。

e. 水计量,采用可调流量计连续计量。

f. 骨料输送,由输送皮带向搅拌主机连续输送骨料。

g. 物料拌和,水泥、水和骨料连续送入搅拌主机的一端,搅拌主机连续转动,螺旋桨片将拌和物推向主机另一端的卸料口,完成混凝土的拌和。

④ 混凝土卸料和输送。

a. 拌和好的混凝土物料通过卸料闸门进行卸料,由连续回转的传输皮带输送到混凝土配重层涂覆工位的混凝土上料料斗中。

b. 采用间断式混凝土搅拌设备,可预先设定为多盘联动,这样搅拌系统自动完成设定次数的上料、搅拌、卸料工作循环,保证涂覆生产线具有足够的混凝土供应。

(2)涂覆前的检查

混凝土配重层一般涂装在单防腐层表面或带有保温层的外涂层表面,一般的涂装流程设置有:防腐(或保温)涂装与混凝土配重层成型在一个连续的厂区内完成;外防腐涂层涂装与配重层涂装分属两个不同的厂区,中间存在二次吊装以及搬运过程。

采用第一种工艺流程,外防腐涂层与配重层涂装工艺完全衔接,防腐管涂装完成后已经进行了涂层的缺陷检查,如破损、厚度等,采取了电火花检漏外加人工等多种形式,所以在进行配重层成型时,只需要对外涂层表面清除灰尘和附着物。

采用第二种工艺流程的管道,进行配重层涂装前须严格按照相关流程进行检

测:

① 对管道涂层外观进行人工检查,外表面应无损伤,并清除表面的尘土或其他附着杂物;

② 管表面清洁干净后,在安装加强钢筋和阳极之前,使用电火花检漏仪对涂层进行100%检测。

③ 对含有缺陷的管道外涂层应按修补程序进行修补。

(3) 层间加强筋的安装

混凝土配重层的加强筋形式有两种:钢丝网和钢筋笼。这两种加强筋均为工厂预制(钢筋笼一般可在涂覆现场预制),但其结构形式和安装方式却完全不一样。

① 钢筋笼。穿装钢筋笼采用电绝缘塑料、合成树脂或混凝土支撑架等,将钢筋笼牢固地固定在与管子同轴心的位置上,支撑架底部应平整光滑,以防止挤压、划伤防腐涂层。钢筋笼一般置于混凝土层中间位置,距防腐层距离≥10 mm,与阳极之间距离≥25 mm,多层钢筋笼安装,每层间距≥10 mm,钢筋笼距离混凝土端头(或阳极端)≥(20±5)mm。

采用钢筋笼加强结构的配重层成型工艺,只能采用涂装小车单根进行,用辊压喷射法进行涂装,或离心灌浆法涂装。

② 钢丝网。钢丝网在混凝土层内安装采用侧向缠绕法进行,并只能在混凝土层涂装过程中进行。在进行钢丝网缠绕时,按照规定应在涂底层混凝土后再缠绕钢丝网,如果为多层结构,需要混凝土层或钢丝网逐层涂装加缠绕方式,以确保钢丝网与混凝土的层间间距为一定值。为达到连续增强的效果,其轴向搭接宽度应≥25 mm。钢丝网安装要求见表7-17。

采用钢丝网加强结构的混凝土配重管成型可以采用辊压喷射法、挤压缠绕法两种成型工艺。

表7-17 钢丝网安装要求

混凝土配重层厚度 /mm	搭接层数	钢丝网规格 /mm		钢丝网宽 /mm	内层钢丝网直径 /mm	外层钢丝网直径 /mm	备注
		纵向直径	横向直径				
$\delta \leqslant 50$	单层	≥1.6	≥1.8	190.5	≥D+10	—	多层网之间间隙≥10mm
$50 < \delta \leqslant 100$	双层				≥D+10	≤D+2 $\delta-20$	
$\delta > 100$	三层				≥D+10		

注:δ 为混凝土配重层厚度mm,D 为带防腐层的管道外径,mm。

③ 加强筋检测(表7-18)。

表 7-18 加强筋检测

钢管与钢网之间绝缘电阻值 /Ω	与阳极间隙 /mm	钢筋笼预留位置（混凝土端）/mm	钢筋管端或近阳极区两环 /mm
≥ 1000	≥ 25	20 ± 5	≥ 50

配筋：纵向为横向截面积 0.08%，环向最小用量为纵向截面积的 0.5%[21]。

④ 规范差异。《海底管道系统》(SY/T 10037—2018) 规定当使用一层钢丝网时应将其置于混凝土层三分之一厚度的中间，建议钢丝网配筋距离腐蚀防护层的最小距离为 15 mm，对于混凝土层厚度 ≤ 50 mm 的钢丝网配筋最小覆盖厚度为 15 mm，厚度 > 50 mm 的涂层钢丝网配筋最小覆盖厚度 20 mm。《海底管道混凝土配重涂层技术规范》(SY/T 7398—2017) 规定，混凝土层 ≤ 50 mm，采用一层钢丝网，50 mm < 混凝土层 ≤ 100 mm，采用两层钢丝网，混凝土层 > 100 mm，采用三层钢丝网。表述存在差异。

（4）混凝土配重涂覆工艺流程

① 传动参数设定。混凝土配重层涂装方式有辊压喷射法、挤压缠绕法或离心浇注法等，前两种方式必须采用在线传动方式。采用送管小车，要求计算小车的传输速度、管道的旋转速度与混凝土喷射量之间的关系，若采用钢丝网加强，需核算管道转动螺距与钢丝网宽度的关系。采用连续传动滚轮，首先确定传动轮偏转角与管道直径对于钢丝网宽度的适应性；其次计算滚轮传输速度与混凝土喷射量（挤压缠绕量）的匹配。

② 待涂管道放置在涂覆小车（或传动轮）上，驱动管道匀速旋转通过混凝土涂装区域，采用高速辊压喷射混凝土到管道表面或连续挤压涂覆混凝土到管道表面，若采用钢丝网作加强筋，捆扎钢丝网并侧向缠绕，完成对混凝土的加固处理。

③ 涂覆工区尾端设置水泥刮刀，以修整混凝土涂层的直径和厚度，并通过检验人员，用钢卷尺连续测量配重管的周长或采用激光测厚仪提供调整数据。

④ 涂覆后的钢管立即被移动到检测称重台上，进行涂层外观、重量、尺寸等检测。

⑤ 采用专用机械器具对管端配重层进行去除和修边，并对标准允许的破损位进行修补。

⑥ 按照相关标准检验不合格的配重管，必须进行涂层去除并二次喷涂后重新检测，在混凝土层去除过程中，要确保外防腐层不被损坏，并对防腐层重新进行漏点检测。

⑦ 通过现场测量所得的配重管重量、直径、管端预留尺寸量等数据，对负浮力、密度进行计算，并以计算结果对现场涂覆参数进行调整。

（5）在线修补和管端修整

① 采用辊压喷射法进行混凝土层涂覆时，若出现厚度或重量偏差、表面塌陷

等缺陷需进行复涂，应立即在线进行，且涂覆时间间隔不得超过 30 min。

② 混凝土表面塌陷面积超过 20% 的总面积，应判定为报废涂层，须将整根管的混凝土涂层去除后重新进行涂覆。

③ 按照设计要求，涂覆完成的混凝土层，管道端部应进行修整，达到标准要求的管端预留长度（380±15）mm，也可按照设计要求进行管端预留。

（6）养护

完成混凝土配重的管需要放置在专门的养护场地进行养护。

① 养护方式：喷水养护、蒸汽养护、喷洒混凝土养护剂养护、缠绕聚烯烃薄膜养护。

② 搬运前，混凝土的最小抗压强度需要达到 16 MPa。

③ 喷水养护：须在涂覆完成后 6 h 内进行，连续 7 天给混凝土喷水养护，并且喷水间隔应不超过 24 h。

④ 蒸汽养护：完成混凝土配重涂覆超过 3 h 后，可进行养护。通蒸汽时管壁温度不超过 60 ℃。为保持蒸汽的循环流通，混凝土配重管可采用塑料膜或其他类似的材料将其遮罩。循环养护时，从环境温度开始，升温速度控制在 10 ℃/h 左右，达到 60 ℃ 为止。

⑤ 混凝土养护剂养护：严格选用相关标准并满足混凝土层的养护剂，并要求其在混凝土配重涂覆完成后 6 h 内喷洒到整个混凝土表面，并至少保持 7 天时间。

⑥ 缠绕聚烯烃薄膜养护。

a. 在进行混凝土配重层涂覆操作完成的同时，将聚烯烃塑料膜缠绕于混凝土配重层的外表面上。并且养护膜缠绕搭接的宽度 ≥ 20 mm 以锁住混凝土内水分。

b. 混凝土养护膜特性要求。

材质要求：乳白色半透明低密度聚乙烯塑料膜（白色用于热气候下反射阳光，寒冷季节最好选择黑色膜），有强度、韧性、弹力，在无撕裂和无变形工况条件下，能正常使用。

塑料薄膜的指标要求：

喷射法薄膜厚度 ≥ 0.1 mm（单点最小值 ≥ 0.075 mm），挤压法薄膜厚度 ≥ 0.2 mm。

拉伸强度：长度方向 ≥ 16 MPa，宽度方向 ≥ 8.3 MPa。

断裂伸长率：长度方向 ≥ 250%，宽度方向 ≥ 350%。

其他性能指标应符合 GB/T 4456 或 GB/T 3830 的规定。

⑦ 基本要求。聚乙烯薄膜的最佳宽度是 200 mm。混凝土养护膜搭界要严密，以充分保证膜内水分；混凝土薄膜养护温度不低于 5 ℃，一般为 4～40 ℃。

⑧ 注意事项。当环境温度低于 4 ℃时，采用喷水养护须采取必要的防冻措施，养护剂养护方式不得采用。采用养护剂养护，不允许将其喷洒在阳极材料表面。采用缠绕膜养护，拆膜修补时，应在养护 3 天以后进行。

注：混凝土配重管最佳的养护方法是塑料薄膜养护。

（7）检验和试验

① 加强钢筋检查：检查加强筋的位置，钢管与钢网之间的绝缘电阻值（≥1000 Ω），检测不合格应剥离混凝土层重涂。

② 尺寸测量（图7-57）。混凝土层在圆周（径向）方向上的最高和最低点的偏差（在500 mm长度范围内不超过8 mm；在管两端1 m长的范围内不超过5 mm）；混凝土层厚度平均厚度偏差不应超过涂层厚度的±10%，混凝土的单点测量值不应超过涂层厚度的±15%。超差应进行修补或重涂。

图7-57　人工测量尺寸图

③ 外观检验。外观（平整度、凹坑、露筋等检查）；管端预留尺寸复测，钢管破口损伤检查；检查混凝土内部是否有空洞或其他缺陷（从钻取芯样试件后留下的芯孔部位）；检测混凝土表面裂缝，表7-19作为缺陷、修补或重涂的判定依据。

表7-19　混凝土层表面裂缝缺陷判定

序号	管位	缺陷	判定依据	判定	备注
1	圆周方向	环向裂纹宽度	＜2 mm	不作为缺陷	两个条件具备
		弧度	≤120°		
		管两端	明显环向裂纹	废管	重涂
2	轴向方向	裂纹长度	＜250 mm	不作为缺陷	两个条件具备。处理办法：应在裂缝的两顶端，钻直径为1 mm的小孔，小孔的底部距防腐涂层表面7~10 mm。
		宽度	＜5 mm		
		裂纹长度	250~1000mm	缺陷	修补
		裂纹长度	≥1000 mm	废管	两个条件具备，重涂
		破损深度	达到防腐层		
3	混凝土涂层表面	损伤面积	≤0.1m^2	不作为缺陷	两个条件具备，并与周围混凝土黏结牢靠
		破损最大深度	＜20%		

④其他检测。

a. 抗压强度和密封试验。按照要求养护 7 d 或 28 d 取样测试,钻芯或立方体取样。

b. 水下重量测定。按照 SY/T 7398—2017 标准给出的负浮力和浮力公式进行计算。满足表中数值为合格混凝土配重管道。负浮力和浮力偏差要求见表 7-20。

表 7-20 负浮力与浮力偏差要求

序号	检测要求	偏差值
1	单根管负浮力允许偏差	±10%
2	每 25 根管平均浮力偏差	±5%
3	每班管平均浮力偏差	±1%

c. 吸水率试验。每班做一次吸水率检测,要求吸水率＜5%。相关计算公式参见《海底管道混凝土配重涂层技术规范》(SY/T 7398—2017)。

d. 抗滑脱性试验(图 7-58),要求满足层间抗剪切强度设计要求。

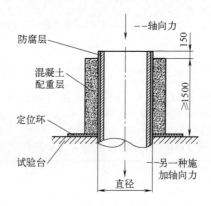

图 7-58 混凝土配重层抗滑脱性试验示意图

e. 冲击试验。按照标准规范进行(表 7-21),做完冲击试验管道后的管子为废管。

表 7-21 混凝土配重层性能指标

序号	检测项目		质量指标	—	检测方法
1	混凝土强度	立方体试件	7 d	≥设计指标	—	DL/T 5150
			28 d	≥设计指标	—	
		钻芯试件	7 d	≥设计指标	—	GB/T 19469
			28 d	≥设计指标	—	

续表

序号	检测项目	质量指标	—	检测方法
2	涂层密度（kg/m³）	≥设计指标	2400～3040	DL/T 5150
3	涂层吸水率	≤设计指标	≤5%	SY/T 7398
4	涂层抗滑脱试验	≥设计指标	—	SY/T 7398
5	涂层抗冲击试验	符合设计指标	—	SY/T 7398

（8）修补[11]。

① 基本要求。

a. 被判为不合格的混凝土配重管，应剥掉重涂。

b. 修补用混凝土应与原涂层混凝土的配比相同，水灰比不宜超过0.45。修补方式为手工涂抹或机械涂覆。

c. 修补前，应将损伤部位的混凝土清除干净，直到露出钢筋网。钢筋网与网下的混凝土应形成5～10 mm的空间，周边混凝土应剔成上口窄、下口宽的楔形。

d. 新涂层宜在线进行修补，无法在线修补的，可在养护区内完成。

e. 所有的修补部位应进行湿养护，养护时间不少于48 h。

f. 修补完成后，应进行外观检查；修补处混凝土应与管体齐平、无开裂。

② 损伤。

a. 在管长3 m范围内，损伤面积不超过0.6 m²，且在12 m长的整根混凝土管上不超过2处，可以进行手工修补。修补应在刚涂覆（涂覆不超过4 h和准备养护前）的混凝土上进行。

b. 在涂覆操作过程中出现的损伤，面积超过0.6 m²，但不大于整根管涂覆面积的25%，可以进行修补。修补应在涂覆管从涂覆操作线上移走之前进行；可采用混凝土配重涂覆机具对损伤面进行修补。

c. 混凝土的损伤面积超过整根管涂覆面积25%的，不允许修补。

③ 裂缝。在裂缝的整个长度范围内，将裂缝凿成至少有25 mm宽的倒"V"形槽，修补区域内的混凝土应剔成楔形。采用与原涂层相同密度的混凝土，用铲刀或喷射的方法填塞混凝土，直至与原涂层齐平。修补前，应检查修补区域的防腐层或金属表面是否有损坏。

④ 钻芯孔。

a. 钻芯孔在未按前述规定进行直观检验前，不能填充修补。

b. 修补时用清水冲洗芯孔，确保将孔内杂物清除干净；使用与原涂层相同密度的混凝土进行填充。

⑤ 涂层修补和修补后养护。

a. 用水泥材料进行修补时，不能在干燥的混凝土表面上进行。

b. 修整的表面首先要浸湿，最好的做法是充分湿润表面。

c. 在表面还有点潮湿的时候进行修补，效果较佳。

d. 配重管端部涂层周圈脱落，若脱落处涂层轴向超过 50 mm，且无钢网，则此处缺陷需周圈织补相应层数的钢网后再进行修补。

e. 修补处采用塑料薄膜缠绕养护。

f. 养护时间不少于 36 h。

（9）混凝土配重涂覆过程要求

① 时间。

a. 按规定的混凝土配比进行混凝土拌制，搅拌后的混凝土应在 30 min 内使用完。

b. 需进行多次涂覆操作生产，或有特殊厚度要求的混凝土配重层，允许第一次涂覆和第二次涂覆的时间间隔不超过 30 min。如果超过 30 min，应将已涂覆的涂层剥掉，重新进行涂覆。

c. 因钢丝网接续、待料或设备故障等原因而无法避免的涂层接茬，其接茬部位应在管体中部 1/3 区段范围内。需安装阳极的钢管，混凝土的接茬部位应在管体中间，且涂覆间隔应不超过 15 min。

d. 对于因喷涂过程断网、接网复涂、涂层跳跃、阳极造成的管体局部涂层凸起，应在配重管涂覆后 2 h 内进行处理，处理方法采用适当工具刮除。

② 温度。

a. 当钢管、涂层或环境温度超过 40 ℃时，应停止混凝土配重涂覆操作。

b. 当环境温度低于 4 ℃时，不宜进行混凝土配重层的涂覆施工。

③ 混凝土回收料。

a. 允许使用混凝土回收料，但应保证不降低混凝土配重层的性能指标。

b. 回收料的掺用量不应超过同一批混拌的混凝土重量的 10%。

c. 如果涂覆操作中断超过 30 min，而回收料未被预先掺到新配制的混凝土物料中去，则该批回收料应报废弃掉。

④ 其他要求。

a. 混凝土配重层厚度值参见具体项目设计规格书中的要求，一般情况下涂层厚度不应低于 40 mm。

b. 混凝土配重层涂覆前，应用水喷洒防腐层外表面。

c. 涂覆过程中应保持钢丝网张紧度适中，确保涂层密实；钢丝网处应无空洞，混凝土不出现分层。

d. 安装阳极的配重管道，阳极表面不得有混凝土。

7.3 混凝土配重管道辅助防滑层

海底管道如采用铺管船铺设，需要通过张紧器对管道施加足够大（几十上百吨）的轴向张力，而这种轴向张力与铺设管的自身重量形成了非常大的摩擦力，摩擦力传递到混凝土配重层与防腐层（或防护层）界面间就会形成抗剪切能力。抗剪切能力不足时，就会导致配重层与防腐层之间出现滑移或脱管，不但影响铺管效率，甚至造成严重后果。同样，管道采用其他方式进行铺管时，管道在下沉、弃管或起吊等作业时，混凝土配重层与防腐层之间必须有足够的剪切强度，以保证铺设过程中两者之间具有最低摩擦力而不发生层间滑脱。

提高混凝土配重层与防腐涂层的界面抗剪切强度可以采取涂层界面增阻措施。不同类型的界面所采取的增阻措施不同。据国外资料介绍，石油沥青防腐层和煤焦油瓷漆防腐层与混凝土间有较好的相容性，而环氧粉末防腐层、聚乙烯防腐层等与混凝土间的摩擦阻力较小，这类未经毛化处理的管道防腐层（或防护层）表面通常比较光滑，致使其与混凝土配重层之间的抗剪切强度小，防滑效果差。这类涂层则需要采取增阻措施，增加防滑层[22]。

7.3.1 防滑层类型和性能

国内外的标准规范中，加拿大的 CSA 标准针对双层、三层环氧粉末层，提出防滑层（anti-slip overcoat）概念，明确其目的是增加防腐层与混凝土配重层之间的剪切力。标准中规定的涂层类型和涂层性能，见表 7-22 和表 7-23。

表 7-22 带防滑层熔结环氧粉末涂层分类[23]

序号	涂层类型	涂层结构及厚度			
		底层	中间层	外涂层	
1	双层	防腐涂层	无	防滑涂层	≥ 250 μm（防腐涂层）
2	三层	防腐涂层	保护涂层	防滑涂层	

注：标准中未明确的涂层厚度，要求参照订货要求或材料方规范。

表 7-23 产品涂层性能测试[23]

试验	测试类型	验收标准	试样数量	试验方法
固化 $-\Delta T/g$①	B	≤ 5 ℃	1	12.7 条
阴极剥离（65 ℃，24 h）	A	≤ 11.5 mm	1	12.8 条
界面夹杂物	B	≤ 30%	1	12.9 条
横截面孔隙率②/级	B	1 ~ 4	1	12.10 条
断面孔隙率/级	B	1 ~ 4	1	12.10 条

续表

试验	测试类型	验收标准	试样数量	试验方法
1.5°抗弯曲	A	无开裂	3	12.11 条
3.0 J 抗冲击[③]	A	无漏点	1	12.12 条
黏结力（75 ℃，24 h）/级	A	1～3	1	12.14 条
表面粗糙度[④]	B	>50 μm（峰谷值）	1	12.16 条

①底层应该完成层间界面测试；②除防滑涂层外的所有涂层；③针对所有多层涂层，除带防滑涂层的防腐涂层外，均采用 1.5 J；④只测试防滑涂层。

7.3.2 防滑层成型

从表 7-23 涂层表面粗糙度要求可以明确，防滑层并不是严格意义上的具体涂层形式，而是为保证涂层界面之间达到一定的摩擦阻力所采取的一种方式，当然可能包括需要增加的新涂层界面。一般通过防腐层（或防护层）表面增阻的措施提高界面粗糙度来达到所要求的摩擦力，但不同类型的防腐层（或防护层）防滑层（增阻措施）的成型并不相同。

混凝土配重管涂层结构不同，涂覆方式不同，其所要求的防腐层（或防护层）表面增阻措施也不尽相同。通常采用：增加接触面积，增加锚固点数量，采用阻隔楞条等来增加防脱阻力。所以增阻措施的实现都是在原涂层（防腐层）上进行的，使其增加摩擦阻力，如打毛、起脊，或者采用增加真正意义上的防滑层，如二次涂装防滑颗粒等，以达到混凝土配重层防脱的目的。具体采用的方式归纳如下。

7.3.2.1 机械外力辅助成型

（1）冲击打毛法

采用高速气流冲击或离心抛射方式，用尖锐的砂砾（一般为钢砂）冲击成型的钢管防腐层表面，破坏涂层的光滑表面，形成无数不规则的冲击坑，因为气力输送砂砾直径和形状的限制，多采用离心抛丸法来完成。此法多应用于柔性防腐层表面（如聚乙烯涂层），不能应用于不耐冲击涂层（如环氧粉末涂层等薄涂层和固化成型涂层）。该法处理速度快，但为保证最终防腐层厚度，需要在涂层涂装过程中增加额外厚度，一般需要增加 150 μm 以上。冲击法也可以用在保温防护层表面。

（2）旋转钢刷打毛法

用高速旋转的钢丝刷轮进行防腐涂层刷毛（一般应用于塑性涂层表面，如聚乙烯涂层）。因为工装简单，操作方便，处理速度快，因此这种方法较常用，在装置设计时，需要合理计算钢丝刷轮的旋转速度和打磨刷轮的硬度，防止在涂层表面产生较深的划痕。为了确保最终涂层厚度，同样会造成涂层材料的浪费，由于钢丝刷造成的涂层破损面较大，因此所增加的涂层厚度一般要求大于冲击打毛法。

（3）辊压法

是一种比较简单的方式，采用带有无数不规则的尖锐凸起（≤150 μm）的碾压刚性辊，在一定压力下辊压柔性防腐涂层表面（如聚乙烯、聚丙烯防腐层），以形成数量众多的不规则小坑，满足增阻要求。

（4）物理起脊法

起脊就是在成型的涂层表面二次形成螺旋状楞条，涂装的混凝土涂层在涂层界面形成波纹状过渡面，以阻止涂装的混凝土配重层打滑（图 7-59）。

图 7-59　聚乙烯涂层挤压起脊抗滑结构

常规的起脊方式利用外力挤压，在聚乙烯涂层的热挤出涂敷过程中，采用带有环形凹槽的辊碾压聚乙烯表面，从而形成凸起 1~2 mm，间隔宽度 100~200 mm（依据不同钢管直径的传输螺距）的螺旋状棱条，增加防滑能力[24]。物理起脊法是管道柔性涂层（聚乙烯涂层等）推荐的增阻措施之一。此法容易造成涂层减薄，需要增加涂层厚度。

项目举例：

东方 1-1 气田海底管道涂覆项目，钢管的直径 ϕ559 mm，外防腐层采用三层PE 涂层，混凝土配重层与防腐涂层间剪切强度要求 ≥0.1 MPa。

涂层结构：钢管 +FBE 涂层 + 胶黏剂层 + 聚乙烯层（螺旋起脊增阻）+ 混凝土配重层。

增阻工艺：通过在防腐涂覆生产线硅胶辊上开一环状凹槽，钢管在生产线上匀速旋转前进，硅胶辊匀速旋转挤压聚乙烯涂层，从而在聚乙烯涂层上形成了间距均匀的螺旋凸起（图 7-59），实现增阻效果。

应用效果：混凝土配重层厚度 80 mm，2.0 m 长的试验管段，实测混凝土配重层与防腐层间剪切强度达到了 0.22 MPa[24]。

（5）螺纹凹槽增阻法

此方式只能应用于聚乙烯涂层等塑性防腐涂层表面，成型过程如同外螺纹车制，采用专用的切割刀具在涂层表面切割形成连续的螺纹凹槽（图7-60）[22]。这种方式需要严格控制道具与防腐层的切割深度，否则会破坏防腐层，甚至出现露底，所以涂层要求较厚，极易造成材料浪费。

图7-60 螺纹凹槽增阻结构

项目举例：

康菲PL19-3项目：海底管道直径ϕ219.1 mm × 9.5 mm；外防腐涂层为厚550 μm 的单层熔结环氧粉末（FBE）涂层，聚氨酯保温层厚度25.4 mm，聚乙烯夹克层防护层有效厚度10 mm，混凝土配重层厚为40 mm；混凝土配重层与防腐涂层间剪切强度要求≥0.13 MPa。

涂层结构：钢管+FBE涂层+聚氨酯保温层+聚乙烯夹克层（带螺纹凹槽增阻）+混凝土配重层。

增阻工艺：聚乙烯夹克层表面圆周方向采用专用刀具切削出连续的螺纹槽状凸凹形结构，固化的混凝土嵌入凹槽，实现增阻。

应用效果：2.0 m 长的试验管段，实测最大轴向力496 kN，聚乙烯夹克层受剪切面积1.84 m^2，抗剪切强度达到了0.255 MPa[22]。

7.3.2.2 辅助层法

（1）二次缠绕胶条起脊

在三层PE涂层涂覆过程中，挤出厚度1～2 mm、宽度5～10 mm热胶条缠绕在聚乙烯层表面形成螺旋状楞条，或在涂覆过程中热聚乙烯表面缠绕已经成型的冷聚乙烯胶条，在涂层表面形成楞条。这种方法在实际生产中并未应用，但因其操作简单，材料可选择性强，应用性强，可以作为一种新的成型技术加以开发。

（2）防滑颗粒涂装法

防滑颗粒涂装法也称为熔渣法，成型过程描述为：三层PE涂层涂装过程中，热挤出包覆聚乙烯涂层在进入水冷区前，将热熔型聚乙烯塑料颗粒撒涂在涂层表面，形成凸起点，熔融嵌固在聚乙烯层表面，冷却后在涂层表面构成有无数个连续凸起点的粗糙面[24]（图 7-61）。

图 7-61　防滑颗粒涂装散布过程及其效果图

防护颗粒法与打毛法不同的是，打毛法形成的是向下凹坑，虽然增阻原理都是增加粗糙度，但防护颗粒的凸起高度大于打毛法形成的凹坑，并且不需要额外增加涂层厚度，不会造成材料的浪费。

要求的防滑颗粒性能指标见表 7-24[25]。

表 7-24　聚乙烯防滑颗粒性能指标

检验项目	性能指标	检测方法
密度 /（g/cm³）	0.948	ASTM D792
拉伸强度 / MPa	21.5	ASTM D638
断裂伸长率 /%	731.6	ASTM D638
弯曲模量 / MPa	894	ISO 178
粒径分布 /μm	300～700	GB/T 12005.7

项目举例：

番禺 / 惠州天然气开发项目：海底管道直径 ϕ508 mm × 14.3 mm，管线长度 12 m，外防腐涂层类型三层 PE 涂层，涂层厚度 2.9 mm，混凝土配重层厚度 40 mm、50 mm、65 mm、80 mm、100 mm 五种，混凝土配重层与防腐涂层间整管抗脱力不小于 200 t。

涂层结构：钢管 +FBE 涂层 + 胶黏剂层 + 聚乙烯层（撒防滑颗粒增阻）+ 混凝土配重层。

增阻工艺：钢管表面聚乙烯层涂覆后，进入水冷区固化之前，表面撒聚乙烯防滑颗粒，实现增阻。

应用效果：混凝土配重层厚度 100 mm，1.9 m 长的试验管段，实测最大轴向力 519.0 kN（折合整管 312 t）。

（3）胶黏剂＋防滑颗粒增阻法

此方式仅应用于单层或双层环氧粉末涂层，增阻工艺为：在防腐层涂覆过程中，当完成环氧粉末的热涂装后，在热熔的涂层表面缠绕一层约150 μm厚的改性聚乙烯黏结剂，并在防腐管进入水冷区之前，在熔融状态的黏结剂上均匀撒布一层聚乙烯防滑颗粒，形成一种粗糙的表面（图7-62），冷却固化后进行混凝土配重层的涂覆[22]。

图7-62　附着防滑颗粒的管面涂层（混凝土配重时）

项目举例：

外钓岛-册子岛-镇海海底管道穿越工程项目的海底管道，册子岛-镇海（E段），长度38.325 km，管道直径ϕ762 mm×17.5 mm，外防腐涂层采用单层熔结环氧粉末（FBE）涂层，厚度为450 μm，混凝土配重层厚度为80 mm（36.645 km）和70 mm（1.680 km）；试验管段最小长度1.5 m，混凝土配重层与防腐涂层间剪切强度要求≥0.18 MPa。

涂层结构：钢管＋FBE涂层＋改性聚乙烯黏结剂层（撒防滑颗粒增阻）＋混凝土配重层。

增阻工艺：在防腐层涂覆过程中，当完成FBE的喷涂后，在FBE表面缠绕一层约150μm厚的改性聚乙烯黏结剂，并在防腐管进入水冷区之前，在熔融状态的黏结剂上均匀撒布一层聚乙烯防滑颗粒，形成一种粗糙的表面，冷却固化后进行混凝土配重层涂覆。

应用效果：黏结剂＋防滑颗粒增阻法在外钓岛-册子岛-镇海海底管道穿越工程项目的海底管道上进行了成功应用，1.9 m长的试验管段，实测混凝土配重层与防腐涂层间抗推脱力达到了506.8 kN（折合剪切强度210 kPa），涂层间仍未出现任何滑移。

（4）胶黏剂增阻法

在混凝土配重工位，采用100%固含量的双组分并且适应潮湿环境的高强度环氧胶黏剂。采用挤涂方式（或其他）在已经涂装完成的单层环氧粉末或双层环氧涂层钢管表面涂装一定厚度且均匀的黏结剂层，然后进行混凝土层涂装，通过胶黏剂把环氧涂层与混凝土层牢牢黏合在一起。这种黏结剂需要满足长期海水浸泡不失效的特性，否则会造成海管混凝土层的脱落，所以材料性能要求严格，并需要经过实际和实验室的无数验证。此法在杭州湾穿越项目中得到应用[22]。

项目举例：

杭州湾管线穿越项目，其中一条管径 $\phi 711$ mm × 14.3 mm 的管线，长度 51.264 km，外防腐涂层采用单层熔结环氧粉末（FBE）涂层，厚度为 660 μm，混凝土配重层厚度为 77mm，混凝土配重层与防腐涂层间剪切强度要求 ≥ 0.184 MPa。

涂层结构：钢管 +FBE 涂层 + 胶黏剂（增阻）+ 混凝土配重层。

增阻工艺：钢管表面 FBE 涂层事先预制，在混凝土配重层涂覆传动线上，一种双组分 100% 固含量适应湿气环境的高强度环氧结构胶黏剂以一定宽度环向挤涂在 FBE 涂层表面，并随即涂覆混凝土，胶黏剂将 FBE 涂层与固化后的配重层混凝土牢固地黏结在一起。

应用效果：胶黏剂增阻法在杭州湾穿越项目中得到了成功应用，为 FBE 涂层与混凝土配重层界面间提供了所需的剪切强度，界面破坏形式表现为固化混凝土本体破坏。

（5）喷涂聚脲起脊法

在聚脲涂装工位，采用无气喷涂机将聚脲喷涂至螺旋传动的钢管涂层（涂层形式主要为单层或双层环氧）表面。具体涂装参数为：喷涂厚度 1～1.5 mm，起脊宽度约 50 mm，涂层厚度；2～3 mm，间隔约 200 mm。待聚脲涂层完全固化后，再进行混凝土层的涂装[26]。

经过最终产品的防滑性能检验测试，其最大抗剪切强度为 0.057 MPa，但当聚脲材料完全固化后，其表层非极性基团定向排布形成光滑的憎水表面，与混凝土层的黏结力较小，另外聚脲的立体网状结构可能在混凝土轴向剪切力作用下发生破坏，因而其抗剪切性能差。并且因为聚脲层的较高吸水性，并不适合作为配重管道的防滑层。

聚脲起脊层采用了聚脲类弹性涂料，因其材料和涂层特性只能达到物理增阻，如果要求达到较好的效果，需要采用吸水性能低的其他或改性的聚脲弹性体涂料，并且需要增加起脊层高度，以达到物理增阻的目的。

（6）冷带缠绕起脊法

此法同样在单环氧或双环氧涂层钢管表面进行试验验证。其工艺过程：在涂层表面涂刷底漆后，进行冷带螺旋缠绕。首先涂刷底漆，其用量为 10～14 m²/L，涂刷底漆后 5～10min 内，在其表面按螺旋状缠绕冷缠带，形成厚度为 0.3 mm、周向搭接宽度 ≥ 55% 的冷缠带防滑层，完成上述工序后，再进行混凝土涂装。因其表面粗糙，并且使用了高黏度的黏结剂，从而增加了抗剪切能力，其最大抗剪切强度达到 0.08 MPa[26]。

冷缠带的制作是以聚丙烯增强纤维为基材，在其表面涂覆一定厚度的高黏性丁基橡胶改性沥青防腐橡胶的黏结剂层，粗糙冷缠带表面在一定程度上增加了混凝土配重层与防滑层的有效接触面积，从而增加了混凝土的抗剪切力；同时，该工艺中所使用的高黏性橡胶材料的黏结层，也提高了与已经成型底漆层及环氧涂层的黏结力，从而提高了混凝土配重层的抗剪切力。

但由于未经过长期验证，冷带涂层能否经得住海水浸泡还未可知，所以需要取得可靠的检测数据后才能应用。

（7）热缩带+冷带缠绕起脊法

试验同样针对单、双环氧涂层的钢管。工艺过程：每隔 2 m，安装一条宽度为 120 mm 的热收缩带，随后在其外层缠绕冷缠带形成混凝土防滑结构，最后再将涂装混凝土配重层制成所需成品管。由于热收缩带被包裹在冷缠带内层，它增加了防滑层的起脊高度，因而进一步提高了混凝土配重层的抗剪切强度，最大抗剪切强度达到 0.097 MPa。但随着荷载力的不断增加，冷缠带高黏结性的防腐胶层会因轴向剪切力的作用而发生蠕变，从而导致混凝土配重层最终滑移脱落。因此不推荐使用。但如果采用较为可靠的冷带黏结剂涂层，增加与热收缩带层的黏结力以抵抗混凝土层滑移所造成的剪切应力，也不失为一种简单可行的起脊方式[26]。

（8）环氧螺纹起脊法

对于环氧粉末涂层管道，这是最简单、最便宜的一种方法，即在 FBE 层（环氧粉末层）涂装完未固化过程中，喷涂一条高约 0.5 mm、宽 5.0 mm、螺距 200 mm 的连续环氧螺纹带。这个连续的螺纹带作为起脊层，用来增加层间的剪切力，若工艺控制完善，螺纹尺寸会非常均匀并且容易实现。但因为局部涂层厚度的增加，并采用了与底层环氧涂层同步涂装工艺，局部涂层厚度可能达到 1 mm 左右，容易造成涂层固化过程中的开裂，或者其他层下缺陷[27]。

（9）屏蔽层法

将玻璃纤维增强的聚合物改性水泥直接喷涂到环氧粉末涂层上，形成厚约 2.54 mm 的新层（防滑层）。这种混合物中的聚合物组分能与环氧粉末涂层牢固黏结，并与混凝土层有较好的附着力[27]。屏蔽层还可以防止采用任何现有工艺涂装混凝土层时（无论是采用冲击法或挤压缠绕作业法）损伤防腐涂层。但屏蔽层对涂装工艺、湿度、固化等要求较为严格，不易控制。这种方法的未验证，主要表现在聚合物层与环氧粉末层的黏结强度上，已经固化的环氧涂层为光滑表面，涂装的聚合物与这样的极性涂层表面的化学键、极性键之间的结合力需要能够阻止海洋管道入水和拖拽时产生的巨大层间剪切力，所以必须通过检验测试和实际运行验证。

（10）粗糙带法

在环氧粉末涂层上刷一层厚 0.4 mm、宽 100 mm 的双组分液态环氧。并在液态环氧中加入筛目在 4～10 mm 的坚硬碎片，并用标准参考板判断碎片的分布状况。粗糙带一般设在每根管子的末端。其优点是：①只需要一小块面积来阻止滑移，并具有抗挠性；②固化条件对剪切强度影响较小；③应用简单方便，不需要特殊设备。剪切力的检验测试，同样需要经过验证后才能推广。

7.3.2.3　GSPU 湿式保温管配重层防滑脱技术

GSPU 湿式保温管道采用两层结构，在钢管本体上依次涂覆防腐层和 GSPU 保温层，GSPU 通常是在聚氨酯弹性体中添加直径为 30～100 μm 的空心玻璃微球复合而成，该保温材料具有较高密度、优良的机械保护性能和低吸水率，所以能够直接接触海水，满足深水管道的铺设要求。

当其在深水铺设时，同样需要辅助外混凝土配重层，以增加管道抵抗水动力和海水负浮力的作用，但因为 GSPU 涂层与混凝土配重层不相容，并且其表面足够光滑，无法满足直接涂覆于其表面。混凝土层具备一定的抗剪切作用，所以需要增加防滑层，但因为 GSPU 保温层不同于常见的管道保护层，所以其防滑层的形式也不同。而常用的防滑层并不适用于 GSPU 涂层（表 7-25）。

表 7-25　典型增阻形式在 GSPU 涂层上的适用性分析

典型增阻形式	用涂层结构	GSPU 涂层适用性分析
螺纹凹槽增阻法	FBE+聚氨酯保温层+聚乙烯夹克层（带螺纹凹槽增阻）+CWC	后加工凹槽，费工费时，不增加涂层厚度时，会削弱 GSPU 保温效果
起脊增阻法	FBE+胶黏剂层+聚乙烯层（螺旋起脊增阻）+CWC	起脊不影响 GSPU 保温效果，可参考借鉴
环形凹槽增阻法	FBE+GSPU 涂层（环形凹槽增阻）+CWC	后加工凹槽，费工费时，不增加涂层厚度时，会削弱 GSPU 保温效果

GSPU 湿式保温层成型工艺，采用空腔型模具把要保温的管道置入其中，并扣合模具，在管道外层的均匀空腔内浇注保温材料，并经过保温、排气、固化等工序形成最终的保温涂层。所以 GSPU 保温管道，可以设计一种特殊的在扣合模具内表面加工带有沟槽的结构，使得浇注的保温层固化后形成保温层自带凸起。因为 GSPU 自身的强度，可以非常好地与涂层成型的混凝土配重层形成凹面贴合，具备非常高的抗剪切强度，满足海管铺设和运行要求。

防滑的模具设计要求，模具内扣表面设计梯形沟槽结构，并在沟槽处设计排气孔，以利于保温层脱模，沟槽深度设计满足混凝土配重层与 GSPU 层的抗剪切力要求。例如某项目的模具法增阻在实际应用中，GSPU 增阻涂层模注固化一次成型，成型完好率≥95%；增阻处 GSPU 涂层有效厚度≥50 mm；GSPU 增阻涂层与混凝土配重层（CWC）涂层间剪切强度≥0.2 MPa[28]。

7.3.3 防滑层应用注意要点

混凝土由铁矿砂、河沙及水泥混合而成，由于其大颗粒特性，接触涂层起明显增阻作用的是防滑层高度、防滑颗粒的粒度和不规则度以及打毛后凹坑的深度和不规则度。并且管道长期在海水中浸泡，其他涂层防滑方式需要经过验证才能使用。

上述几种海管防腐层（或防护层）表面增阻措施，均较好地满足了具体工程项目海管混凝土配重层抗滑脱的需要，但今后在实际选择应用过程中还应注意以下几点：

① 环氧粉末涂层，采用胶黏剂增阻法，仅适用于混凝土配重层挤压缠绕成型工艺。

② 环氧粉末涂层，胶黏剂+防滑颗粒增阻法，既适用于海管混凝土配重层喷射冲击成型工艺（胶黏剂层要有适当的厚度），也适用于挤压缠绕成型工艺。

③ 采用机械外力辅助成型防滑层会造成材料浪费，并易产生应力集中，在成型或者应用过程中，会发生涂层开裂。建议采用辅助层法。

④ 聚乙烯夹克层螺纹凹槽增阻法，是针对单层保温配重管特殊结构设计的，工程应用过程中还要注意聚乙烯夹克层的内壁防滑处理。

⑤ 三层 PE 涂层起脊工艺复杂，若参数控制不当，起脊部位的聚乙烯层在冷却过程中易开裂；防滑颗粒增阻法较起脊增阻法，工艺上更易实现，涂层质量更易保障。

⑥ 对于聚乙烯等非极性涂层，采用电晕处理法来增加 CWC 涂层界面的抗剪切力有限。

⑦ 采用防滑颗粒增阻措施的混凝土配重管，国内目前最大应用水深是番禺/惠州天然气开发项目 195 m，应用于更深水域，应事先验证其涂层剪切强度能够满足项目需要。

⑧ 对于深水油气开发用多层聚丙烯等湿式保温层，其涂层结构与上述案例有本质不同，当进行混凝土配重时，增阻方式不能照搬已有方法，需要试验验证，必要时开发新的增阻方法。

7.4 工程实例

（1）GTCL 海底管道项目

早在 2007 年，GTCL 项目一期工程就提出海底管道配重层混凝土密度为 2240 kg/m^3

（允许偏差 0 ～ +10 ％）的特定要求。中海油能源发展管道工程有限公司研制出了海管涂覆用花岗岩混凝土[29]，较好满足了工程项目的要求。

GTCL 二期工程海管配重涂覆项目，参数值要求如表 7-26 所示。

表 7-26 GTCL 二期工程相关参数及其性能要求指标

序号	项目		设计规定或参数	检验结果	备注
1	钢管规格 /mm		φ762 × 14.3 × 120 00	—	—
2	混凝土配重层厚度 /mm		45	—	—
3	混凝土抗压强度 /MPa	28d，立方体试样	≥ 34	≥ 69.46	100mm × 100mm × 100mm 立方体试样
		7d，立方体试样	≥ 27	≥ 45.8	
4	混凝土密度 /（kg/m³）		2240（0 ～ 10%）	≥ 3054	—
5	混凝土吸水率 /%		≤ 4	1.99	—

材料选择，水泥选用 P.O 42.5 水泥；骨料采用花岗岩，机械粉碎制成机制砂，骨料粒径 ≤ 8 mm。级配见表 7-27。

表 7-27 花岗岩骨料级配表

筛孔尺寸 /mm	9.5	4.75	2.36	1.18	0.6	0.3	0.15
通过率 /%	100	90.83	53.48	31.77	20.11	11.21	4.69

满足设计参数要求，典型的海管涂覆用花岗岩混凝土配和比为：花岗岩∶水泥∶水 =62.2%∶30%∶7.5%；混凝土配重层较好地满足了工程项目对涂层密度、吸水率、抗压强度等指标的要求；骨料采用花岗岩混凝土配重层较以往密度 3040 kg/m³ 混凝土配重层的水泥用量高，印证了水泥量增加则混凝土密度降低。因此设计降低密度混凝土配重层的海管可以选用骨料为花岗岩的机制材料，骨料在经济性及货源保障方面更具优势。

（2）东方 1-1 气田

东方 1-1 气田混凝土配重管[5]，要求性能指标满足表 7-28。如表所示，除常规的河沙、水泥和水等物料以外，密度要达到 3040 kg/m³ 以上，必须采用重骨料，如铁矿砂等。

表 7-28 混凝土配重层要求主要性能指标

序号	项目		设计规定	备注
1	混凝土抗压强度 /MPa	28d，立方体试样	≥ 62	钻芯试样，从配重层钻取，直径 ≥ 40 mm
		28d，钻芯试样	≥ 41.4	

序号	项目	设计规定	备注
2	混凝土密度 /（kg/m³）	≥ 3040	—
3	混凝土吸水率 /%	≤ 4	—
4	抗冲击强度 /kJ	10	同一冲击点 5 次
5	配重层与防腐层间剪切强度 /MPa	≥ 0.1	
6	混凝土配筋率 /%	≥ 0.08（纵向） ≥ 0.5（横向）	钢丝网孔径 25 mm × 67 mm

对成品及试验样块检测得到的结果见表 7-29。

表 7-29　主要性能指标检测结果

序号	项 目		检验结果
1	混凝土抗压强度 /MPa	28d，立方体试样	≥ 69.46
		28d，钻芯试样	≥ 45.8
2	混凝土密度 /（kg/m³）		≥ 3054
3	混凝土吸水率 /%		1.99
4	抗冲击强度 /kJ		> 10
5	配重层与防腐层间剪切强度 /MPa		> 0.22

东方 1-1 气田海底管道混凝土配重层的施工，采用了起脊法进行聚乙烯防腐层的表面增阻。聚乙烯防腐层的起脊高度控制在 1 ~ 2 mm，起脊处与防腐层表面平滑过渡，起脊的螺旋间距应在 150 ~ 200 mm。层间的抗剪切强度满足设计要求（表 7-30）。

表 7-30　东方 1-1 气田海底管道混凝土配重层与聚乙烯防腐层剪切试验结果

设计规定指标			试验结果		
试样应施加的载荷 /kN	剪切强度 /MPa	位移	试样应施加的载荷 /kN	剪切强度 /MPa	位移
351.2	0.1	无	763.2	0.22	无

说明：试验载荷达到 763.2 kN 时，实验装置的承压钢板产生较大弯曲，层间未滑移，实际剪切强度 > 0.22 MPa。

满足混凝土配重层性能参数要求须采用铁矿砂、河沙、水泥、水进行混配，最佳配合比为骨料：水泥：水 =68.8%：24%：7.2%，水灰比不宜超过 0.35%。所以粗骨料是决定混凝土配重层密度的重要考虑因素之一。

7.5 小结

海底管道混凝土配置层是代替双重保温管道外层钢管的最佳结构形式,并且能够应用到海底的单防腐管道中,采用了简单且实用的技术,且材料廉价易得,降低了海管的造价。但其成型技术,国内只有进行海工建设的少数公司从国外引进并掌握,所以对于许多工程技术人员仍属于继续探索的领域。本章介绍了海管混凝土配重层的相关技术参数和成型工艺,希望读者对此技术有一个了解,也想引起科技工作者的关注,对现有技术进行改进和推广。

附件:混凝土配重设备组成三维视图

参考文献

[1] 中国石油管道公司管道科技中心信息与经济研究所. 世界管道概览[M]. 北京:石油工业出版社,2004:318.

[2] 丁新龙,韩雪艳,张长民,等.海底管道混凝土加重技术现状分析[J].石油工程建设,2007,33(4):8-12.

[3] Det Norske Veritas AS. Submarine Pipeline Systems: DNV-OS-F101-2013 [S].

[4] 国家能源局.海底管道混凝土配重层技术规范:SY/T 7398—2017 [S].北京:海洋石油工程专业标准化技术委员会,2017.

[5] 闫嗣伶.东方11气田海底管道混凝土配重层的涂敷[J].中国海上油气:工程,2003,15(4):15-17,4,21.

[6] 马良.海底油气管道工程[M].北京:海洋出版社,1987:482-501.

[7] 付厚利,王清标,赵景伟.地下工程施工技术[M].武汉:武汉大学出版社,2016.

[8] 李昱坤.海底管道混凝土配重涂敷设备与生产工艺[J].石油工程建设,2005,31(5):26-28.

[9] 丁新龙,韩雪艳,张长民,等.海底管道加重混凝土设计及试验研究[J].混凝土,2007(6):88-91.

[10] 续理.海底管道混凝土配重层挤压涂敷法探讨[J].中国海上油气:工程,1992(4):23-28.

[11] 张晓灵.海底管道防腐保温及配重技术[J].防腐保温技术,2009(2):4-14.

[12] 吴学峰,李海燕,相政乐,等.水泥用量对配重混凝土密度及抗压强度影响的试验研究[J].石油工程建设,2015,41(2):5-7.

[13] 丁新龙,韩雪艳,袁中立,等.单壁海底管道混凝土配重层离心灌浆法涂敷技术研究[J].石油工程建设,2007,33(5):26-30.

[14] 《油气地面工程科技成果专辑》编委会.油气地面工程科技成果专辑[M].北京:石油工业出版社,2008:171.

[15] 魏伟荣,郑国良.海底管道外防腐涂层设计及涂敷工艺探讨[J].材料开发与应用,2013,28(2):30-33.

[16] 王金英.海底管道混凝土配重层的设计问题[J].中国海上油气:工程,1990(1):25-28.

[17] Bechyne S. Technology of Concrete [M]. Prague: State Publishing Houseof Technical Literature, 1959.

[18] Mindess S, Young J F, Darwin D. Concrete [M]. 2nd ed. Englewood Cliffs, NJ: Prentice-Hall, 2002.

[19] Naik T R, Singh S S, Ramme B M, et al. Effect of source of fly ash on a brasi on resistance of concrete [J]. J. Mater. Civil. Eng., 2002, 14(5): 417-426.

[20] 谢洪雷,赵建佩,钱欣,等.骨料级配对配重混凝土密度及抗压强度影响的试验研究[J].石油工程建设,2013,39(3):13-16.

[21] 国家能源局.海底管道系统:SY/T 10037—2018 [S].北京:石油工业出版社,2018.

[22] 吴文通,孔瑞林,张晓灵,等.浅谈海管混凝土配重层滑脱问题与对策[J].中国新技术新产品,2013(7):186-187.

[23] Canadian Standards Association. Plant-applied external fusion bond epoxy coating for steel pipe: CSA Z245.2018[S].

[24] 张晓灵,吴文通,杨加栋,等.岙山-镇海项目海底管道涂敷工艺研究及应用[J].科技创新导报,2012(9):2-3.

[25] 张庆所,孔瑞林,吴文通.国产聚乙烯防滑颗粒在海管外涂层上的应用[J].管道技术与设备,2016,(2):58-60.

[26] 王志刚,相政乐,吴学峰,等.双环氧防腐配重管三种防滑脱工艺试验研究[J].石油工程建设,2014,40(3):1-4.

[27] 朱一林,尹航.海底油气管道防腐层的选择[J].焊管,2005,28(4):32-33.

[28] 运涛,吴文通.GSPU湿式保温海管配重层防滑脱技术开发[J].中小企业管理与科技,2019(29):170-172.

[29] 吴文通,张晓灵,孔瑞林,等.海管涂敷用花岗岩混凝土的研制与应用[J].科技创新导报,2013(3):112-115.

第 8 章
海底管道外涂层补口

无论是陆上管道还是海洋管道,只要采用钢质管道,在管端焊接处,总会预留一段未涂覆涂层的裸管区,以保证焊接时减少对涂层的热影响,或方便焊接工作。

海底管道按照涂层结构形式分为防腐管道、保温管道、双重保温管道、混凝土配重防腐管道、混凝土配重保温管道等。对于防腐管道,只是单纯的节点处涂层不连续。而对于海底含有混凝土配重层的管道,同样要求管端预留一定长度未涂覆区域,由于配重层的存在会引起焊接节点处外径出现较大的不连续性(图 8-1)。

图 8-1 配重管焊接节点处局部不连续典型示意图
1—钢管;2—焊缝;3—防腐层;4—混凝土配重层

海底管道因为涂层结构形式的不同,所采用的补口方式也不相同。

① 防腐管道。只需要采用常规或适用于海水浸泡的补口材料对节点处进行防腐层补涂。

② 保温管道。依据焊接节点处的环形马鞍形状,采用流动充填材料进行浇注填充,根据不同补口材料,层间结构有所不同。

③ 混凝土配重管道。同样在管端焊接预留区存在环形不连续段,补口方式通常采用实心或开孔高密度补口料进行填充,以形成与配重层等径的补涂层,而不

采用混凝土进行填充。

例如，对于单层配重海底管道，现场节点在做完热收缩带防腐后，节点补口填充材料为沥青玛蹄脂或高密度开孔聚氨酯泡沫，采用现场浇注的方式进行施工，做到与混凝土配重层齐平。其目的：一是为避免管线在该处外径突然变化，在铺管过程中受到机械损伤，甚至在通过托管架的滚轮时会卡住；二是可加强接口防腐层的机械保护，提高防腐蚀保护的可靠性；三是使管线刚度保持连续一致，消除在铺管过程中和使用状态下因刚度变化产生的应力集中而导致局部损伤。

8.1 单壁防腐管道补口

8.1.1 液态涂料补口

液态涂料是最直接的补口材料，可以对焊接补口部位和涂层搭接部位进行整体刷涂，补口层结构示意图如图 8-2 所示。随着液态防腐涂料的逐步发展和完善，涂层补口材料逐步转换成与管本体黏结性能更强、防腐性能更好的环氧树脂等液态涂料。

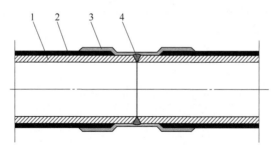

图 8-2　液态涂料补口结构示意图
1—钢管；2—防腐层；3—液态补口涂层；4—焊缝

液态环氧树脂为双组分涂料，按照一定的配比混合后涂刷在补口部位，环氧树脂能够与钢管基体紧密结合，防腐能力远高于普通的防锈漆。液态涂料采用手工刷涂或无气喷涂机进行喷涂，并且涂料也逐渐从有溶剂涂料发展成无溶剂涂料，更加环保，涂层质量更高。

液态环氧涂层与钢基体黏结紧密，涂层对于土壤的应力和力学性能抗性强，防腐性能好，施工时操作简单，不会产生阴极保护屏蔽。但在低温或者潮湿的环境下固化时间很长，施工性能比较差，与管本体涂层结合力差，尤其与三层 PE 涂层的外防护聚乙烯层的黏结不好，并且涂层成膜后，脆性大，强度低，不耐冲击，所以并不适用于单独的补口涂层结构。最初只应用于单层或双层 FBE 防腐层管道补口。

对于三层 PE 涂层补口，如果必须采用液态涂料（图 8-3），可以选用无溶剂聚氨酯涂料，其与三层 PE 防腐管道涂层匹配性较好。无溶剂聚氨酯涂料的最大优点除与钢管基体的良好黏结效果和优异的防腐性能外，与聚乙烯搭接面也有良好的黏结，这是液态环氧所不具备的，而且刚性聚氨酯涂料又有良好的抗冲击能力，并且采用的高压无气喷涂方式，补口施工速度快，质量可靠。该涂料的优点是能够弥补聚乙烯热缩材料补口的不足，是性能最优异的液态补口涂料，但建议与热收缩带等配合使用。

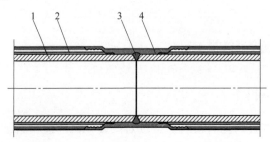

图 8-3　三层 PE 防腐层液态涂料补口示意图
1—钢管；2—三层 PE 涂层；3—焊缝；4—液态环氧涂层

所以在海底管道防腐层补口中，液态防腐涂料涂层需要复合其他抗力学性能强的涂层共同作用于管道节点。

液态环氧补口工序[1]如下。

（1）准备工作

① 补口涂覆施工按涂料供应商推荐的工艺进行，并参照相关标准规范。施工选用双组分高压无气喷涂的作业方式。

② 涂覆时当温度过低或环境相对湿度大于 85% 时，须预热钢管及涂料。

③ 涂料使用前各个组分分别搅拌均匀。

④ 按照材料供应商的涂料配比要求，设定高压无气喷涂机的输送比例，并按要求对涂料进行预热、保温。

（2）表面预处理

① 钢管外表面前处理。清除钢管外表面的油污、油脂、泥土等污物，清除钢管表面的焊瘤、毛刺、棱角等缺陷。预热钢管使钢管表面温度维持在高于露点 3 ℃以上。

② 补口段表面除锈等级 Sa2½ 级，锚纹深度 40～100 μm，采用无污染喷砂除锈方式。

③ 采用钢丝刷等方式人工打毛 50 mm 宽的防腐层搭接段。

④ 除锈后的钢管表面清洁度要求达到现行国家标准 GB/T 18570.3 规定的 2 级。

⑤ 处理合格后的管段应在 4 h 内进行涂覆施工。

（3）涂覆作业

① 钢管外表面处理完成后，须在规定时间内涂装。涂覆作业应按照工艺评定试验确定的参数进行。

② 防腐层涂覆应均匀、无漏涂、无气泡、无流挂，且补口涂层厚度应符合补口规定，并达到设计要求。

③ 涂覆完成后，须采取有效措施，防止污染未固化的防腐层。防腐层的固化温度要求保持在 10 ℃ 以上。

8.1.2　熔结环氧粉末涂层（FBE）复合聚丙烯（PP）带补口

FBE 复合聚丙烯带涂层，是专门为 3LPP 海底管道涂层所开发的节点补口涂层。

管道本体（预热）热喷涂 FBE 涂层，在涂层胶化状态下外层缠绕预加热的半互穿网络聚合 PP 涂层。其中，聚合 PP 是由线性聚丙烯和环氧交联单体构成的热固性复合材料，改性后的材料具有与 PP 材料相同的机械强度，与环氧类材料可产生极高的反应活性。复合材料预制带经过现场涂装预热后，无须涂覆胶黏剂即可与预热的 FBE 层实现较牢固的化学黏结，同时其与预热后的管道主体 PP 涂层能够实现良好熔接。

因此，FBE 复合聚丙烯节点涂层结构不但可实现节点防腐，更重要的是与管本体的 3LPP 防腐层展现出较高的兼容性。

针对 FBE 复合聚丙烯节点涂层补口，3M 与 OJS 公司联合开发出带有伴热功能的现场节点自动涂覆设备，极大地推动了涂层结构在 3LPP 海底管道补口施工中的应用。

西欧北海 Nuggets 深水天然气项目中，PIH 公司首次将 FBE 复合聚丙烯节点防腐涂层结构应用到管径为 294 mm 的 3LPP 海底管道防腐补口中[2]。

8.1.3　热收缩套（带）补口

8.1.3.1　聚乙烯热收缩套补口

20 世纪 60 年代，聚乙烯交联技术开发成功。辐射交联聚乙烯热收缩带（套）是由辐射交联聚乙烯和热熔胶复合而成的材料。相比普通聚乙烯，辐射交联聚乙烯材料具有更高的耐热老化、更强的机械强度、耐化学介质腐蚀、耐环境应力开裂等特点，并且有较长的使用寿命。热熔胶可以很好地黏结管本体、补口防腐漆层和管本体防腐层，具有良好的耐高、低温性能。涂层材料整体具有抗剪切强度高、剥离强度高、抗老化能力强、密封性能好的优点。

施工时,将聚乙烯热收缩带(套)包覆在补口处均匀加热,内层胶随之熔化,同时收缩带(套)回缩紧密贴附在钢管表面,达到密封和防腐的目的。但单独的热收缩带与管本体防腐层和钢管黏结性能差,剥离强度低,在补口处易引起管道腐蚀。所以为达到补口段更好的防腐效果,一般采用底层复合环氧底漆的双层结构(图8-4),现有工艺技术中实现了环氧底漆在干膜或湿膜状态下与收缩带胶层较好的黏结,大大降低了现场补口难度。

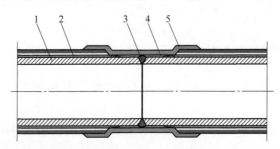

图8-4　三层PE防腐层液态环氧加热收缩套(带)补口示意图
1—钢管;2—3PE涂层;3—焊缝;4—液态环氧补口层;5—热收缩套(带)

聚乙烯热收缩带适用于三层PE、熔结环氧粉末层(FBE)及其他管体防腐材料的补口,尤其适用于三层PE涂层的热收缩补口,是目前防腐层补口最常采用的补口结构形式,匹配多种管本体防腐层结构,也是海洋管道最常用的补口形式。

补口工艺过程[3]:

补口施工可采用人工或机具辅助方式进行。

① 当出现雨雪、风沙天气,环境温度过低或者相对湿度大于85%时,须采取有效的防护措施进行补口施工;

② 对焊口进行清理,去除毛刺、焊渣、飞溅物、焊瘤等,以及污物、油和杂质等污染物;

③ 处理管本体防腐层,尤其当端部有翘边、生锈、开裂等缺陷时;

④ 除锈前,应使用无污染的热源将补口部位的钢管预热至露点以上至少5 ℃;

⑤ 采用无污染喷砂方式达到除锈等级Sa2½级,锚纹深度应达到40～90 μm。除锈后应清除表面灰尘,表面灰尘度等级应不低于GB/T 18570.3规定的3级;

⑥ 钢管表面处理与施工间隔时间不宜超过2 h,表面返锈时,应重新进行表面处理;

⑦ 管本体搭接部位的防腐层应进行打毛处理,粗糙程度应符合热收缩带(套)使用的要求,搭接段长度100 mm;

⑧ 均匀涂刷防腐底漆,底漆的湿膜厚度应≥150 μm;

⑨ 热收缩带加热,宜控制火焰强度,缓慢加热,不应对热收缩带上任意一点进行长时间烘烤。收缩过程中用指压法检查胶的流动性,手指压痕应自动消失;

⑩ 收缩后，热收缩带（套）与聚乙烯层搭接宽度应≥100 mm；采用热收缩带时，应采用固定片固定，周向搭接宽度应≥50 mm；

⑪ 热收缩带涂覆完成，须采用冷却水进行冷却，以确保涂层通过托轮和张紧器时不发生损坏。

8.1.3.2 聚丙烯（PP）热缩套补口

与聚乙烯材料相比，聚丙烯材料耐热、耐化学和抗机械损伤性能更强，在某些特殊环境，多层聚丙烯防腐性能超过三层聚乙烯和单层熔结环氧粉末。

2001年，加拿大 Canusa-CPS 公司开发出聚丙烯热收缩套补口技术，采用独特的交联聚丙烯基膜和改性聚丙烯黏结剂，解决了聚丙烯防腐层的补口难题[4]。施工时，先用外加热源预热管段焊缝预留部位，并涂覆底漆，然后按热收缩套施工技术安装聚丙烯热收缩套。

3LPP 热收缩带涂层结构如图 8-5 所示。

① 与管本体接触的双组分无溶剂型环氧底漆，干膜厚度≥150 μm；

② 中间复合高抗剪切强度聚丙烯黏结剂层厚度≥1.5 mm；

③ 经过特殊辐射交联处理的聚丙烯背衬作为最外层结构≥1.0 mm。

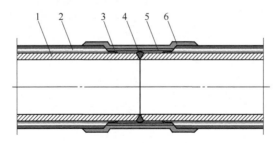

图 8-5　三层 PE 防腐层三层 PP（聚丙烯）补口示意图
1—钢管；2—三层 PE 涂层；3—无溶剂液态环氧层；4—焊缝；
5—中间胶层；6—聚丙烯热收缩带层

3LPP 热收缩带性能优势：

① 适用温度高。聚丙烯胶黏剂的软化点＞140 ℃，工作温度可达 110～115 ℃；

② 常温及高温下的剥离强度以及耐冲击等性能均高于聚乙烯补口材料；

③ 相比于聚乙烯材料，聚丙烯耐划伤、耐磨损等物理损伤能力更强。

3LPP 热收缩带的施工：

（1）管道表面处理

按照设计要求，管道节点处刷涂液态环氧底漆之前应进行表面处理，包括：① 表面清洁，去除管材和邻近的管体涂层表面的油脂和杂物；② 使用真空喷砂机对管道节点处进行喷砂处理至 Sa2.5 级。

（2）管体预热、底漆固化及热收缩带安装

预热。采用中频感应线圈进行预热。预热是热收缩带安装的重要步骤，直接影响环氧底漆的固化程度以及热收缩带的安装效果。预热要求达到聚丙烯材料的软化点（140 ℃）以上，热收缩带在安装过程中达到 175～190 ℃。需要注意的是，由于 3LPP 热收缩带需要的预热温度较高，为了避免主管线涂层在预热过程中过度受热而软化，应在节点两侧的管体涂层上缠绕一定宽度的硅氧烷隔热带，然后再进行节点预热[5]。热收缩套安装贴附后，采用冷却水进行冷却。新型聚丙烯热收缩套既能用于 3PE 和多层聚丙烯涂层管道补口，又能用于熔结环氧粉末防腐层管道补口。

8.1.3.3 聚乙烯与聚丙烯热收缩套补口对比

聚乙烯和聚丙烯性能参数等并不完全相同，对其应用及其特性进行了比较，分别见表 8-1～表 8-3。

表 8-1 聚乙烯和聚丙烯热收缩带选型及应用对比

参数	聚乙烯热收缩套	聚丙烯热收缩套
涂层厚度	≥ 100 μm [液态环氧（热固）]，≥ 1.0 mm（外层），≥ 150 μm（液态环氧）	≥ 1.5 mm（PE 黏结剂层），≥ 2.5 mm（总厚度）[6] ≥ 200 μm（FBE）[7]
最大设计工况（操作温度）/℃ [7]	≤ 80℃	≤ 110℃
适用外防腐涂层	PE、FBE、双层 FBE	PP
搭接长度[6,7]	≥ 50 mm	
底部焊缝涂层厚度减薄[7]	75%	
推荐防腐区预处理要求	Sa2½	
灰尘度等级	2 级	
除锈后表面含盐分[6]	≤ 20 mg/m^2	
表面粗糙度[6]	Rz：40～100 μm	

表 8-2 聚乙烯和聚丙烯热收缩带主要性能对比

结构层	测试项目	3LPE	3LPP	测试方法
底漆	底漆与基材抗拉强度 /MPa ASTM D-638 耐电压强度 /（kV/mm^2）	35	37	ASTMD-149
黏结剂（热熔胶层）	软化温度 /℃	120	145	ASTM E-28
	搭接剪切强度（23 ℃）/（N/mm^2）	5.0	7.2	ISO21809-3

续表

结构层	测试项目	3LPE	3LPP	测试方法
外带	剥离强度（23 ℃）/（N/mm）	5.0	6.9	ISO21809-3
外带	抗冲击性/（J/mm）	5	10	ISO21809-3
外带	吸水率[6]	<0.5%（每24h）		ASTM D570 或 ISO 817
整体涂层	与钢基材的黏附力（剥离强度）[6]	≥3（N/cm）（最大工作温度）	>（40 N/cm）（100N）	NF A 49-711, E.3, DIN 30670/30678, EN 12068/Annex C
整体涂层	对搭接层的附着力[6]	≥3（N/cm）（最大工作温度）	>（40 N/cm）（100 ℃）	EN 12068, Annex C
整体涂层	耐冲击性（室温）[6]	>15 J	>9 J	EN 12068, Annex H
整体涂层	抗弯强度（室温）[6]	无开裂或剥离		GBE/CW6, Part 1, App. B 2%的应变
整体涂层	阴极剥离 23 ℃, 28 d[7]	≤10 mm		ISO21809-3
整体涂层	抗剪切强度/（10 mm/min）[7] 23 ℃	≥3.0（N/mm²）	≥5.0（N/mm²）	ISO21809-3
整体涂层	抗剪切强度/（10 mm/min）[7] 最大操作温度	≥0.20	≥1.0	ISO21809-3

表 8-3 聚乙烯和聚丙烯热收缩带施工要求对比（液体环氧底层）[8]

施工要求	3LPE	3LPP
底漆储存温度/℃	−20～35	−20～50
底漆调配温度/℃	5～25	25～40
底漆、固化剂调配质量比	4∶1	5∶1
管口预热温度/℃	50～60	70～80
安装方法	湿膜安装	湿膜安装或干膜安装
底漆二次加热温度/℃	120	170～180
母管搭接层温度/℃	60～70	110～120
热收缩带加热	均匀加热至端部周向底胶均匀溢出	均匀加热至端部周向底胶均匀溢出
加热方式	火焰加热/中频加热	中频加热（湿膜安装）；火焰加热/中频加热（干膜安装）

8.2 单壁防腐加重管道补口

单壁防腐加重管道涂层形式为钢管防腐层复合混凝土配重层结构，一般的焊缝节点补口结构形式分为无填充材料的补口结构和填充材料补口结构。

8.2.1 无填充材料节点补口

海管节点补口的简易方式就是无填充材料补口。相关文献[9]对这项技术进行了描述，"无填充材料"的现场节点设计，即在管道对口焊接、焊缝检测检验和表面处理完成后，仅用热收缩带缠绕密封保护形成防腐层，对焊后的焊接节点环形凹腔不填充材料，如图8-6所示。因此管线敷设存在无数不连续节点，直接铺设下水。这种结构，当配重层端部采用合理坡口形式，也能够满足部分海域的海床管道敷设要求，但需在管道铺管船下海、铺管船需要缩小船上滚轮和铺管架滚轮间距，海底拖拽和敷设时合理分配动力[9,10]。

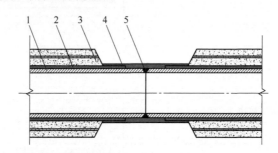

图8-6 海底单重管节点补口示意图（无填充材料）
1—钢管；2—防腐层；3—混凝土配重层；4—补口防腐层；5—焊缝

（1）技术优点

该技术进行涂装后的节点补口结构相对于二次填充进行了最大化的简化。有如下优点：

①"无填充材料"的现场节点设计，简化了涂层结构形式，只保留了做防腐用的热收缩带层（带液态环氧层），直接铺设下水。所采用的热收缩套等材料满足长期浸水要求。

②减少了材料用量，完全取消了二次填充料（沥青玛蹄脂或高密度聚氨酯）以及镀锌铁皮，使做防腐用的热收缩带直接暴露在外。

③"无填充材料"补口技术，配重层端部采用倒角方式减轻了由于管道外涂装层（配重层）不连续而引起的铺设难度。

④大大节省了施工时间，提高了铺设速度，降低了施工成本。混凝土配重层端部倒角在管道预制厂内完成，铺管施工时，配重层接头部位不再进行填充操作。

（2）缺点

① 此项技术只能应用于单壁防腐加重管上。因单壁防腐加重管相比较单壁加重保温管而言，焊接节点处的高度变化小。所以在实际案例中，未见其应用于单壁配重保温管上。

② 此项技术在实际应用过程中，整条管线存在无数个不连续的间断节点，在管道拖拽或下管过程中增加阻力，增加了管道敷设难度。

③ 混凝土接头部位管体及防腐层缺少机械保护，在海床岩石较多或选择性回填时，海底岩石、回填施工、第三方作业易对接头部位管体及防腐层造成破坏，影响管道的安全运行。

（3）应用实例

在海油工程（COOEC）南海海域"中海壳牌南海石化东联海底管道"项目中，就采用了不用填充材料节点处理方法。该项目中有两条直径 760 mm 的管道，全长约 36 km，配重层厚 75 mm，在材料成本和施工费用及时间上都有较大节省。此外，COOEC 开展的与印尼合作的 SES 项目中，该方案也得到业主认可并被采纳，近 160 km 的海底管道采用该方案。

"无填充材料"的现场节点补口技术，虽然减少了材料投入，降低了成本，大大缩短了施工时间，但因其结构特性，反倒增加了管道铺设或长期运行过程的风险，虽然已经有成功应用的工程先例，但设计方案未得到广泛推广应用，对于海管建设来说强烈不建议采用此项技术。

8.2.2 填充材料节点补口

连续性节点补口就需要在节点处填充连续的补平材料，其补口结构如图 8-7 所示，涂层结构由内及外依次为：底漆（如需要）、热收缩带、充填料、镀锌铁皮[11]。

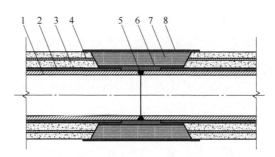

图 8-7 单层防腐加重管道补口结构示意图
1—钢管；2—防腐层；3—混凝土配重层；4—加固钢筋笼（钢丝网）；
5—焊缝；6—焊缝补口层；7—充填料；8—镀锌铁皮

补口工艺流程如图 8-8 所示。

① 前期准备。对需要补口的焊接位焊缝进行检测，对焊缝及准备进行防腐处理的部位进行打磨，去除焊渣、浮锈并达到 St3 级表面处理标准，对于防腐层（如 PE）等过渡段进行打毛处理。

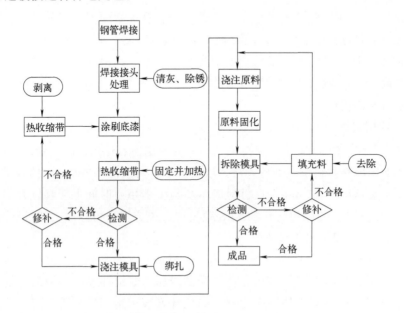

图 8-8　单层防腐加重管补口工艺流程

② 防腐材料选用。按照设计要求选用要求底漆的防腐材料或不要求底漆的防腐材料。为缩短在陆基上海管的补口时间，材料要求在达标前提下可采用不需要底漆的热收缩带。

③ 焊接节点防腐。热收缩带安装，热收缩带的安装按照标准的工艺流程进行缠绕、搭边、热烤、辊压等完成节点防腐补口。

④ 节点补口填充。对于单层防腐加重管来说，焊接节点做完热收缩带防腐后，只需要采用充填料对焊接节点的马鞍口进行填充，填充的方式采用现场浇注进行施工，要求做到与混凝土配重层齐平。

采用的填充材料可以为沥青玛蹄脂或高密度聚氨酯类或其他环保型湿式材料。

8.2.2.1　沥青玛蹄脂材料补口

沥青玛蹄脂补口是海底配重管道节点补口最初采用的形式（图 8-9）[11]。管本体涂层结构为三层 PE 防腐层外加混凝土配重层，节点补口采用防腐层加沥青玛蹄脂填充层。国内 2002 年的东方 1-1 气田直径 22 in，全长约 110 km 的输气管道就采用该补口技术[11]。

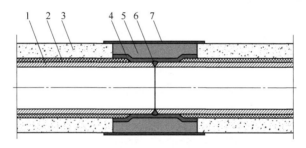

图 8-9　海底单重管节点补口示意图（沥青玛蹄脂）
1—钢管；2—防腐层；3—混凝土配重层；4—热收缩带加防腐层；5—沥青玛蹄脂浇注层；
6—焊缝；7—镀锌铁皮

防腐层的结构采用胶黏剂和聚烯烃基材结构（胶黏剂厚度 1.5 mm，基材 1 mm）或环氧湿膜底漆加热收缩带结构形式（与陆地管补口结构一致）。

沥青玛蹄脂层由沥青（占 15%）、石灰石（填充物，占 17%）和砂子（骨料，占 68%）三部分组成。现场施工时，采用镀锌铁皮以一定的宽度搭接在混凝土两端并形成闭合筒状结构（模具），将沥青玛蹄脂加热到预定温度（190±10℃），浇入模具内，浇注完成后采用水喷淋冷却整个模具，然后铺设下水。

沥青玛蹄脂浇注补口，满足海管焊接节点的防腐层补口与混凝土配重层管道节点处形成连续涂层的要求，并且镀锌铁皮焊接节点提供了机械保护，增加施工的可操作性，满足管道在海底的拖拽和牵引。

在实际应用中发现，虽然玛蹄脂涂层提供了机械保护，但这种材料自身对环境影响巨大，并且其成型工艺也对管道敷设的效率有极大的影响。

补口材料含有致癌成分，未终凝，并且有毒，对人体有极大的伤害，对水体有污染，完全不符合环保要求。施工工作条件差，节点涂装效率低，造成极大的能源消耗；施工温度高（180～200℃，易烫坏接头部位防腐层），烟雾气味大（环境污染），施工人员操作环境恶劣。

8.2.2.2　高密度聚氨酯材料补口

因为连续节点补口优点以及沥青玛蹄脂的缺点，就需要选择替代沥青玛蹄脂的其他环保型湿式保温材料，例如高密度聚氨酯。其涂层结构如图 8-10 所示。如果选用一次性灌注模具，同样包含镀锌铁皮等外层。

所选用的高密度聚氨酯材料。

① 高密度开孔聚氨酯材料为双组分无溶剂材料，无污染，完全符合海洋环保要求。采用高密度开孔聚氨酯发泡材料，材料吸水率高，所以对防腐层密封性能有特定要求，防止聚氨酯吸水后造成涂层水渗透，引起腐蚀。

② 高密度闭孔聚氨酯发泡材料，拥有极高的防水性能，与混凝土层和防腐层有极强的黏结性能，非常适合单重防腐管的补口要求。

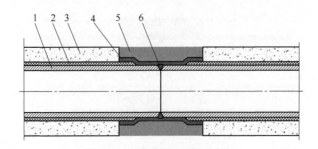

图 8-10　高密度聚氨酯填充层

1—钢管；2—防腐层；3—混凝土配重层；4—热收缩带加防腐层；5—焊缝；6—高密度聚氨酯层

③ 聚氨酯弹性体材料，吸水率极低，完全屏蔽水渗透，与混凝土层黏结力强，并且采用模腔发泡，可以填充密实整个补口节点，是单重海管极佳的补口材料和接口形式，但材料造价高，较高密度开孔和闭孔聚氨酯施工工艺复杂，生产效率低。

8.3　海底保温管道补口

8.3.1　单壁混凝土加重保温管道补口

单壁配重保温管是海洋管道保温结构中最常用的，涂层结构采用单层保温层外涂装混凝土配重层，还包含与钢管结合紧密的防腐层（如三层 PE、FBE 等）。与陆地管道一致，需要在管子对焊接头处作补口处理，才能保障管道长期运行的安全性。

对于单壁配重保温海管，节点补口要求具备防腐性能、防水性能、保温性能、抗压性能、涂层的连续性等。

（1）补口层结构形式

单壁配重保温管结构为满足流体输送而增加了保温层，相比较于单层防腐管，管端焊接节点预留的环形马鞍槽深度大。并且为了满足焊接段的保温效果，节点补口一般需要增加保温层。所以焊接节点补口结构形式有单一结构形式和复合结构形式两种：单一结构形式只采用补口防腐层外复合高强涂层结构，与无保温层海底管道补口结构类似（图 8-11），涂层包含防水帽、底漆、热收缩套、充填料、铁皮模具；复合结构形式，除外承压的高强涂层结构外，增加了基础保温层（一般为保温瓦结构，特殊为浇注高密度聚氨酯层）（图 8-12），常见结构为防水帽、底漆、热收缩套、保温半瓦、充填料、补口铁皮。

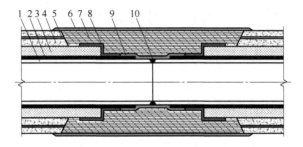

图 8-11　单重保温混凝土加重管补口结构形式示意图 1
1—钢管；2—防腐层；3—保温层；4—混凝土配重层；5—加固钢筋笼（钢丝网）；
6—补口铁皮；7—充填料；8—防水帽；9—焊接补口层；10—焊缝

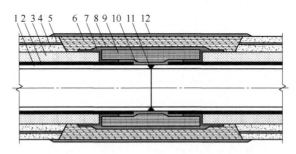

图 8-12　单重保温混凝土加重管道补口结构形式示意图 2
1—钢管；2—防腐层；3—保温层；4—混凝土配重层；5—加固钢筋笼（钢丝网）；
6—充填料；7—热收缩带；8—防水帽；9—保温半瓦层；
10—热收缩带；11—焊缝；12—补口铁皮

充填料可以选用沥青玛蹄脂、高密度聚氨酯等。

（2）补口工艺流程

对于单壁混凝土加重保温管，节点补口如果只采用防腐加填充结构，其工艺过程与单层防腐混凝土配重管的成型工艺完全相同。

如果要在节点处增加保温层，成型工艺过程如下。

① 前期准备。采用探伤等方式对需要补口的焊接位焊缝进行检测，确保无缺陷后，对焊缝及准备进行防腐处理的部位进行人工打磨，采用的方式是手工电动钢丝刷，去除焊渣、浮锈并达到 St3 级表面处理标准，除锈完成后清理补口位的附着物并达到洁净度要求，对过渡防腐层（如 PE）等进行打毛处理，便于涂层黏结。

② 防腐材料选用。海管补口一般在陆地海管预制基地或铺管船上进行，节省时间是首先要考虑的，所以防腐材料多选用不需要底漆的热收缩带。

③ 焊接节点防腐。热收缩带安装，热收缩带的安装按照标准的工艺流程进行缠绕、搭边、热烤、辊压等完成节点防腐补口。

④ 保温层预制。保温加重管的节点保温，采用不同管本体保温层的成型模式，

一般以节省时间为第一要素，采用合模的保温半瓦进行卡装后捆扎。也可以采用聚氨酯等保温弹性体材料进行保温层浇注成型。

⑤ 预制防水层。补口采用的普通硬质聚氨酯保温材料，采用现场发泡整体成型或预制半瓦扣装，一般称之为干式保温层，因为其高的吸水率，需要增加防水层。防水层主要采用热收缩套烤制黏结。如果采用湿式保温层，如弹性体材料，则不需要防水层。

⑥ 节点补口填充。做完保温后的节点剩余环形凹槽，采用可以浇注的高密度材料进行填充，填充采用现场浇注进行施工。

8.3.2 双重保温管道补口

双重保温管也称为钢套钢保温管，在海管中属于比较特殊的一种结构形式，由工作管、保温层和钢套管组成，分为内滑动式和外滑动式。目前以外滑动式为主，工作管和外套管之间安装有滑动支架。海管应用中以钢套管作为配重层和外护层，代替混凝土层。

（1）补口层结构形式

双重保温管区别于混凝土配重管，以外套钢管起到配重层作用，所以补口层结构完全异于常规涂层。一般外管是焊接密封的，所以内管外表面不需要进行防腐处理。一般的补口结构形式为（图8-13）保温层、耐高温棉、钢套管、防腐层、热收缩带。

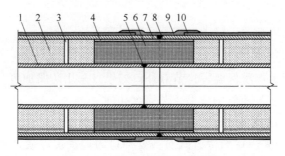

图8-13 双重保温管补口示意图

1—工作管（钢管）；2—保温层；3—支架；4—耐高温棉；5—工作管焊缝；
6—补口保温层（保温瓦）；7—外套管（钢管）；8—外套管焊缝；9—热收缩带；10—防腐层

（2）补口工艺流程

双重保温管的工作管通过外套管与所工作的外部环境隔绝，减少了工作管外表面的腐蚀。在管道涂层涂装和配置过程中，工作管外表面经过除锈清灰处理一般不涂装涂层，外套管因为接触外部腐蚀环境，需要进行防腐处理。所以其补口工艺的特殊性在于，工作管不需要进行防腐补口，工艺流程如图8-14所示。

① 工作管补口前处理。焊缝检测，补口节点区完成除锈清理。

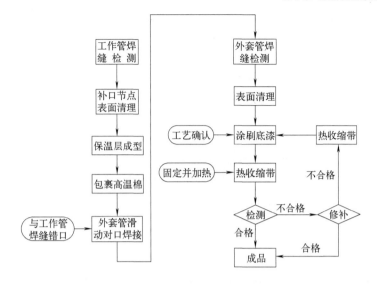

图 8-14　双重保温管补口工艺流程

② 保温涂层预制。聚乙烯管壳包裹涂装节点区形成空腔，注射保温材料发泡形成保温层。也可采用按照管径和节点区长度预制的保温半瓦进行扣合并捆扎，或者缠绕无机保温材料完成保温层。涂装在陆地海管预制基地或铺管船完成。

③ 高温棉缠绕。节点区域补口完成，外套管进行焊接，防止焊接热影响保温层或火焰灼烧涂层，采用耐高温棉对成型保温层进行缠绕包裹并固定。

④ 外套管焊接。内补口外衬高温隔离层后，外套管滑动并对口，特别注意对口位置错开工作管焊口，然后进行焊接。焊接完成后对焊缝进行检测、清理，对预留光管区进行除锈清灰。

⑤ 热收缩套（带）补口。在外套管的焊接预留区涂刷防锈底漆，安装热收缩套（带），明火热烤后收缩搭接，熔融胶层进行黏结，并辊压平整形成防腐补口层。

8.3.3　湿式保温管道补口

深海管道敷设中，由于外界环境急剧变化，普通的聚氨酯保温管道已经难以适应，因此湿式保温管（聚氨酯复合涂层体系、聚丙烯复合涂层体系）是我国未来海底保温管道技术的发展方向。湿式保温层补口材料可以选用实心苯乙烯、复合聚氨酯、复合聚丙烯等。

（1）补口层结构形式

采用与管本体相同的保温材料进行补口，层间结构一般为底漆（或热收缩套）

和湿式保温层（图 8-15）。

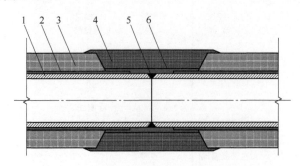

图 8-15　湿式保温管节点补口结构示意图
1—钢管；2—防腐层；3—湿式保温层；4—湿式保温补口层；5—焊缝；6—补口漆层

（2）补口工艺

对于湿式保温管，涂层结构非常简单，所以补口的层间结构简单，但补口工艺[12]却因为材料的特殊性需要满足设计要求（如聚氨酯弹性体）。

① 焊缝修磨，焊接节点区除锈、清洁清理，完成准备工作；

② 刷涂厚度为 70～90 mm 的双组分聚氨酯底漆；

③ 涂装前预热。使用感应线圈对补口节点区进行预热，安装开合式补口模具；

④ 使用低压聚氨酯浇注机从模具底部浇注口浇注补口材料；浇注 5～6 min 后，接头涂层硬度达到邵氏 A80°；

⑤ 移除模具，并清理管端和检验接头。此方法操作较为复杂，但补口效果较好。

8.4　海底管道保温层补口技术应用

通过对单壁保温管节点补口层进行分析，只要存在混凝土配重层，都需要对节点防腐后进行空腔填充，而填充材料多选用满足水浸泡的高密度材料，如果对节点的保温有更高的要求，还需要复合保温层。其中能够满足海水长期浸泡、满足使用寿命内材料不发生改性的填充材料最为重要。

8.4.1　沥青玛蹄脂补口

我国在海底管道建设初期，除引进国外配重技术以外，节点的补口涂装也引进了沥青玛蹄脂填充技术。

沥青玛蹄脂是一种由沥青、填充物和河沙组成的沥青玛蹄脂结合料，填充于海洋加重管补口段混凝土间所形成的混合料层。其组成特征主要包括两个方面：一是含量较多的粗骨料互相嵌锁组成高稳定性（抗变形能力强）的结构骨架；二是细矿物料和沥青组成的沥青玛蹄脂将骨架胶结在一起，并填充骨架空隙，使混合料有较好的柔性及耐久性。所形成的沥青玛蹄脂层密度达到 1600～1700 kg/m³，具有海底敷设所需的抗压强度和机械强度。沥青玛蹄脂节点保温涂层结构如图 8-16 所示[11]。

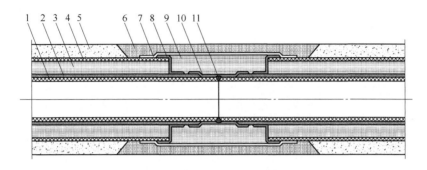

图 8-16　海底单层保温配重管节点补口示意图
1—钢管；2—防腐层；3—管体保温层；4—保温层防护壳；5—混凝土配重层；
6—沥青玛蹄脂浇注层；7—防渗水保护层；8—防水帽；9—保温瓦；
10—热收缩带加补口防腐层；11—焊缝

焊接后的节点防腐层依照涂层要求选用防锈漆、热收缩带或热收缩带加底漆结构，保证密封和黏结要求。

保温层结构采用硬质聚氨酯半瓦结构。节点位置卡箍安装保温半瓦形成整体保温层结构后，接缝发泡并涂抹密封胶，并用镀锌铁丝捆扎。

防腐补口层和聚氨酯保温瓦安装成型后，需要在沥青玛蹄脂层和半瓦层之间安装保护层，以防水渗透破坏保温层和补口防腐层造成保温失效，可采用耐高温的补口胶带裹缠完成。

沥青玛蹄脂的浇注要求在已安装的模具内完成，除按照一定配合比完成涂料混配外，还需要加热到 180 ℃才能进行浇注，所以保护层必须耐高温。浇注模具可选用一次性镀锌铁皮或者多次重复使用的刚性模具。

（1）沥青玛蹄脂材料性能指标[13]。

① 沥青玛蹄脂组成。

由沥青、填充物（石灰石）、骨料（河沙）组成，基本成分如下：

　　　　沥青（R85/25）　　占总质量的 15%
　　　　填充物（石灰石）　占总质量的 17%
　　　　河沙（中粗砂）　　占总质量的 68%

② R85/25 沥青。

应为氧化沥青，特性符合 BS3690：PT2，物理特性见表 8-4。

表 8-4　R85/25 沥青的物理特性

特征	要求值 最小	要求值 最大	参考标准
密度（25℃）/（g/cm³）	1.01	1.06	BS4147
软化点"环与球法"/℃	80	90	BS2000-58
渗透 0.1mm（100g/5s，250）	20	30	BS2000-49
闪点/℃（克利夫兰开环法）	250	—	BS2000，PT403

③ 填充物。

应为工业级别的矿物聚合物，无结块和其他杂质，要求粒度和杂质符合 BS 594：PT2。

颗粒尺寸如下：

　　　　通过 0.250 mm 筛　　100%（质量分数）
　　　　通过 0.075 mm 筛　　75%（质量分数）

矿物聚合物是经粉碎后外形无角、充分清洗过无杂质的有机物质，符合 ASTM C 136 和 BS812：PT102。聚合物的尺寸如表 8-5 所示。

表 8-5　聚合物尺寸（级配）

筛网尺寸/mm	通过率/%	筛网尺寸/mm	通过率/%
6.30	100	1.18	35～55
5.00	90～100	0.6	15～35
3.35	70～90	0.212	5～15
2.36	55～75	—	—

④ 沥青玛蹄脂性能指标。

沥青玛蹄脂的混合比应符合技术规格书的要求；沥青玛蹄脂混合物的物理性能和力学性能应符合表 8-6 的要求。

表 8-6　沥青玛蹄脂的主要性能指标

项目	试验温度/℃	最低要求值	参考标准
冲击	0 25	5 cm 7 cm	SS-7
弯曲	0 25	25 s 30 s	SS-7

续表

项目	试验温度 /℃	最低要求值	参考标准
拉伸强度	0 25	15（kg/cm²） 8（kg/cm²）	SS-7
压缩强度	0 20	650 psi（4.48 MPa） 220 psi（1.52 MPa）	ASTM D695
抗压强度	0 20	> 4.59 MPa > 1.5 MPa	ASTM D695
弹性系数	20	110 psi（0.76 MPa）	ASTM D695
密度	—	（2100 ± 50）（kg/m³）	BS 594：PT2
海水吸水率	15	—	ASTM C642
比电阻	—	—	—

（2）沥青玛蹄脂施工

① 浇注模具准备。

选择厚度为 0.7 mm 的薄铁皮作为制作沥青玛蹄脂填充的空腔模具材料，铁皮不需要二次涂装涂层，一般采用镀锌铁皮。也可按照材料性能选择铁皮厚度，要求能够承受沥青玛蹄脂的胀挤或重量而不发生形变。

在完成补口防腐层（或添加保温层）涂装的管线补口节点处，对环状凹形空腔采用铁皮进行周向卷箍，铁皮外边延伸并包裹在两条混凝土配重层末端，形成一个内腔式的铁壳模具。

卷箍后的模具保持和配重水泥同样的柱体形状，在卷箍过程或成型后防止冲击变形，确保层间的周向均匀度和壳内最大空间。

为防止填充料胀挤模具结合处，要求卷箍后的铁皮在圆周方向的最小搭接量为 225 mm，在混凝土配重层上的最小过渡量为 250 mm。在完成卷箍的周向铁皮搭接处采用点焊焊接牢固，点焊数量以浇注沥青玛蹄脂物料能够保证模具的安全和不变形为准。

在陆地海管预制基地进行预制，因场地足够大，可采用可拆装式模具，对于铁皮模具可采用捆扎而非焊接，或采用可开合加强模具。

卷箍铁皮模具在制作过程中，应以混凝土配重层的外径为准，成型后的模具空腔内直径应与配重层外径一致，所以在模具成型过程中或完成两端的铁皮应紧箍在配重层外表面，中间段应与两端铁皮的卷合量一致，所以自始至终，模具要求处于箍紧状态。

为方便注入沥青玛蹄脂，需要在模具的顶端开一个尺寸约 200 mm × 120 mm 的注料孔，开孔尺寸也可以根据施工要求进行调整。注意开孔后的模具如果不进行施工，需要用遮盖物遮蔽入料孔，防止异物落入。

② 沥青玛蹄脂的浇注。

在浇注前任何一个环节，包括原材料选用、混合、加热、浇注等，沥青玛蹄脂中不能有油、水和其他污物。

沥青玛蹄脂物料浇注前对温度控制有要求。沥青玛蹄脂的加热温度不能超过材料特性所要求的熔点，须采用可精确控温的加热炉对沥青玛蹄脂进行加热，以精准地控制炉内加热物料的温度。

当加热炉温度降到140℃以下或关闭时，沥青玛蹄脂物料在炉内的持续放置时间不得超过6 h。在加热炉内持续放置时间超过12 h的沥青玛蹄脂不得使用。

浇注过程中，沥青玛蹄脂料温须维持在（190±10）℃，所以物料浇注过程中应缩短工作时间：一为防止料温发生大幅度变化，二为降低补口的工序时间。

当沥青玛蹄脂加热到预定温度时，将热的沥青玛蹄脂注入模具并充满，并用合适的机械振荡器震动，防止沥青玛蹄脂中的空气形成气孔和空洞。

从模具顶部的注料孔处观察沥青玛蹄脂，防止在固化过程中产生杂质和收缩现象。

浇注完成后，填补注料孔，并用金属片封盖模具顶端的注料孔，防止沥青玛蹄脂料溢出。封盖金属片焊接时要求与模具外表面齐平。

③ 冷却。模具填充沥青玛蹄脂工作完成后，用冷却水对整个模具进行喷淋冷却，然后铺设下水。

（3）沥青玛蹄脂补口技术缺点

① 补口技术采用的沥青玛蹄脂材料和施工工艺对海上环境影响很大；

② 补口材料沥青玛蹄脂含有致癌成分，未终凝，对水有污染，有毒，不符合环保要求；

③ 施工工作条件差，速度慢，熔化炉易出故障，能源消耗高，烟雾气味很大，污染严重；

④ 施工过程需要加热，施工温度达到180～200 ℃，会产生较大烟雾和气味，高温料还容易烫坏接头部位防腐层（保温层端部防水帽，防腐补口带），还可能烫伤施工人员或引发火灾；

⑤ 补口材料强度低（1.5～5 MPa）；

⑥ 目前在国内外海管的补口作业中已经禁止使用，如果必须采用，需要在设计和使用时特殊考虑；

⑦ 而采用铁皮包裹补口节点，所处的位置恰好是管道环向焊缝处，其包裹的空间会形成电流屏蔽效果，也是设计单位需要考虑的设计因素之一。

8.4.2 高密度开孔聚氨酯补口

因为沥青玛蹄脂材料及其施工工艺的种种缺陷，越来越多的国外海底管道工程已不再采用这项补口技术，转而采用高密度开孔聚氨酯泡沫作为补口材料对混凝土配重层焊接节点处空腔进行填充。2006 年，我国中海油基地集团油田建设管道分公司与天津爱德化工有限公司合作，研制出了新型高密度开孔聚氨酯补口材料，开发出了相应的补口施工工艺，并成功应用到了锦州 21-1 和康菲项目等海管现场补口工程。接口速度为 3 min/ 个接头，开孔聚氨酯泡沫的平均密度为 205 kg/m³，一次合格率100%，为国内首创[14]。

高密度开孔聚氨酯节点补口的结构与沥青玛蹄脂完全一致（图 8-17）。所采用的高密度开孔聚氨酯，对比沥青玛蹄脂而言无环境污染，无高温浇注。

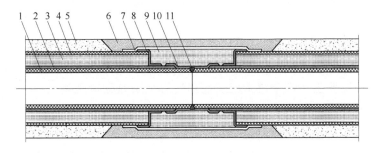

图 8-17　高密度开孔聚氨酯补口[11]
1—钢管；2—防腐层；3—管体保温层；4—保温层防护壳；5—混凝土配重层；
6—高密度开孔聚氨酯泡沫层；7—防水保护层；8—防水帽；9—保温半瓦层；
10—热收缩带补口防腐层；11—焊缝

高密度聚氨酯浇注，在模腔内，可采用机械发泡或人工搅拌发泡，操作时间短（4～5 min 内完成一个补口作业）。

模具设计精度高与节点空腔贴合紧密，发泡料可以填满节点空腔，且制品不收缩，与混凝土配重层结合紧密，强度高，整体性好，并能满足理想化的平滑过渡，防止拖拽而产生巨大阻力。

如果节点补口段无保温层时的温降不足以影响到管道的整体运行时，也可以采用高密度开孔聚氨酯整体浇注涂层结构。采用防水补口结构形式和材料（如热收缩带）完成节点防腐层涂装，在不安装保温层以及保护层的情况下，直接安装发泡模具，在节点防腐层外直接灌注开孔聚氨酯发泡料形成高强度层，节点涂层结构只有补口防腐层和开孔聚氨酯涂层（图 8-18）。

（1）开孔聚氨酯泡沫

聚氨酯泡沫塑料的泡孔有开孔、闭孔之分。绝热用硬泡，基本上是闭孔结构，开孔的泡孔一般仅占泡孔总量的 5%～10%，即闭孔率为 90%～95%。这种泡沫

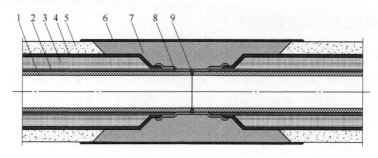

图 8-18 高密度开孔聚氨酯补口一体化[15]

1—钢管；2—防腐层；3—管体保温层；4—保温层防护壳；5—混凝土配重层；
6—补口铁皮；7—开孔聚氨酯泡沫层；8—补口防腐层；9—焊缝

塑料称为闭孔型硬泡。开孔结构是由于在反应过程中，温度和压力的迅速提高破坏了泡沫中的泡孔壁所致。开孔泡孔所占比例大小，对泡沫的热导率、透湿性、尺寸稳定性等性能均有一定的影响。所以开孔率（闭孔率）是一项重要的指标。

开孔聚氨酯泡沫的原材料由多异氰酸酯、聚醚多元醇和助剂组成，具有高抗压强度，满足环保要求，便于海上施工使用。海上聚氨酯填充通过高压发泡机向铁皮模具固定形成的环形空间中注入双组分原料[16]。

（2）高密度开孔聚氨酯材料的主要特点[15]

原材料为 100% 无溶剂的双组分料，不含易挥发性溶剂，在施工前的预热、搅拌等前期准备工作中，对人体无害，也不会污染环境。

采用高压发泡机等专用设备，材料混合均匀，固化反应速度快，其废弃物不会对海洋环境造成污染，制品长期运行过程中也不会引起海洋环境污染，完全符合海洋环保要求。

材料的性能完全能够满足海底管道铺设施工的要求：强度高（>1.76 MPa）、密度小（<222 kg/m³）、开孔率高（80%～95%），吸水后的密度>1000 kg/m³。

采用水作为发泡剂，完全可以取代氟利昂等破坏大气臭氧层的发泡剂，不但降低了生产成本，又符合大气环境保护要求。

开孔聚氨酯材料以及制品的技术指标见表 8-7。

表 8-7 高密度开孔聚氨酯材料技术指标[15]

项目	密度/(kg/m³)	抗压强度/MPa	开孔率/%
技术指标	127.00～222.00	>1.76	>70.00

（3）技术工艺主要特点

可有效地缩短海底管道铺设施工时间。因材料的优异性能，可以在机械发泡方式和人工搅拌发泡两种方式中进行选择，现场操作方便，施工过程简单，施工时间短，可在 4～5 min 内完成一个补口作业。

材料预热只需要较低的温度（30～40 ℃），以保证物料在发泡前良好的流动性，并缩短材料熟化时间。

如果采用高压无气发泡技术，材料的混合度更加均匀，发泡时间也会大大缩短。

双组分料固化前具有非常好的流动性，可以完全迅速地充满补口节点空腔，不会出现因腔内高低差而出现的填不满补口空间的现象。

熟化后的聚氨酯制品不产生收缩，可以与混凝土配重层牢固黏结，并且填充空腔后产品的整体性非常好，不会有开裂、局部脱落现象的产生。

聚氨酯泡沫补口技术的现场施工成本较低，与沥青玛蹄脂的施工成本相当。

（4）聚氨酯补口特征数据[15]

采用高密度开孔聚氨酯补口的基本特征与沥青玛蹄脂完全相同，这主要由海管涂层的基本结构形式所决定。其特征数据见表 8-8～表 8-10，分别应用于单防腐层加重管，单壁加重保温管。

表 8-8 单层防腐加重管补口结构形式特征数据

涂层名称	层 位	结构数据	备 注
防腐层	钢管外	厚度≥1.5 mm	根据防腐层等级要求
高密度开孔聚氨酯泡沫层	防腐层外	厚度同混凝土层，密度≥160 kg/m³	采用开孔聚氨酯材料
镀锌铁皮	泡沫层外	0.7 mm 或满足聚氨酯强度要求	形成发泡料模型空腔

表 8-9 单壁加重保温管补口结构形式特征数据

涂层名称	层 位	结构数据	备注
防腐层	钢管外	厚度≥1.5 mm	根据防腐层等级要求
高密度开孔聚氨酯保温层	防腐层	厚度同保温层加配重层	采用高密度开孔聚氨酯材料
镀锌铁皮	泡沫层外	0.7 mm 或满足聚氨酯强度要求	形成发泡料模型空腔

表 8-10 单壁加重保温管保温填充补口结构形式特征数据

涂层名称	层 位	结构数据	备注
防腐层	钢管外	厚度≥1.5 mm	根据防腐层等级要求
保温半瓦层	防腐层外	厚度同保温层，密度业主指定	—
保护层	保温层半瓦外	厚度≥1.5 mm	可根据业主要求调整
高密度开孔聚氨酯保温层	防护层外	厚度同配重层，密度≥160 kg/m³	采用高密度开孔聚氨酯材料
镀锌铁皮	泡沫层外	0.7 mm 或满足聚氨酯强度要求	形成发泡料模型空腔

（5）开孔聚氨酯涂层成型工艺

因为补口层结构不同，因此补口工艺也有区别，具体见图8-19和图8-20[15]。

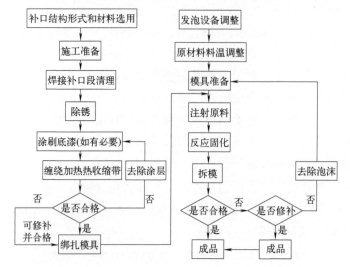

图8-19　高密度开孔聚氨酯（不含保温瓦）补口工艺流程

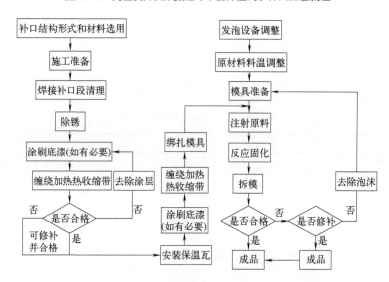

图8-20　高密度开孔聚氨酯（含保温瓦）补口工艺流程

① 表面处理。在铺管船节点处理段完成节点表面的喷砂除锈清理工作，除锈等级达到Sa2.5。

喷砂装置为自动清理机构（图8-21），为可以固定在管道表面的框架式结构，框架在管道表面可以在180°范围内转动，框架上对称布置的两个喷砂头可以在横架上纵向滑动（手动或电控），以覆盖整个需要清理的焊接节点，喷砂清理采用压缩空气，压缩空气的气压要求在0.7～0.8MPa，清理用钢砂自动回收。

图 8-21 焊接节点喷砂装置自动清理机构

② 底漆涂覆。除锈完成后，进行双组分液态环氧涂覆，涂覆前根据材料特性，须对钢管本体和液态涂料进行预热，满足涂料充分混合和涂层厚度、密度均匀的要求。

③ 中频感应加热。双组分底漆涂覆完成后，采用中频加热底漆以达到充分固化，并满足热收缩套安装所需要的温度。要求底漆加热温度 120 ℃，PE 搭接层 90 ℃（三层 PE 涂层）。中频加热感应线圈，采用开合式结构，满足节点防腐快速安装、加热要求。在 2.5～4 min 内完成加热工作。

④ 安装热收缩套。预热完成，按照热收缩套要求安装并烘烤热收缩套，形成完整涂层，针对三层 PE 涂层，PE 侧搭接宽度 50 mm。

⑤ 安装基础保温层。可以选用保温瓦形式硬质聚氨酯在热收缩套外极性扣接，并用镀锌铁丝等捆扎，保温瓦安装时采用密封胶进行密封。保温瓦安装完成后，二次安装热收缩套，热烤收缩密封保温层。

⑥ 开孔聚氨酯泡沫材料填充。安装 0.8 mm 厚铁制模具，浇注聚氨酯泡沫料，原料温度为 28 ℃，浇注压力 8 MPa，浇注流量 1.6 mL/s，浇注时间 26 s（涂层厚度 90 mm），待固化完成拆除模具。

开孔聚氨酯泡沫补口，既可采用机械发泡方式，也可采用人工搅拌发泡方式，可有效地缩短海底管道铺设施工时间。

（6）开孔聚氨酯与沥青玛蹄脂补口技术的对比评价

对高密度开孔聚氨酯补口技术与沥青玛蹄脂补口技术从技术性能以及适用性、经济性等方面进行对比评价[15]，见表 8-11。

表 8-11 高密度开孔聚氨酯补口技术与沥青玛蹄脂补口技术在性能和适用性等方面的对比

对比项目	高密度开孔聚氨酯补口技术	沥青玛蹄脂补口技术
在线耐压强度	可耐 2.00 MPa 以上（低于 100 ℃），回弹性较好	可耐压 1.2 MPa（20 ℃），易压裂
填充状况	饱满	不饱满
填充状况的可检性	可拆模检测	不可拆模检测

续表

对比项目	高密度开孔聚氨酯补口技术	沥青玛蹄脂补口技术
填充时间	共 5 min	超过 10 min
凝固时间	3～5 min，无须冷却	＞1 h，须大量水冷作业
通过托管架情况	完全固化，可安全通过	未凝固，钢护套和玛蹄脂易脱落
预熔化	不需要	需要较长时间，停工后再开工也需要很长时间
施工温度	室温	200 ℃以上
保温性能	具有较好的保温性能，节约能源	保温性能差，介质热损失较大。能源浪费
环境保护	惰性材料，无毒，不污染环境和危害人体健康	污染环境。有毒，危害人体健康
操作性能	无须加热，机械注射完成，操作方便，施工效率较高	需加热，需人工填充，效率较低。操作较为不便，施工效率一般
设备	小集装箱，高压发泡机，填充枪等	一个沥青马蹄指熔炉
设备占地情况	只需用一个小集装箱，占地面积适中，移动方便	需要一个很大的沥青玛蹄脂熔化炉，设备和原材料占地面积大
安全保障	化学反应过程无须加热，安全性较高	沥青玛蹄脂加热易燃，加热时温度高，存在引起火灾和烫伤操作人员的风险
发展前景	国外越来越多的项目采取这种补口形式，国内将逐渐采用	正逐步被取代
费用比较	原料价格较高，设备费用较低（后者稍有优势）	原材料价格低，设备费用高

根据表 8-12 可以核算出，100 km 管道补口需用高密度开孔聚氨酯 150 t，而沥青玛蹄脂约需 1600 t。通过比较分析，新型高密度开孔聚氨酯补口技术在技术性能以及适用性、经济性等方面都比沥青玛蹄脂补口技术有优势[15]。

表 8-12 高密度开孔聚氨酯补口技术与沥青玛蹄脂补口技术在经济性方面的对比

对比项目	高密度开孔聚氨酯补口技术	沥青玛蹄脂补口技术
填充原料	材料费约 550 元	材料费约 330 元
外护套用量	1.72 m^2	1.72 m^2
填充原料的运输费	较低，假定为 1	相对前者为 10
填充原料的储存	桶装，有利储存	散装，不利于储存
填充原料储存费	较低，假定为 1	相对前者为 10
填充原料的海运费	较低，假定为 1	相对前者为 10
人工费	相当	相当

续表

对比项目	高密度开孔聚氨酯补口技术	沥青玛蹄脂补口技术
用电量	20～40 kW（间歇操作）	500～1000 kW（需连续操作）
设备维护费	极少	较多

注：以填充一个接头为例，钢管直径406 mm，补口长度760 mm，补口厚度为80 mm。

目前，新型开孔聚氨酯补口技术已经过多次工艺试验，并在陆地（包括滩涂）管道补口作业中得到了应用，完全具备用于海底管道补口作业的条件。

8.4.3 聚氨酯弹性体保温体系补口

采用聚氨酯弹性体保温体系成型的海洋管道属于湿式保温单壁管一类，是目前我国已经开发完成，并能够成功应用的海管涂层类型之一[12]。对于这类弹性体涂层，可以采用同材质的弹性体材料对焊接节点进行补口填充。海油工程已经研制完成相关材料和可整管成型装置及其工艺，以及补口装置及其工艺。

聚氨酯弹性体包含实心体聚氨酯、有机粒子或无机粒子复合聚氨酯，成型涂层可以直接浸泡在海水中使用，又称为湿式保温材料。涂层的强度和刚度，在铺管或者拖拽过程中能顺利通过托轮和托管架，不会因挤压而出现破损、变形。

为满足流体保温要求，可以采用节点防腐保温复合结构，首先安装聚氨酯保温瓦，然后用不发泡聚氨酯材料进行灌注，可以完全填满节点，并满足密封防水要求，不需要外涂覆密封防水层。所以其补口结构可以设计为"补口防腐层（FBE层或热收缩带层）+聚氨酯泡沫瓦+浇注聚氨酯弹性体"结构（图8-22[17]）。因为聚氨酯弹性体不会发生水渗透现象，可以直接浸泡在海水中，提升了防水保温性能。

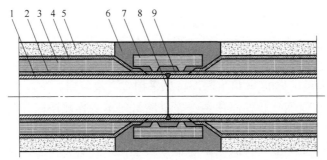

图8-22 新型海底单层保温配重管节点补口技术应用研究（保温瓦加弹性体）
1—钢管；2—防腐层；3—管体保温层；4—保温层防护壳；5—混凝土配重层；
6—聚氨酯弹性体保温层；7—PUF保温瓦；8—焊缝；9—补口防腐层（FBE）

聚氨酯弹性体为双组分涂料，浇注时首先采用筒形铁质模具包裹节点部位，而模具上要求预留浇注、排气口等。采用低压浇注机浇注，待模固化后脱模。

上述复合涂层结构中保温瓦的最大抗压强度为 0.5 MPa，在深水区应用时容易造成挤压变形失去保温效果。并且采用保温瓦结构，在铺管船有限的作业空间内，造成工作效率低下。聚氨酯弹性体吸水率低，不会造成导热系数因吸水发生变化，所以当主管道保温层性能可以弥补节点全采用弹性体的热损时，可以取消保温瓦。此时，节点补口整体涂层结构可以简化为"防腐补口层＋聚氨酯弹性体"结构（图 8-23）。节点补口通过模具浇注聚氨酯弹性体一次成型，整体工艺更为简单。

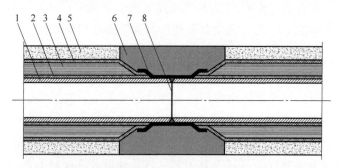

图 8-23　新型海底单层保温配重管节点补口示意图（热收缩带加弹性体）[17]
1—钢管；2—防腐层；3—管体保温层；4—保温层防护壳；5—混凝土配重层；
6—弹性体保温层；7—补口防腐层；8—焊缝

（1）材料性能及特点

① 不发泡聚氨酯复合保温体系将保温和防护作用合二为一，从而使海管性能保持连续一致性。该技术可以采用中空微球作为填料与聚氨酯弹性体复合，利用微球实现体系的保温性能，复合保温体系具有优异的韧性，强度可满足抵抗海洋静水压力的要求。

② 根据添加空心微球的类型，聚氨酯复合涂层体系可分为有机空心聚合物复合聚氨酯涂层（PSPU）和无机空心玻璃微珠复合聚氨酯涂层（GSPU）。

③ 适用的范围从浅海到深海，对现用的各种口径的海管均适用，300 m 以内的浅水系列采用聚氨酯与聚合物微球复合体系，300 m 以上深水系列采用聚氨酯与玻璃微球复合体系。1500 m 以上深海可以采用实心聚氨酯。

④ 不发泡聚氨酯复合保温体系受聚氨酯材料本身性能所限，其使用温度不超过 115 ℃。

⑤ 不发泡聚氨酯复合保温体系的难点在于，一方面要提高聚氨酯材料的力学性能，以抵抗海洋中海流等因素的破坏；另一方面要降低聚氨酯复合体系的海水渗透能力，而聚氨酯本身含有很多极性基团，属于容易吸水的材料；同时还要提高聚氨酯的耐温性能，耐温性能也是聚氨酯材料的弱点之一。

（2）材料及其产品性能指标

不发泡聚氨酯补口材料的产品特性按照要求与管本体一致，所以其性能特性值完全取自于管本体材料。材料性能及产品性能见表 8-13～表 8-16。

表 8-13 聚氨酯复合涂层保温产品主要性能指标

产品	涂覆方法	最高工作温度 /℃	最大水深 /m	密度 /(kg/m³)	导热系数 /[W/(m·K)]	比热容 /[kJ/(kg·K)]
实心聚氨酯	模制	100	3000	1150	0.195	1800
PSPU		110	250	700	0.1～0.12	1700
GSPU		110	3000	780～850	0.145～0.165	1700

表 8-14 聚氨酯复合保温原材料性能指标

原材料	黏度（25℃）/(MPa·s)	密度 /(kg/m³)	混合比
异氰酸酯（ISO）	100～200	1210	1
聚醚多元醇（PLO）	20000～35000	560～600	1.57

表 8-15 聚氨酯复合保温材料性能检测要求

项目	密度 /(kg/m³)	导热系数 /[W/(m·K)]	抗压强度 /MPa	吸水率 /%	硬度（邵氏 A）/(°)	拉伸强度 /MPa	比热容 /[kJ/(kg·K)]
技术要求	600～800	<1.5	<5	<3	88～94	>3	1.70
检测方法	ISO2781	BS874	ASTM D624	ASTM D471	ISO 868	ISO 37	ISO 11357.4

表 8-16 补口层性能检测

项目	总传热系数 /[W/(m²·K)]	保温层与FBE层黏结力 /(N/mm²)	抗静水压强度 /MPa	全尺寸剪切强度 /(N/mm²)	热老化（80℃, 28d）		
					断裂伸长率变化率 /%	拉伸断裂强度变化率 /%	硬度变化率 /%
技术要求	<3	5	2.5	5	≤-20	≤-20	≤-10
检测方法	GB/T 4272 GB/T 8174 CJ/T 140	ASTM D76	海油	海油	DIN 53504		

（3）弹性体补口浇注设备[18]

对于深水 GSPU 湿式保温而言，节点补口适宜选用聚氨酯弹性体常压浇注技术。并且对施工质量\施工效率和施工综合成本影响最为关键的就是节点补口浇注模具设备。

① 弹性体浇注模具设计要求。浇注模具需要采取相应的加热保温措施。为提

高海管敷设效率，需要缩短每一个工作节点的时间，而占用时间最多的就是补口。所以模具设计要求浇注的材料能够在浇注模具中快速固化，即浇注原料能够在模具内及时、充分反应，一般要求设计采用外加热装置。

模具模腔设计合理，箍抱管本体涂层和闭合后与本体涂层接触面采用密封条结构，防止浇注料反应前的液态料泄漏。

补口工作为连续作业，为确保铺设管线顺利通过铺管船送管张紧器，模具型腔需要设计与补口节点处外径一致，并且尽量设计整体模具升降装置，以确保补口节点顺利通过，并完全被模具型腔包裹。设计浇注的模具要求开合、安装、浇注、拆模快捷省力，以缩短工序时间。

② 补口设备。节点补口采用浇注方式，模具结构由模具主体、气压传动系统、加热保温系统和底座四部分组成（图8-24）。

模具主体由开合式的三部分组成，由底部半圆结构和上部对称的1/4圆采用铰链形式拼接。上部开合，方便管子通过和拆模。模具内部为内径等于管本体涂层外径的圆形型腔结构（因弹性体材料固化后的收缩特性，建议设计时型腔内径大于涂层外径3～5 mm）。

图8-24　补口浇注模具三维视图

型腔长度大于焊接节点补口区内端面净尺寸200 mm以上，并安装环形密封结构，模具开合各部分铰链区和上部合模端面均设计条状密封，以确保合模后液体料不泄漏。

液体材料在浇注后，材料中含有挥发性气体，需要在上半合模区设3～4组排气孔。

为方便合模，采用气缸结构（图8-25），完成开合模的整个过程，增加合模的外紧箍力，减少人员操作难度，有利于施工效率的提升。设计应用中，建议采用液压开合机构。

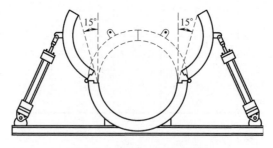

图8-25　模具张开角度示意图

加热保温系统主要包括伴热带、温度传感器和测控系统三部分，其中伴热带分别贴合在模具的三拼式模具主体上，对模具按指定温度进行加热并保温。

随着海洋油气资源的开采，海管口径不断增大，混凝土配重层的厚度也逐渐增加，在采用高密度聚氨酯技术对大管径厚混凝土配重层接头填充时，高密度聚氨酯泡沫反应需要的熟化时间较长，泡沫强度增长缓慢，满足铺管强度需要的时间较长，成为制约海上铺管施工效率的主要因素之一，有必要针对高密度聚氨酯原料、施工工艺开展研究，在满足配重层填充质量的前提下，提高施工效率，进而降低铺管成本。

8.4.4 闭孔聚氨酯泡沫补口

硬质聚氨酯泡沫的导热系数可以满足管道流体输送的保温要求，在海洋的节点补口中，可以增加其作为保温材料层以满足补口要求，但与开孔等聚氨酯泡沫一样存在吸水率高等缺陷，无法单独满足保温的要求。而高闭孔聚氨酯泡沫层在水浸泡环境其强度及其保温效果均能够满足要求。可以采用硬质聚氨酯保温层复合闭孔聚氨酯保温层补口结构[19]。

复合结构等同于常规补口结构层（图 8-26），外填充采用了闭孔聚氨酯泡沫，因为复合了普通聚氨酯泡沫层，所以保温效果好，但由于保温层和防水保护层的存在，又增加了工序复杂性，延长了管道敷设时间。

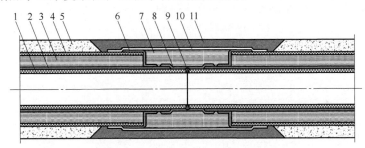

图 8-26　高强聚氨酯泡沫节点补口示意图

1—钢管；2—防腐层；3—管体保温层；4—保温层防护壳；5—混凝土配重层；6—防水帽；
7—聚氨酯半瓦；8—补口防腐层；9—焊缝；10—防水保护层；11—闭孔聚氨酯泡沫填充层

根据对材料和试验管段的检测，闭孔聚氨酯泡沫密度为 $160\sim 220\ kg/m^3$，并且在 $0.6\sim 0.62\ MPa$ 的静水压下，未见泡沫层破损（强度满足）和吸水现象（所以导热系数未发生变化，满足保温要求），并且与热收缩带层以及混凝土配重层之间黏结紧密。但在水深 60 m 左右，容易破坏保温瓦，所以可以简化节点防腐为一体化结构："节点防腐补口层 + 闭孔聚氨酯泡沫层"（图 8-27），闭孔聚氨酯泡沫层为一体化浇注结构，与混凝土配重层结合紧密。满足 ≤ 60 m 水深要求，闭孔聚氨酯泡沫填充材料在 0.60 MPa 水压下，仍表现出优良的低吸水率，且材料导热系数较低。因此，可考虑海底单层保温管节点施工中不使用硬质聚氨酯保温半瓦。

采用闭孔聚氨酯泡沫一体化结构，可满足节点保温要求，同时可省去安装保温半瓦和保护层等工序，施工成本进一步降低，并且提高了铺管效率。

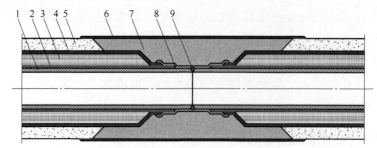

图 8-27　高强聚氨酯泡沫节点补口示意图

1—钢管；2—防腐层；3—管体保温层；4—保温层防护壳；5—混凝土配重层；6—补口铁皮；
7—高强闭孔聚氨酯泡沫填充层；8—补口防腐层；9—焊缝

8.4.5　耐高温保温层补口

节点防腐层设计要求满足对于主管线温度 ≥ 85 ℃的设计要求，采用聚丙烯补口带，其耐温达到 120 ℃以上。

为杜绝保温半瓦与主管保温层以及节点防腐层因为空隙的存在，在 85 ℃以上运行时，因热胀作用造成保护层脱落，采用整体浇注耐温高密度聚氨酯进行发泡（密度 700 kg/m³），确保浇注层与原泡沫保温层的化学锚接（无防水帽结构，图 8-28），防止空洞和间隙产生，提升防水渗透能力。

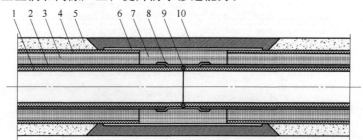

图 8-28　海底单层保温配重管节点补口示意图（高密度聚氨酯半瓦，无防水帽）

1—钢管；2—防腐层；3—管体保温层；4—保温层防护壳；5—混凝土配重层；6—耐高温聚丙烯
热收缩带；7—高密度聚氨酯填充（700 kg/m³）；8—聚乙烯热收缩带（2.5mm）；9—焊缝；
10—高密度聚氨酯半瓦填充

外部高强保护层可以采用高密度聚氨酯泡沫瓦进行卡装、密封以及接缝间发泡形成一个整体，并用捆扎方式固定。

上述结构，避免了沥青玛蹄脂所造成的污染，也满足了节点补口的整体承压效果，但在实际运行中，因为接缝的存在，在无防水帽的情况下，会发生水渗透现象，并且采用高密度聚氨酯泡沫半瓦，与混凝土配重层的过渡不平滑，采用外部捆扎，在管道拖拽等滑移过程中，容易造成节点层破坏。

为防止无防水帽结构而造成管道主体保温层进水，也可在同结构下，采用主体保温层防水帽的结构[19]（图 8-29）。

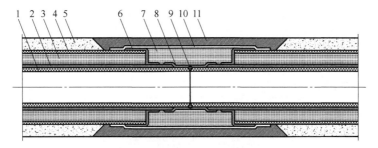

图 8-29　海底单层保温配重管节点补口示意图（高密度聚氨酯半瓦）
1—钢管；2—防腐层；3—管体保温层；4—保温层防护壳；5—混凝土配重层；
6—防水帽；7—高密度聚氨酯填充（700 kg/m³）；8—耐高温聚丙烯热收缩带；
9—焊缝；10—聚乙烯热收缩带（2.5 mm）；11—高密度聚氨酯半瓦填充

8.4.6　实心苯乙烯补口

2009 年，Bredero Shaw 公司成功开发新型苯乙烯管道保温系统（Thermotite® ULTRA™）。新型苯乙烯管道保温体系共由 5 层组成，其中防腐层由底层的熔结环氧粉末底漆、改性黏结剂层和实心苯乙烯面层构成（图 8-30）。保温层是在三层防腐结构上，挤出成型一定厚度的发泡苯乙烯保温层。最后，在保温层外面包覆一层耐磨防护外壳[20]。

苯乙烯管道保温体系具备传热系数 U 值低、坚固耐用、适合水域深、适合不同海上铺管方式的特点，在某些特殊环境可以替代聚氨酯、聚丙烯等多层保温体系，由于减薄了海底管道保温层厚度，可以降低安装成本，经济上也有优势。

图 8-30　Thermotite® ULTRA™ 现场焊缝补口[21]
1—熔结环氧粉末底漆；2—ULTRAbond 黏结剂层；3—实心苯乙烯保温层

针对上述新型苯乙烯管道保温体系，需要采用实心苯乙烯进行焊接节点的补涂（补口），其补口施工步骤如下。

（1）焊接节点表面处理

补口部位钢管表面采用自动喷砂（自动回收）机进行喷砂清理，要求金属表面达到 Sa2.5 近白金属除锈等级，并清理浮尘等达到要求的表面清洁度。

（2）搭接保温层处理

采用钢丝刷等机械形式，打毛工厂预制的焊接管道本体苯乙烯保温层两端，打毛长度要求为 50 mm 左右。

（3）节点加热

用在线感应加热装置使补口部位钢管表面温度迅速升高至 240 ℃（图 8-31）。

图 8-31 补口部位感应加热

（4）涂层涂覆

在温降范围内，迅速喷涂熔结环氧粉末底漆，要求最小厚度 125 μm，以保证节点的有效防腐。在环氧粉末胶化状态下，涂敷苯乙烯黏结剂，要求厚度约为 150 μm，并在要求温度下确保环氧粉末底层与苯乙烯保温层之间的黏结。

（5）保温层灌注

加热管道本体的苯乙烯保温层两端的斜切面，定位苯乙烯注塑模具在补口区域中心位置，闭合模具，采用专用浇注机在节点和模具空腔内充分注满热熔的苯乙烯补口材料。

（6）降温定型

苯乙烯注塑模具冷却后开启模具，并用冷却水进一步急冷降温，定型后形成苯乙烯节点预制保温层（图 8-32）[21]。

图 8-32 注塑完成打开模具

灌注模具设计要求满足管本体预制保温层补口的保温层厚度（约 8 mm），补口两侧与管本体保温层的搭接长度要求分别有 50 mm。

新型苯乙烯保温管道现场补口与工厂预制苯乙烯保温层熔合成一体，补口保温层具备优异的性能特点（表 8-17），可以适用包括卷管式铺管法在内的各种安装方法，并满足管道深水铺设要求。

表 8-17　新型苯乙烯（Thermotite® ULTRA™）现场焊缝补口性能[21]

适用能力和性能	Thermotite® ULTRA™
补口苯乙烯材料密度	1000 kg/m³
80℃的热容量（C_p）	1267 J/（kg·K）
20℃的导热系数（K）	0.17 W/（m·K）
20℃的轴向剪切强度	> 10 MPa
模拟使用条件（最高试验温度/压力）	95℃/280 bar
外侧纤维应变（盘管铺管）	0℃应变 3%
适用最大水深	不受水深限制

8.5　海管节点补口建议

① 为提高补口效率，在多种材料及结构可选情况下，须选择工序简单、操作便捷、施工质量高的施工流程。

② 单壁防腐管道，节点优先采用充填料充填平齐结构，保证安装、拖拽时无卡阻现象产生。

③ 混凝土配重管补口前，把混凝土配重层修切为倒角结构，形成梯形空腔，增加填充料与配重层接触面积，加强黏结效果。

④ 单壁保温管管线运行过程中，为防止节点处局部失温，建议采用保温填充结构。

⑤ 单壁保温管补口层必须与混凝土配重层齐平。其目的：一是为防止管线在补口节点处因管径的突然变化，造成铺管过程中的机械损伤，或在通过托管架的滚轮时卡住；二是加强接口防腐层的机械保护，以提高防腐蚀保护的可靠性；三是使管线刚度保持连续一致，消除在铺管过程中和使用状态下因刚度变化产生的应力集中，导致局部强度损伤。

⑥ 混凝土单壁保温管，建议采用保温和防护一体的弹性体材料，如不发泡聚氨酯复合保温材料，防止海水渗透，破坏采用保温瓦的常规补口结构。

⑦ 开发更加经济的湿式保温材料，以全面替代双重保温管道在海洋中的应用。

⑧ 超过 50 m 水深的管道，避免采用低密度硬质聚氨酯保温瓦结构的补口方式，防止压损、滑移和开裂等现象产生。

⑨ 如果能够满足温度场和保护的要求，尽量采用简单结构涂层。例如补口防腐层加保温层两层结构，可以极大提高铺管效率。

⑩ 填充层复合的补口外层，需要选用抗机械性强的外添加防护层。

⑪ 湿式保温管道，采用防腐加保温层一体式补口结构，湿式保温层端部修切成倒角形式。

⑫ 对于任何单独作为保温层的完全填充材料，如果吸水率高，则必须添加防水保护层。除非采用完全适应湿式条件下使用的保温材料，如实心聚氨酯弹性体等。

⑬ 如果出现补口填充材料与管本体涂层不相容的情况，需选用管本体同种材料进行补口。

⑭ 未提及的聚丙烯及其他保温材料，同样可以作为节点补口填充材料。

⑮ 采用硬质聚氨酯涂层在水深超过 50 m 的海域铺设管道，管本体硬质聚氨酯涂层要求采用喷涂成型方式，并且保温层端面呈锥形密封结构。

参考文献

[1] 国家能源局.埋地钢质管道液体环氧外防腐层技术标准：GB/T 6854—2012［S］.北京：石油工业出版社，2012.

[2] 赵利，武占文，相政乐，等.海底管道节点防腐涂层结构发展概况［J］.石油工程建设，2016，42（1）：7-9.

[3] 中华人民共和国国家质量监督检验检疫总局，中国国家标准化管理委员会.埋地钢质管道聚乙烯防腐层：GB/T 23257—2017［S］.北京：中国标准出版社，2017.

[4] 陶志刚，王龙，赵建国.油气管道外防腐补口技术研究进展［J］.油气储运，2014，33（7）：DOI：10.6047/j.issn.1000-8241.2014.07.002.

[5] 崔成杨，王旭东，鲁振兴，等.三层聚丙烯节点防腐涂层在海底管道中的设计与应用［J］.石油和化工设备，2021，24（6）：118-122.

[6] Det Norske Veritas. Pipeline field joint coating and field repair of linepipe coating: DNVGL-RP-F102-2017［S］.

[7] International Organization for Standardization. External coatings for buried or submerged pipelines used in pipeline transportation systems Part 3: Field joint coatings: ISO/DIS 21809-3: 2016［S］.

[8] 王国兵.新型 3LPP 和 3LPE 热收缩带补口施工技术对比［J］.腐蚀与防护，2017，38（6）：471-474.

[9] 陈海龙，张国庆."无填充材料"新型海底管道现场节点设计［J］.中国造船，2005，

46（11）：434-438．

［10］ 蒋林林，张立军，韩文礼，等．海管配重层补口技术发展现状［J］．全面腐蚀控制，2015（8）：27-28，56．

［11］ 张淑珍，袁振昆．东方1-1气田开发工程外输海底管道现场补口设计［J］．中国造船，2002（43）：274-280．

［12］ 闫嗣伶，蒋晓斌，张晓灵，等．复合聚氨酯海底保温管道试制［J］．油气储运，2012，31（11）：868-876．

［13］ 《海洋石油工程设计指南》编委会．海洋石油工程结构、焊接、防腐加工设计［M］．北京：石油工业出版社，2007：365-366．

［14］ 中国企业管理年鉴编委会．中国企业管理年鉴．2008卷［M］．北京：企业管理出版社，2008：564．

［15］ 刘海超，高国军．海底管道高密度开孔聚氨酯补口新技术［J］．中国海上油气，2006（4）：271-275．

［16］ 中国石油学会石油工程专业委员会海洋工程工作部．海洋石油工程技术论文（第4集）［M］．北京：中国石化出版社，2012：567．

［17］ 赵岑，相政乐，刘进东，等．新型海底单层保温配重管节点补口技术应用研究［J］．海洋工程装备与技术，2020，34（1）：58-62．

［18］ 贾振．GSPU保温管节点补口自动开合浇注模具的开发［J］．海洋工程装备与技术，2016，3（1）：52-57．

［19］ 相政乐，吕喜军，赵利，等．海底单层保温管节点防水密封试验研究［J］．石油工程建设，2012，38（3）：5-8．

［20］ 孔爱民．单层保温配重海底管道接点防护设计和优化［J］．中国海洋平台，2007（5）：49-51．

［21］ Thermotite® ULTRA-FJC™ Subsea Field Joint Thermal Insulation Systems［Z］．Bredero Shaw Product Data Sheet．

第 9 章
海底管道损伤及修复

海底管道的铺设是一个复杂过程,并且管线处在一个恶劣环境中运行,加之所输流体的特殊性,管道损伤的可能性一直存在。与此同时,海底管道泄漏事故风险随着海洋油气工业的快速发展而逐渐增加。

目前,中海油系统内建成海底管道 6000 多公里,既有平台间管道,也有长距离外输管道,担负着年产 5000 万吨的重要任务。相较于陆地管线,海底管道长期暴露于恶劣的海洋环境中,承受复杂的工作载荷、环境载荷及意外风险载荷,失效概率高,一旦发生失效,维修与更换困难。不仅影响正常生产运输,造成巨大经济损失,而且将污染海洋环境,造成生态灾难。如 2007 年涠洲油田 W12-1 至 W11-4 原油管道腐蚀,油田停产近 200 天;2007 年东方 1-1 登陆管道爆裂,气田停产,致使下游化肥厂和居民用气紧张,造成极其不良的社会影响。2022 年 9 月 26 日,北溪-1 和北溪-2 天然气管道破裂,造成 8 亿立方米天然气泄漏。我国自 1995 年以来各种海底管道事故导致的海洋石油产量损失累计达 213 万吨,直接维修费用超过 20 亿。

9.1 海底管道损伤原因

据统计,每 1000 km 海底管道出现管道损伤/泄漏的概率为 0.2%/年。研究表明,第三方破坏、腐蚀、波流冲刷、海床运动、台风、材料焊接/结构缺陷、设计安装不当、操作失误等因素均可导致海底管道失效。对管线受损原因进行分析,有助于选择合理的管道修复方法。

9.1.1 原因分析

管道损伤通常有以下原因[1]:

① 管线设计等原因。例如管线路由设计，未避开地震多发区域；管线选材不当；管线涂层选择不合理；所选材料不适合海水长期浸泡等都会成为管道损坏的隐患。

② 管道施工过程中造成的损伤。管道在施工过程中，发生机械外力损坏、涂层破损、材料变性等而未被及时发现。

③ 外部施工或渔业作业造成的损伤。因为管线路由对外来施工或渔业作业未进行明确的交底，造成海上工程施工、船舶起抛锚作业以及拖网捕鱼等作业过程对海底管道造成破坏。

④ 管线周围土体受冲刷。海管在风浪和海流长期作用下，会对其周围的土体产生冲刷，使得埋设的管线裸露在海底，更严重者产生管线悬空，如果悬空过长，则会对管道产生较大应力，从而造成破坏。

⑤ 运营操作不合理。管线在运行期间极可能存在因操作规程不完善、紧急情况处理不当、安全系统操作失灵等造成管线破坏。

⑥ 落物冲击造成的损坏。落入海底的构件，其尖锐部分接触管线，使得管线局部受力，而过大的冲击力会破坏管道（图9-1）。

图9-1　海底管道冲击破损[2]

⑦ 腐蚀介质的影响。海底管道的腐蚀是不可避免的，因为所输送介质及海洋环境因素都有可能引起海底管道的损伤。

引起管道外腐蚀的海洋环境因素很多，如温度、湿度、光照、海洋大气盐分、海水盐度、含氧量、氯离子含量、海洋生物、海上漂浮物、海流及海浪的冲击、流沙、土壤中的细菌等都不同程度地影响钢管的腐蚀。引起管道内腐蚀的因素包括输送介质腐蚀、管道自身缺陷、出砂严重以及管理不当等。

⑧ 流体振动的影响。浅埋海底的管线，其流体流动时会使管线产生轻微振动，运行时间过久，就会使埋设管线浮出管沟。

⑨ 风浪和海流作用造成的管线振动。使混凝土配重层破坏，并可能导致管线产生疲劳破坏。

⑩ 人为破坏。人为因素主要包括不法分子盗油、海上工程施工、船舶起抛锚作业以及拖网捕鱼等。其中，不法分子故意破坏占了一大部分。

2022年9月26日，俄罗斯向欧洲输送天然气的两大管道北溪-1和北溪-2在同一天内出现泄漏，是迄今为止最严重的海底管道人为破坏事故，泄漏8亿立方米天然气，相当于60万吨的甲烷气体被排放到大气层中，酿成巨大的温室效应。

⑪ 自然灾害。例如地震、火山、冰雹等对海底管道所造成的损坏。

9.1.2 事故统计分析

9.1.2.1 墨西哥湾海底管道

世界海底管道泄漏事故，以墨西哥湾为例，1967—2012年共计45年间，发生泄漏事故共计184起。其中，泄漏量10~49 bbl（桶）事故104起，占比56.5%；泄漏量50bbl以上事故80起，占比43.5%。事故发生率4.0起/年，其中10~49 bbl的事故2.3起/年，50bbl以上事故1.7起/年[3]。

墨西哥湾海底管道泄漏事故的平均海域水深为336.7 ft（1 ft=3.05 m），其中水深100~300 ft、离海岸0~20 mi（1 mi=1.609 km）为事故高发海域（图9-2和图9-3）[3]。

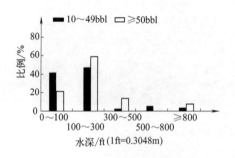

图9-2 墨西哥湾海底管道泄漏事故水深分布　　图9-3 墨西哥湾海底管道泄漏事故离岸距离分布

据统计，导致墨西哥湾海底管道泄漏的原因有外力作用、天气原因、人为失误、外物撞击、井喷、火灾以及设备故障等。外力是指管道系统以外施加于管道上的第三方作用力，这里也包含人为破坏，而天气原因可以引起海浪、地震、飓风等，对管道有一定的作用力，其他包括拖网、船锚、重物等，也容易造成管道的撞击。实际上天气原因、人为失误、外物撞击等都可以归纳为外力作用。设备故障是指整个管道系统或零部件丧失性能而导致管道输送能力缺失，这里的故障包括老化性故障和事故性故障。海底管道泄漏事故往往多因素共同诱发，并且各种致因相互交织。

占比分别为 33.3% 和 34.4% 的外力与设备故障，是引起墨西哥湾海底管道泄漏的主要原因，其次为天气因素和人为失误，分别占 27% 和 4.5%，而撞击、井喷和火灾，则各占 0.3%。

9.1.2.2 中海油海底管道

1986—2016 年的 30 年间，中海油在中国海域共铺设了 315 条总长约 6202km 的海底管道（直径 50.8～762.0 mm）。

据统计，这 315 条已经投入运营的海底管道共发生 51 起事故（截至 2016 年），事故原因主要包括地质（自然）灾害、腐蚀、工程质量、第三方破坏等 4 个方面，其中地质（自然）灾害包括台风、浅层气突出、冲刷 3 种。

图 9-4 为 1986—2016 年间中海油海底管道事故原因占比统计情况[4]。

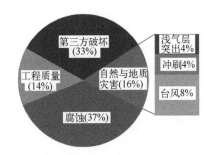

图 9-4 1986—2016 年间中海油海底管道事故原因占比统计

按照不同海域统计所发生的 51 起事故（图 9-5）[4]可以看出，渤海海域没有发生地质（自然）灾害，腐蚀以及第三方破坏则在全海域都有发生，而工程质量事故在东海则没有发生，腐蚀事故发生次数最多的在南海和西部地区。

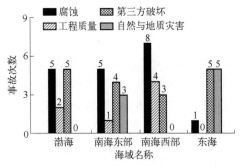

图 9-5 1986—2016 年间中国海油不同海域海底管道事故统计情况

按照不同输送介质分析这 51 起事故，统计的情况如图 9-6 所示[4]。腐蚀事故中，混输管线事故数量最高，为 9 起；其次是原油管道；第三方破坏事故中，天然气管道数量最高，达到 8 起，其次为原油管道。

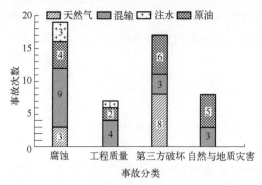

图 9-6 1986—2016 年间中国海油不同输送介质海底管道事故统计情况

据对全球海底管道破裂事故的统计，50%～60%是由第三方破坏导致的[3]，而船舶抛锚作业是第三方破坏的重要原因之一。船锚对海底管道的剐蹭和撞击所造成的损伤有划痕、凹陷、刺穿和撕裂等[5]。2008 年的渤西天然气管道事故就是一起典型的抛锚损伤[3]，该事故导致管道破损泄漏，整条外输管道停产。2009 年 3 月渤海潮西南作业区域渤中 13-1 至歧口 18-1 海底管道被大吨位货船的锚拉断[6]。

9.1.3　损伤分析——单壁配重保温管

某油田 12 寸（1 寸 =3.33 cm）单壁配重保温管道，采用 FBE 防腐层（厚度 400 μm）复合聚氨酯保温层（聚氨酯层厚度 25.4 mm，聚乙烯机械保护层和防水层厚度 8 mm），外部包裹混凝土配重层（厚度 80 mm），管道在运行 9 年后，出现了严重的外部腐蚀，这些外腐蚀 78% 距离焊缝小于 20 cm 内。损伤分析如下。

（1）保温层

保温层（聚氨酯层）内渗入液体，分析得知保温层内部液体成分与海水基本一致，则证明海水浸入夹克层和保温层中。

其基本特征为：在焊缝附近的保温层，受海水浸泡严重，出现褶皱，厚度减薄量大；在距离焊缝较远处，保温层厚度减薄量明显减小，且形貌保持较好。

对防水帽附近的保温层取样进行 SEM 形貌分析发现，保温层表面出现了不规则且深度较大的孔隙，部分孔隙还填满沉积物，沉积物为海水盐类析出物质以及铁锈。

（2）防腐层

在距离焊缝约 13 cm 处的防腐层（液态环氧涂层），出现了颜色改变以及厚度分层的情况：靠近焊缝侧涂层厚度减薄至 10 μm 以下，表明防腐层管端预留部位防腐涂层处理不当，防腐主要靠热收缩带；远离焊缝侧，防腐层颜色和厚度基本满足设计要求，而大量缺陷则位于此交界处。

在管道焊口附近的区域防腐层存在漏点，并且测厚显示接头区域的涂层厚度明显比正常管体小，可见接头部位的防腐涂层缺失或质量较差。

（3）防水帽

防水帽外观出现了不平整现象，存在较多的褶皱、凹凸变形和翘边等缺陷。表明防水帽在长期运行过程中受较大外力作用，引起了形变现象。同时防水帽连接管体保温层部分边缘翘起，为海水的进入提供了通道。

整个防水帽所包裹的管本体和保温层均有大量水分积聚，并且包裹下的保温层变形严重，甚至出现了大量的保温层碎渣。防水帽对焊接接头部位的 PE 夹克层和管体进行包覆，目的是达到密封防水的效果。但高密度聚乙烯 PE 层机械强度高、柔韧性差，而防水帽机械强度较低，包裹后使得整个管段外层机械强度不均匀。并且海管在运输、铺设以及海底牵引过程中，夹克层与防水帽之间不可避免地存在相互作用，从而造成应力集中。同时管道安装时的海水温度与高温流体通过时存在较大的温差，钢管、夹克层和防水帽热膨胀系数不一致，存在温度变化时，伸缩量的不同会造成夹克层、钢管与防水帽之间的应力集中，而夹克层和钢管的机械强度高，防水帽柔韧性较好，防水帽会受力变形甚至破坏。防水帽热熔胶的黏结力未能更好地抵消这种形变应力，带着隐患运行，从而导致渗水现象发生。

进一步观察防水帽补口的热熔胶发现，防水接口处密封不良。由于聚乙烯材料为非极性材料，润湿能力差，难黏，对补口中使用的胶黏剂有特殊的要求。如果防水帽热熔胶的材料特性未能更好地黏结 PE 层和防腐层，并且长期使用的胶黏剂发生老化，造成胶的黏结能力不足以抵消防水帽与防腐层、聚乙烯层之间产生的应力，就会造成补口失效。同时在采用防水帽进行补口的过程中，补口操作人员的技术水平、责任心、操作失误等均会造成海底管道补口段防水帽保护功能的失效[7]。

（4）腐蚀产生

当防水帽出现损伤时，海水通过破损位侵入防腐层和保温层。保温材料聚氨酯泡沫在水的浸泡下呈酸性，对海管有非常大的腐蚀性，因为海水中的溶解氧在聚氨酯保温层下缺陷处一侧与防水材料一侧的含量差异，以及聚氨酯下防腐层与基体之间形成的缝隙结构，导致局部氧腐蚀的形成和发展，阳极和阴极反应分别在活化的金属腐蚀坑内和坑外的防腐层区域单独进行，使得蚀坑处溶液不断酸化，进一步加速了腐蚀的发生。

补口段采用液态环氧防腐涂层，防腐层因施工原因或在海水侵蚀下发生剥离，露出金属本体，则酸性腐蚀介质流向剥离段，在此处发生腐蚀。

此外，海管的内外温差，可能使渗透的海水不断被蒸干，海水内的盐分逐渐在防水帽内侧富集：一方面会引发局部腐蚀，因为盐粒部位容易形成蚀坑；另一方面，伴随电导率的提高，又加速了腐蚀。

综合上述因素，腐蚀主要集中在近焊缝侧的液态环氧涂层段，如果保温层下 FBE 层发生剥离，同样会发生严重的腐蚀。

（5）补充说明

因为单配重保温管，施工质量或者防水帽材料的原因，在海管运行期间，总会大概率出现防水帽的失效现象，此时海水侵入补口段，防水帽内侧容易积水，涂层耐阴极剥离性能就会变得非常差。当补口防腐层出现破损后，得不到有效的阴极保护，就会与周围涂层未剥离处形成电偶腐蚀，并且水浸泡的聚氨酯会产生腐蚀性更强的酸性腐蚀介质。另外，海管内外温差，使积水部位海水所含的盐分不断增大，易于引发局部腐蚀，同时盐分提高了溶液的电导率，使腐蚀反应加速。上述因素是导致单壁保温管发生破坏的主要原因[8]。

9.2 海底管道修复技术

9.2.1 修复技术简介

9.2.1.1 按管道修复时所处位置分类

因为海底管道运行位置的特殊性，对于需要维修的海底管道以维修管道所处位置进行分类，分为水上干式维修、水下干式维修以及水下湿式维修三种[9]。

（1）水上干式修复

首先根据泄漏点或破损点找出需要维护的水下管段，然后在维修设计的合理长度范围内把水下管段切断或切除破损段，利用工程船舷吊将切割后的两个管端分别提升至作业线，在水面进行管段焊接或法兰焊接后在水下进行管段回接。法兰焊接、短管水上焊接或短管水底安装前，需要在水面对焊接点做好无损探伤，并涂装防腐等涂层，再把管道沉回海底，即完成维修工作。

将海底管道提升至水面进行管段或法兰焊接，解决了水下修复工作的困难，满足浅水区域海底管道修复，一般只能满足小于 30 m 水深的小口径管道[2]（≤273 mm）的修复，对于包裹有混凝土配重层的管道，需要动用大型铺管船协助作业。

水上干式焊接维修的特点：

① 适用于近海岸段、浅海区域海底管道以及海底二次吊装的管道修复；

② 海洋环境以及海底管道状态不同，管道的修复方案不同；

③ 管道管径不同，管道铺设深度不同，管道的吊装方案不同；

④ 管道类型不同，破损管段的切割工艺和切割工具不同，例如天然气管道和其他流体管道区别，双重保温管和混凝土配重管道区别；

⑤ 需要专门管道修复作业船，特殊类型的海底管道，选择重型铺管船来完成；

⑥ 维修过程不需要特殊接头和特种机械设备，维修速度快，维修质量较高。

（2）水下干式修复

水下干式修复又称水下干式高压焊接修复，需要专门的工作舱在破损管道修复工位形成一个无水环境，无水环境的形成须通过与水深相同压力的高压气体注入工作位的工作舱，置换出舱内海水所形成，潜水修复员在这样高压的无水环境中，进行破损管道的修复作业，如安装短节，实施水下干式焊接、涂层涂装等作业。

对于无法满足提升焊接的海底管道，并且机械连接器等装置不可用的情况下，则在常压干式舱或高压干式舱所建立的干式焊接环境中，来完成管道法兰焊接，然后再进行更换管段水下回接。例如，2007年东方1-1登陆天然气管道抢修项目中就采用了水下干式修复技术[2]。

这种修复方式多用于管道无法吊出水面进行修复，或采用其他维修方式受限时，但又须保证管道原有的整体性能不变时。

水下干式高压焊接修复的特点：

① 管道修复在高压、干环境中进行；

② 可以采用与管道铺设时相同的内外防腐层，不须排空整条管道，能达到最高的修管质量，可保证管道整体性；

③ 不会移动和吊装管道，管道铺设路由不会发生改变；

④ 整体维修费用高，需要配备具有干式高压焊接资质的特种潜水员（饱和潜水）；

⑤ 工作舱整体系统复杂，舱内须配备动力电源、通信、起重、焊接施工设备，生命支持系统以及紧急救助系统等。为保证每一次管道修复质量以及人员安全，需要高额的检验整修费用；

⑥ 修复工序操作复杂，更专业的人员才能操作，例如具备饱和潜水员资质的操作人员同时还需要焊接等特殊资质；

⑦ 修复时，需要大型起重工作船，并需要配备水下运行的特种设备，如焊机、切割工具等；

⑧ 目前国际上只有少数几家公司能进行水下干式修复作业，操作时间较长，费用昂贵。

（3）水下湿式修复

水下湿式修复是在海底管道铺设的海床上进行作业，要求潜水员在水下工具辅助下，在水环境中完成管道涂层的清理、破损管道的切割、管道的焊接或特殊管件的安装等。

海底管道水下湿式维修分为不停产开孔维修、封堵卡具维修、法兰对接维修以及水下切割焊接等。

水下湿式修复：< 50 m水深的管道，要借助常规空气潜水进行水下修复作

业；50～300 m 水深的管道，则需要借助饱和潜水完成修复；更深海域作业须通过特殊设计的机械连接器和 ROV 作业来实现。例如，2007 年涠洲 11-4 至涠洲 12-1 45 m 水深的海底管道抢修工程，就是利用机械连接器完成损伤管段更换的[3]。

水下湿式修复的特点[9]：

① 不会移动和吊装管道，管道铺设路由不会发生改变；

② 适用浅海的潜水员作业和深海 ROV（遥控无人潜水器）作业；

③ 整体操作方式灵活，采用特殊卡具可以完成微破损管道的修复；

④ 可以根据管道的破损程度和管道水深，采用多种修复方式来完成；

⑤ 特殊管件设计复杂，例如修复管道用的机械连接器或 ROV 操作的智能连接器等只能由国外公司生产；

⑥ 对于变形较大的管道，采用卡具或连接器方式则无法修复；

⑦ 非焊接式水下湿式修复，只能应用于管道操作压力等级和安全等级低的管道。

9.2.1.2 按修复方法分类

由于采用的修复技术不同，海底管道修复方法也不同，可分为提升（水面焊接）修复法、封堵卡具修复法、法兰修复法、机械式三通维修法、水下焊接修复法、机械（智能）连接器修复法、管箍加复合材料补强修复法等。

（1）水面焊接修复法

将有缺陷管段在海底进行切除并吊出海面，利用施工舷吊将切割后的管段分别提升至作业船，在水面进行新管段焊接或端面法兰焊接后在水下进行管段回接。

（2）封堵卡具修复法

封堵卡具修复是一种不停输的在线维修技术，是在管道泄漏部位的管道外安装特殊设计、相应规格的两半式卡具。封堵卡具的基础结构包括壳体、螺栓、密封件三部分，其中壳体为密封件提供沟槽，螺栓为密封件提供预紧，卡具径向和横向由金属机械或非金属密封圈密封。

工作时，两个半壳体状的卡具从管道外围两侧进行卡箍，卡具的轴向密封和周向密封配合形成完整的密封腔，泄漏流体将会被封堵在密封腔之中，阻断了流体泄漏，所以密封后可以达到修复管道泄漏的目的。

卡具修复主要用于破损较小（如裂纹、腐蚀穿孔等）的管道，并且要求管道所安装的封堵卡具变形的精度在允许范围之内。这种修复方法所用的船舶小，费用低，并且方便快捷，但仅适用于管道的操作压力等级和安全等级较低的管道。

封堵卡具基本由国外生产，一般有三种分类方式：根据周向密封结构区分，分为基础型和套筒增强型；根据夹紧结构区分，分为结构型和非结构型；根据安装形式分类，分为潜水员协助型和 ROV 操作型。

国外封堵卡具生产的厂家主要有 Oil States、Oceaneering、Furmanite、Hydratight 等公司[10]。

① Leak Repair Clamp　Oil States 公司生产的 Leak Repair Clamp（LRC）封堵卡具（图 9-7）[11]是一种两半式套筒结构，采用螺栓固定方式。这种卡具分为结构型和非结构型两种。

图 9-7　Leak Repair Clamp 封堵卡具

卡具顶部有液压缸用于辅助开合功能，液压缸展开时，卡具闭合。卡具整体结构采用了快速安装设计，可以利用液压张紧器来预紧壳体螺栓和套筒螺栓，减少了安装耗时。

② Smart Clamp　Oceaneering 公司开发的 Smart Clamp 卡具[12]（图 9-8）是分体式机械/液压装置。同样可分为结构型和非结构型，两种结构形式的卡具均能把泄漏流体密封在密封腔内。非结构型卡具用于修复管道结构良好且只有轻微损伤的管道，如局部管壁变薄、孔泄漏或浅凹陷。结构型卡具则利用了楔形夹紧机构，可以维持损坏非常严重管道的结构完整性，并且可以修补裂缝和穿孔。

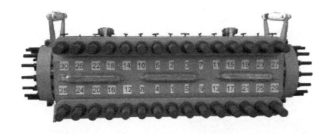

图 9-8　Smart Clamp 封堵卡具

③ FurmaSeal Clamp

Furmanite 研制的 Furma Seal Clamp 卡具（图 9-9）[13]是一种自密封修复装置，卡具经过精密的机械加工来确保全宽范围内的面对面接触，近乎切向的螺栓紧固连接，几乎消除了整个装置结构的弯曲，所以最大限度地减少了密封面接触区域的变形。

图 9-9　Furma Seal Clamp 封堵卡具

④ MORSEAL Pipe Clamp

MORSEAL Pipe Clamp 卡具由 Hydratight 公司研制[14]（图 9-10）。适用于所有海底管道，包括高压管道、大直径管道及异型材料管道。

图 9-10　MORSEAL Pipe Clamp 封堵卡具

（3）法兰修复法

法兰修复法是在原管道的两个切割端焊接法兰，然后将安装有法兰的短管与原管道相连接。法兰修复可用于原有管道法兰连接处破损的情况，也适用于管段破损切割后连接修复，适用于大面积管道破损情况。

海管修复用法兰分为标准法兰、球形法兰（图 9-11）和旋转法兰（图 9-12）。标准法兰基本应用于水面管道维修；旋转法兰和球形法兰可用于海底管道维修，

图 9-11　球形法兰

图 9-12　旋转法兰

因为法兰具备可调节安装角度和方向的性能，降低了法兰连接器与原管道轴线垂直度的要求，是海底管道破损后湿式维修的主要构件。

我国绥中 36-1 油田和涠洲 12-1 油田至涠洲 11-4 油田的海管维修就是采用了法兰修复方法。

（4）机械式三通修复法

机械式三通修复法又称为不停输（带压）开孔修复，指的是管道在不停输的状态下采用在线开孔加旁路的维修方式。这种不停产维修方式主要针对两种情况下的管道进行维修：第一种为管道因大面积腐蚀而出现的泄漏；第二种情况为管道因外力作用而造成管壁局部凹陷，从而影响清管作业但尚未大面积变形的这类管道。

机械式三通修复法采用的构件和装备是机械式三通（图 9-13）、开孔机（图 9-14）、封堵机（图 9-15）以及完工锁紧塞等。

图 9-13　机械式三通[15]　　图 9-14　开孔机[16]　　图 9-15　封堵机

机械式三通修复法的优点是施工作业方法成熟，管道不停输即可完成管道封堵开孔作业。适用于海水中悬浮质较多、浑浊度较大的海域，能达到较高的修管质量，可保证管道原有的整体性。

2001 年，中国海洋石油工程股份有限公司与美国的 T.D.Williamson 和 Hydrotech 公司合作，对直径 305mm 渤西油田天然气海底管道进行不停产双封双堵维修[9]。

（5）水下焊接修复法

水下焊接修复法是在水下切割破损的管段，对切割管口进行处理后，完成替换短管与原管道的对口并焊接、防腐后，完成修复工作。水下焊接修复法分为水下湿式焊接、水下局部干式焊接和水下干式焊接。

① 水下湿式焊接法　水下湿式焊接，焊接和焊接设备均处于水环境中，水与焊接电弧之间没有完全隔离措施，电弧依靠焊条在焊接过程中产生的气体来保护，焊接质量差。近几年随着水下专用焊接焊条的出现，推动了水下湿式焊接技术的进一步发展，提高了焊接质量。

② 水下局部干式焊接　这种焊接法将待焊部位周围的水用人工等方式进行排除，形成局部焊接气室，焊接工作在这个焊接内气室进行，焊接设备则处于水环境中。

③ 水下干式焊接　水下干式焊接是焊接区域将全部水排干净，操作人员、焊接设备、焊接工作区全部处于"干"环境。根据压力等级的不同分为干式高压焊接和干式常压焊接两种。

干式高压焊接采用的是高压焊接舱来完成。水下干式常压焊接时"干"环境所处的压力状态为常压，更加方便潜水员进行焊接操作，可达到与陆地相同的焊接质量[17]。

（6）机械（智能）连接器修复

机械连接器（图9-16）是一种管端固定、机械密封和法兰连接构件，可以提供调节长度和角度的水下管道修复设备。修复时先切掉破损管段，然后去除管道表面的涂层，露出机械本体便于密封，将机械接头安装在管端或短节上，然后把安装有连接法兰的短管与管道两端的机械连接器相连，完成管道修复。

此种修复方法的优点是在任何深度都不需要用焊接，不用特种设备，修复时间短，节约费用，解决了水下焊接质量低和作业难度大的难题，避免动用大型船舶进行起管焊接。采用ROV设备就可以满足深水管道修复。

因为是非焊接连接，机械连接器提供的机械强度较低，耐用年限较短（一般不超过15年），且修复无法保证原有管道的整体性[1]。

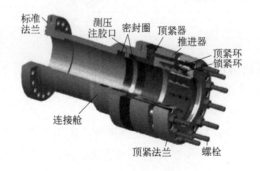

图9-16　机械连接器

Griplock Mechanical End Connector 法兰机械连接器的构造及外观如图9-16所示，采用楔形结构加锁紧装置结构形式，内置密封圈，当外部螺栓提供密封力时，楔形结构锁紧装置就会产生径向收缩，卡紧在管道外壁，同时密封圈受压变形后产生可靠密封。连接器能够承受完整的管道轴向、弯曲和扭转载荷，同时保持管道压力完整性。机械连接器连接后可以自密封检验，以检查连接器的密封可靠性[18]。

（7）管箍加复合材料补强[1]

采用两个半圆的与原管线钢级相当的管状筒套在海底管道的损伤处（破损处须预先处理），然后，将此两半套筒对接并焊接或采用螺栓紧箍在一起，最后在套管与修复管线的环隙内，喷射注满环氧树脂。

环氧树脂套筒修理法是英国 BG（British Gas Pipeline Intigrity International）公司发明的，适用于修复管线微小型泄漏、腐蚀坑、裂纹等损伤管段。这种修复方法不需切割管道，操作简单，但采用水下湿法焊接时质量难以保证，只适用于维修小型或中型等级的管道泄漏。采用螺栓连接则抗压力等级较低。

9.2.2 破损修复方式选择

针对海管不同的损伤形式，应选择对应的修复方式，具体如下[4]：

（1）管道形变

管道形变一般为外部机械损伤（如落物、抛锚、拖网等）所致，会产生凹痕（图 9-17）[19]、凿槽和沟纹等，或者海底地质变化，引起管道屈曲（图 9-18）[19]，虽然没有造成管道泄漏，但会降低其使用寿命，且较大的形变会使得正常清管作业无法进行。因此，从管道运行安全及清管等角度考虑，需要对变形的管道实施修复作业。

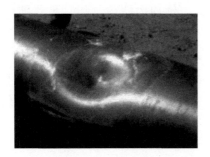
图 9-17　平滑凹痕

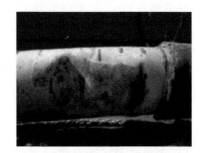
图 9-18　曲折凹痕

目前对于管道形变所采取的修复方式为：满足停输条件的采用停输后修复方式，不满足停输的采用不停输开孔等修复方式，任何修复方式都需要更换管段。

（2）腐蚀穿孔、气孔、裂纹等小缺陷

海底管道内、外壁腐蚀时，会造成管道出现气孔、裂纹等，一般不会造成管道大的变形，也不会造成油气田停产。缺陷通常在管道检测中发现，多采用封堵卡具进行修复。如果管道出现微小腐蚀穿孔，则采用套筒灌注树脂方式，或在管道受损部位采用特种密封胶进行密封，再采用密封卡具进行二次密封。

（3）裂缝等较大泄漏

地震、火山等海床运动或地质不稳定等造成海底管道裂缝泄漏事故后，需要油气田停输后进行维修作业。如果待修的管道管径适中,并处在近岸或浅水区可考虑水上焊接修复。如果裂缝处在 0～5 m 水深,也可采用沉井式常压干式舱维修。

(4)断裂

海底管道一旦发生断裂,就会造成大面积泄漏,首要工作是关停油气田。采用的维修方法与管道裂缝大漏基本相同。但是管道折断后海底管道变形量加大,更有甚者海底管道两端会发生较大移位,因此在维修作业前必须通过工程船将海底管道两端拖拉到一条直线上,然后切割移出变形受损的管段,再进行管段替换操作。同样根据管道所处水深,可以采用水上或水下焊接方式进行。特殊情况下也可采用机械连接器或法兰连接器方式。

9.2.3 深水海底管道修复

深海海底管道因为所处的环境特殊,当管道发生损伤时,无法采用人工接触方式进行修复。有鉴于此,美国 Oil States 公司提出了三种更换受损海管和一种隔离的深水海管维修方式[20];美国 Oceaneering 公司开发出水平连接系统和垂直连接系统两种连接系统,用于深水海管以及立管维修[21];意大利 Saipem 公司建立的 SiRCoS 已在地中海和北海获得应用,可用于维修 20～48 in(1 in=2.54 cm)的大口径管道[22]。

国内虽然进行过多次海管维/抢修作业,例如渤西油气田、惠州油田、涠洲油田等,但作业水深都限制在 300 m 以内,无法满足荔湾周边等深水油气田(300～1500 m 水深)海底管道维修的需要。

深水海管维修同样借鉴了浅海修复方式,对于穿孔等小面积泄漏,在受损管体外进行封堵,例如采用封堵卡具进行维修;而对于管线断裂、较大泄漏或大漏以及管道变形,则必须采用切割损管段并更换的方式。

9.2.3.1 深海管道修复方法

(1)封堵卡具维修

封堵卡具修复适用于磨损、裂纹等小面积管道损伤情形,可为受损管段创造一个高压密封的外环境。作业程序简单,使用的工具相对较少,虽然成本高,但因便于 ROV 操作和进行密封测试,可以实现快速安装,因此非常适合深海管道修复,在深水管道维修领域具有很高的经济性。

(2)连接器修复

深海受损的管道采用两端安装有连接器的管段进行更换,可以在定位管架辅助下,精准完成受损管道定位、切割、提管,并把完成涂层涂装且安装有智能连接器的管段放置在切割管道间隙处,实现管口对位后,通过连接器完成管道和管段的连接，夹紧密封连接器后实现管道修复。以上操作过程和装备均可以通过 ROV 来实现，满足深海管道修复要求。

（3）焊接维修

管道修复中焊接密封质量最好，但是随着水深的增加，管道在水下焊接质量无法保证。因为深水压力、海底地形、自动焊接机器人系统等因素严重制约深水焊接维修的发展[23]。

9.2.3.2 深海管道维修设备

深海管道维修的首要装备就是 ROV，即遥控无人潜水器（图 9-19）[24]，是用于水下观察、检查和施工的水下机器人，能进行智能定位和人工远程操作。

图 9-19 ROV 本体典型结构组成

无人遥控潜水器（ROV）也称无人有缆潜水器，它通过脐带缆与水面工程检修船连接，脐带缆具有信息、动力、能源等传输作用，工程船上的操作员可通过安装在 ROV 上的影像及声音传输设备实时观察海底状况、需要操作的设备以及检修管道的状态，并通过脐带缆所发送的指令遥控操作 ROV 上的机械手等进行水下作业。

ROV 带有脐带缆，作业范围小，因此它更加适合进行水下管道检修作业。ROV 通过脐带缆不间断供电，作业能力强、作业时间不受能源限制。另外，由于没有深潜人员风险，ROV 能够在海底环境下长时间执行高强度的深海管道修复作业[25]。

为适应深海管道修复要求，满足 ROV 在深海的便捷性操作，国外海洋管道修复专业机构设计出了一系列满足深海使用的特殊构件。

（1）智能管道连接器（图 9-20）

满足深海管道修复使用，非人工操作，应用在海底的管道或立管修复中。智能连接器可以与旋转法兰、球形法兰以及另外一个智能连接器配套使用。智能连接器通过轴向驱动密封活塞在管道上实现夹紧并密封，设计使用温度为 $-4 \sim 121$ ℃。

图 9-20　液压智能法兰管道连接器[26]

智能连接器能够承受整个管道的轴向、弯曲和扭转载荷，同时保持整个管道的压力完整性。

（2）智能封堵卡具

无潜水员智能封堵卡具是一种分体式机械构件。图 9-21 与图 9-22 分别为美国国际海洋工程公司 Oceaneering International, Inc. 和英国 Oil States Industries 公司设计的深海封堵卡具。封堵卡具以夹紧抱箍形式夹装在受损管道外侧，通过 ROV 操作液压扭力扳手等锁紧机构实现构件在管道上的夹紧和密封。

图 9-21　非潜水员操作智能封堵卡具[27]

图 9-22　无潜水员封堵卡具[28]

该配件满足管道不停输修复，并可以替代深海高压焊接方式。一般用于修复结构完好且仅有轻微损坏的管道，例如针孔泄漏、局部管壁变薄或浅凹痕。安装后，智能夹紧设计可在管道设计寿命期间提供永久、高质量的密封和结构加固。本卡具设计温度范围 -4 ～ 121 ℃，最大水深 3048 m。

维修管卡可分为两种类型：全结构型和非结构型。全结构型维修管卡用于那些存在结构强度隐患的管道维修情形，其适用的管径和内压范围为 3 in/68.95 MPa ～ 48 in/11 MPa。

（3）液压智能连接器

图 9-23 所示液压智能连接器由 Oceaneering 公司设计制造，为一组两个连接器通过中间连接体连接的结构，左右两个连接器分别套接，连接管道两端。该连接器满足深海管道受损管段的替换连接作用，采用两端装有智能连接器的新管段实现海底切除管道之间的连接，满足深水管道修复要求。连接器管段与待修复管道管口定位后，通过 ROV 控制液压驱动，滑动连接修复管道端，并密封连接器和管端，实现管道密封连接。连接器能够承受管道的全部轴向、弯曲和扭转载荷，同时承受管道的静水压端载荷。

图 9-23　液压双接双密封智能连接器[29]

（4）球形法兰（错位连接器）

球形法兰（图 9-24）属于连接器的一种，用于补偿错位的海底管道系统。海底管道由于形变、海底泥沙起伏，切割后会出现管端错位的情况，只能采用球形类可调法兰进行连接。球形法兰将钢球构件锁定在承插法兰中，通过金属件密封，拧紧螺栓后，形成一个刚性、静态、防漏密封，其性能特点和通用性超过了焊接管或传统法兰。

图 9-24　错位球形法兰[30]

独特的钢球结构，允许管道在任何轴向平面上与相邻管道中心线偏差高达 ±10°（总偏差为 20°）。其标准与 ASME 环形接头法兰相同。在任何准角度以及工作压力下都能抵抗外部施加的弯曲载荷而保持密封的完整性。

（5）管道修复辅助设备

管道修复辅助设备全部满足ROV的水下操作要求，这里包含：

① 智能水下涂层清除机（图9-25）[31]。整体结构包含涂层切割和清理打磨构件，满足待修管道涂层的清理工作。

② 自动管道缺陷检测记录装备（图9-26）[31]。自动探测管道缺陷点，反馈并记录工程船上的数据库，精确定位缺陷点，用来计算受损管道切割长度等数据。

图9-25　涂层清除机工作示意图

图9-26　缺陷检测示意图

③ 智能管道切割设备（图9-27）[31]。采用切割刀片或线性切割锯，由水上所提供的电力带动刀具来完成水下破损管道的切除工作。

④ 门式定位提升管架。精确定位管道位置，满足受破损管道的离地提升（脱离海底）以及修复管段的精确定位，用于管道切割、封堵卡具安装等作业，并且方便管道连接器的对口安装，实现管道的对接功能。

门式定位提升管架为一套两台、对称布置的结构，底座为展开式，可以平铺并跨越待修管道，门架上携带动力开合和升降抓管机构，并在底座上安装定位销，满足更换管段的精准定位功能。

图9-28所示为美国Oceaneering公司开发的门式定位提升管架，重约11.6 t，垂直提升载荷最大为18 t[31]。

图9-27　智能管道水下切割设备示意图

图9-28　门式定位提升管架安装示意图

9.3 海底管道破损修复案例

9.3.1 提升法修复

提升法修复是海洋管道破损最初应用的修复技术，因为海洋管道建设是从浅海开始的，从几米、十几米到三四十米，如此海洋深度均可以满足海管提升出水的要求。同时，在水面上进行管道修复，可以进行焊接、探伤、涂层涂装等一系列陆地管道操作，不但能够保证输运管道的完整性，也能保证涂装等的最佳质量，但其最大缺陷是不能够应用于深海管道的修复。

提升法修复海底管道作业程序如下[2]：

① 管道修复准备工作。管道缺陷点确定，修复工程船、修复装置等准备，修复海域天气状况预测，修复工程船就位。

② 管线修复开挖。根据管道路由以及模拟计算的结果，确定破损海底管道提升后着泥点的距离，利用挖沟机沿管道路由开挖，以满足提升及其作业过程中所要求的管道暴露长度要求。

③ 破损管道切割作业（图9-29）。管道开挖（吹泥）作业完成后，由潜水员操作，采用水下冷切割装置将损伤管段整体切除，并移出海底。

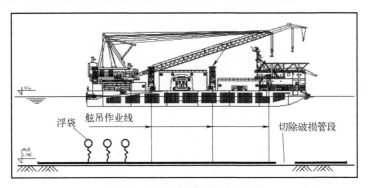

图9-29　海底破损管道切割示意图

④ 管道提升焊接法兰（图9-30）。管道提升前，须严格计算提升点和浮袋绑扎位置，然后在计算点设置浮袋，并与舷吊配合把管道提升出水面。提升至作业船的管端进行法兰焊接，焊口检验合格进行涂层涂装。

焊缝检验合格和涂层完成涂装后，按照提升逆向操作方式将提升的一端海管下放至原管线路由位置。对管道另一端采取同样步骤，来完成管端提升、法兰焊接、涂层涂装以及入水。

⑤ 水下测量需更换管段。海底两管端之间参数的精准测量非常关键，因为这里包含管端法兰面之间的间距，海底起伏不平所产生的管端高差以及管端错位等，

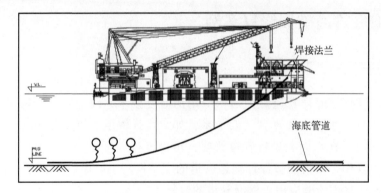

图 9-30　海底管道提升示意图

也就是海管法兰之间相对空间位置和方位角的测量,然后根据测量所得参数在作业船甲板上放样,准确地预制出所要更换的管段,并焊接法兰和涂层涂装,这样才能保证水下对接工作的顺利完成。

实际管段预制过程中,可能因为位置、空间差以及长度需要预制多段管道。

⑥ 水下对接(图 9-31)。预制完成的管段,需要潜水员在舷吊配合下,完成替换管段的连接工作。

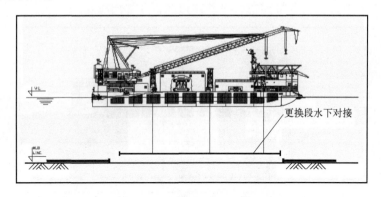

图 9-31　海底管道管段更换示意图

但对于深水海底管道或者大口径海底管道的修复,采用提升法所产生的风险以及费用都会随水深和管径的增加而成倍增大,例如对于水深超过 30m 的管道,就需要动用具备大型铺管作业的特殊作业船舶。因此此法只能满足 30 m 以下小口径海管的修复工作。

9.3.2　深海管道切割更换修复

海底管道需要切割更换,表明管道已经受到了非常大的损伤,包括断裂、曲折、严重变形等,这就需要在海底完成管道检测、清理、管道切割以及更换工作,浅海区域可以通过人工辅助工具来完成，而深海的复杂工作只能通过ROV在线操作完成。

深海管道的切割修复为整根破损管段的替换工作，因为工作环境的限制，只能采用管道连接器进行，所以修复工序包含检测、清理、切割、连接器安装、管路对接、密封检测、恢复等。

维修所需的装备包括修复工程船、定位提升管架、ROV吹泥泵、管道涂层清理工具、管道切割工具、连接器系统、水下测量工具等。其中定位提升管架、管道切割工具和连接器系统是核心修复装备。

深水海底管道修复流程：

① 管道缺陷检测定位。深海管道缺陷若由泄漏等原因导致，沿着污染点，结合管路建设路由等可以很快找出破损点；而对于变形、屈曲等非泄漏故障，只能通过通球等方式来检测破损点。

② 开挖作业坑。为保证管道涂层清理设备、检测设备的正常运行，需要通过吸泥泵等设备（图9-32）在ROV的协助操作下完成满足工装操作的作业坑，作业坑的尺寸可以参考图9-33。

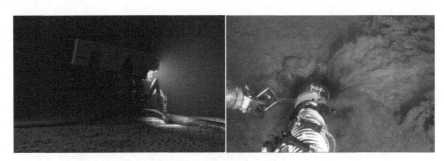

图9-32 吸排泥泵排泥[31]

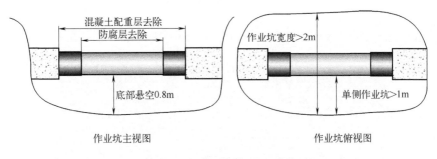

图9-33 作业坑清理示意图[32]

③ 涂层清除。对破损位置的涂层进行清理，要求清出金属本体，以满足缺陷检测设备对缺陷点的检测。水下清理设备由ROV操作，通过可视仪精确定位清

理装备夹装管道,利用操作装备上的清理设备、清理刀具或高压水进行清理工作(图 9-34)。

图 9-34 管道涂层清除[31]

④ 缺陷检测。通过 ROV 的操作,在线检测设备可以在管道上滑移,并准确定位缺陷点(图 9-35),技术人员通过缺陷点的位置,准确计算管道需要切割的缺陷点两端的位置。

图 9-35 管道缺陷检测[31]

⑤ 门式定位提升架就位(图 9-36)。门式定位提升架由舷吊在 ROV 设备的配

图 9-36 定位提升架就位示意图[31]

合下，吊放至计算确定的管道切割的延长位置，确保管子提升后，能够精准完成破损管段的切割。提升架的展开通过 ROV 在线操作完成。

⑥ 管道提升。在 ROV 操作下，利用安装于提升架上的提升机构抓取管道，并提升至悬空状态，满足检修管道的切割和管端打磨工作的要求（图 9-37）。

图 9-37　管道提升示意图[31]

⑦ 管道切割。管道切割，首先通过计算确定管道精确的切割位置，然后由 ROV 操作水下运行的钻石线切割机，完成管道的深海切割工作（图 9-38）。切割后必须对海底管段表面进行处理，达到满足连接器安装的光洁程度。

图 9-38　管道切割[31]

⑧ 切割管道移出。在 ROV 配合下，通过舷吊，将切割后的破损管道从海底提升至岸上（图 9-39）。

⑨ 管道路由检测。管道切割后，对于较短、管道未发生大的形变的管道，其路由不会发生大的变化，可以根据切割管道加工替换管段；对于断裂、扭曲等管道，或长距离破损管道，替换连接管段需要取直，则必须通过 ROV 操作水下测量设备完成管道切割两端的距离测量，以计算需要加工的合理替换管段。

图 9-39　切割管段移出示意图[31]

⑩ 替换管段加工。选择满足海底管道智能安装的液压智能连接器（图 9-23），然后在岸基或工程船上完成替换管段的加工，在管端部位置安装智能连接器（一端连接），并要求对安装端的连接器进行密封测试，测试完成对整根管道进行防腐处理。

⑪ 替换管道就位。防腐完成并安装了连接器的管段，安装与提升架配合的定位架后，在 ROV 配合下，由舷吊定位架安装在提升架的定位销柱上（图 9-40）。这种方式大大减少了深海管道替换短管的定位对口等工作。

图 9-40　替换管道定位对口示意图[31]

⑫ 液压智能连接器复位安装。对口完成的替换管段，由 ROV 操作安装在定位架和智能连接器上的液压拉推杆，推动智能连接器（带动短管）套入修复管端并定位，同样另外一端的智能连接器以同样方式套入管端并定位（图 9-41）。套接完成的连接器由 ROV 操作液压扳手等进行螺栓紧固，使张紧器夹紧在管端表面。

⑬ 连接端连接器的密封测试。连接完成的连接器由 ROV 操作连接打压管道，在水下完成连接器密封测试。

⑭ 修复工作完成。修复完成后，将管道放置在海床上，拆除管道连接设备，复位定位提升架，有条件地进行海底管道埋设，撤离所有设备，完成工作。

注：海底管道连接器修复，也可以选用单向智能连接器（图 9-20）加球形或旋转法兰的方式。

图 9-41　液压智能连接器修复滑动就位示意图[31]

9.3.3　不停输开孔修复

不停输管道修复法也称机械式三通修复法，可以采用水下湿式修复和水下干式修复法，要求把机械三通安装在待修管道上，增加旁路管道保证流体的不间断，然后封堵受损管道，切割移出受损管道后，在切割的海底管道端安装机械连接器，然后把安装有球形法兰的短管进行连接的修复方式。其原理与陆地油气管线不停输封堵基本相同，主要有带压开孔、旁路分流和在线封堵三项技术。带压开孔是指在管道密闭状态下，以机械切削的方式在带压管道上加工出圆形孔的一种作业；旁路分流是指在开孔处连接旁路管道，使得流体经过旁路管通过；在线封堵是指从开孔处将封堵头送入管道并密封管道，从而阻止管道内介质流动的一种作业方式。不停输带压开孔封堵工艺示意如图 9-42 所示。

图 9-42　带压开孔维修示意图

水下湿式修复流程如下：

① 根据检修管道的管径，选择合适型号的机械三通及配套的阀门、开孔机、封堵机、排空阀门、封堵法兰等；

② 管道受损部位检测定位，检修工程船就位；

③ 施工作业坑开挖。检修工程船就位后，采用挖沟机或吸泥泵对待修复的管道进行挖沟作业，并形成施工作业坑。作业坑的大小及其深度要求满足涂层清理设备、涂层切割等装置运行以及机械三通的安装要求。挖沟过程由潜水员操作或指挥，挖沟完毕后，在坑内安装区域铺设一些沙袋，以便在水下支撑悬空的设备。同时，在作业坑内四周也要铺设适量的沙袋，防止淤泥自然回填过快。

④ 待修管道表面涂层清理。作业坑挖完后，用高压水清理设备，清除安装位置上的混凝土配重层及防腐层，直至海管露出光滑的金属表面，达到机械三通安装要求为止。清理长度大于管道破损段长度，并且预留段长度满足开孔位、封堵位以及流体排空位。

⑤ 开孔机水上组装及水下安装。为减少潜水员工作量，在水上完成开孔机、阀门以及机械三通的组装，完成密封性试验后整体下水进行安装，开孔机组合及安装如图9-43所示，安装就位后进行螺栓的液压拉伸，拉伸分为轴向螺栓拉伸和环向螺栓拉伸，紧固螺栓并密封机械三通。

图9-43　机械三通安装示意图[33]

⑥ 封堵机组装及其水下安装。同样要求在水上完成机械三通、阀门、封堵机的组装和密封检验工作，然后在水下由潜水员指挥吊机完成机械三通在管道上的卡装，并由人工采用特殊机械完成紧固螺栓的紧固及机械三通在管体上的密封工作。

完成封堵和开孔的机械三通示意图，如图9-44所示。

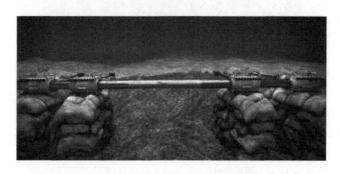

图9-44　封堵和开孔的机械三通安装完成示意图[33]

⑦ 排空阀门安装。在水上完成机械三通和排空阀门的组装及其密封工作,然后在水下按照同样工序,完成其安装并紧固(图9-45)。排空阀也可以设计安装在机械三通上,以减少海底管道排空阀门安装和机械开孔的工序,降低工作量。

图9-45 排空阀门加机械三通完成示意图[33]

⑧ 机械三通密封检测。机械三通安装完成后,须进行水压试验,以检验其密封性能(图9-46)。

图9-46 机械三通密封性能检测示意图[33]

密封性验证:潜水员将试压软管连接到机械三通的排气阀上,在水上和水下各安装一个压力表,而后通过试压泵向三通内注水打压,要求打压的压力值与管道操作压力一致,稳压30min,以此检验其密封性[34]。

⑨ 管道开孔。机械三通密封试验完成后进行开孔作业。开孔作业由潜水员水下辅助完成,图9-47为水下进行开孔作业钻头的工作状态。

开孔操作包括旁通管连接位置开孔、封堵位置开孔以及待修管排空位置开孔。排空管路位置开孔可以采用小型开孔机来完成。

开孔过程,为防止管道切割瓦片掉入管道,开孔前须采用开孔器中心钻头在瓦块中心打孔并固定瓦块,然后才能采用开工器进行瓦块切割,切割完成后随钻头固定的瓦块跟随开孔器从管道分离并提出。

⑩ 安装旁路管道。管道开孔完成后关闭旁通管连接位置机械三通阀门,拆除连接在阀门上的开孔机,连接已经焊接法兰板的旁路管道。旁路管道安装完成后,

开启机械三通两端阀门在旁路中形成流体新通道（图9-48）。

图9-47　水下管道开孔示意图[33]

图9-48　旁路管安装示意图[33]

采用刚性旁路管道，需要精准计算管长以确保开孔位置和旁路管焊接尺寸的准确，否则会对管道连接造成困难，建议采用柔性金属管道或柔性复合管道。

⑪封堵待修复管路。拆除封堵位置机械三通阀门上连接的开孔机，同时安装管路封堵装置，开启封堵装置连接阀门，封堵机经过阀门后通过管道上的开孔进入管道内部，堵头纵向封堵管路（图9-49）。

图9-49　管内封堵示意图[33]

⑫排空破损管道内流体。为防止海水污染，对于石油等液态流体，须通过外接容器排空待修管道内流体。拆除阀门连接开孔机，连接排空管路，可以通过压

缩空气的方式，以进气排空回路完成放空操作（图9-50）。

注：对于少量天然气等管路，可以采用冷切割方式，排出残存气体，不需要采用放空方式。

图9-50　管道内流体排空示意图[33]

⑬ 破损管道切除移出。旁路开通管路封堵完成，采用钻石线等水下切割机进行水下破损管道切割分离，然后通过舷吊移出管道（图9-51）。

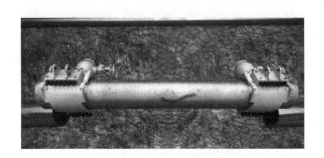

图9-51　破损管道移出示意图[33]

⑭ 连接器安装及修复短管制作。水下切管两端安装机械连接器，水上根据修复管段的长度制作修复短管并安装（焊接）球形法兰。

⑮ 修复管路对接。安装球形法兰的短管入海（图9-52），在潜水员操作下定位待修管段，调整球形法兰角度，与管端连接的机械连接器连接，并通过水下紧箍工具紧箍法兰螺栓，完成管路偏心安装连接（图9-53）。

图9-52　修复管路对接示意图

图9-53　球面法兰与机械连接器偏心安装示意图[33]

⑯ 机械连接器密封测试。连接安装完成的管路,与机械三通工序一样,采用水压测试方式完成机械连接器的密封测试(图 9-54)。

图 9-54　机械连接器密封测试示意图[33]

⑰ 旁路管拆除。连接完成并完成密封测试的管路,解除封堵,主管路流体通道开启,关闭旁路管道阀门,拆除旁路管。旁路管可以预先加装额外阀门与机械三通阀门连接,拆除旁路管时,预先关闭旁路管上的阀门,管路拆除后,旁路管及其上安装的阀门和管内流体一同移出海底,也可通过预先设置的泄流孔排除旁路管内的流体。

⑱ 机械三通封堵盲板。通过机械三通连接阀门先安装内堵板(O形圈锁紧塞),然后拆除连接阀门,在机械三通的连通法兰面上安装外盲板加密封垫封堵,外盲板和内堵板作为管路运行的长期密封附件。具体可参见图 9-55 和图 9-56。

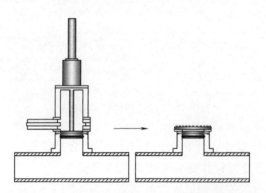

图 9-55　O 形圈锁紧塞安装及其盲板封堵示意图

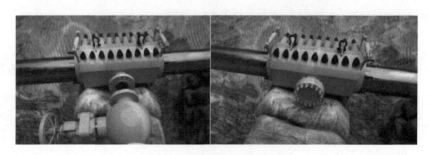

图 9-56　阀门拆除封堵示意图[33]

⑲ 恢复工作。管路修复完成后（图9-57），对海底管道冲泥区域进行海床表面的复原，利用沙袋等对作业坑进行回填，管道恢复正常生产，人员设备等复原。

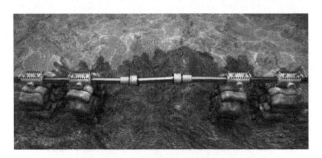

图9-57　修复后管路示意图[33]

9.3.4　深水管道封堵卡具修复

封堵卡具维修是指利用封堵卡具对管道进行封堵和补强的维修方式，主要针对管道破损较小的情况。通过金属或非金属密封（如石墨），在破损的管段外部创造一个高压密封的环境（图9-58）。

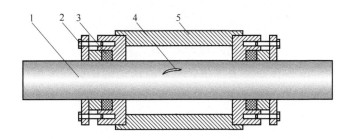

图9-58　封堵卡具的安装简图
1—管道；2—紧箍螺栓；3—密封；4—管道破损；5—卡具

深水管道采用封堵卡具修复，首先需要检测受损管道的状态，只有轻微损伤、裂纹等小漏才能够采用封堵卡具修复，卡具要选择能够满足ROV操作的智能封堵卡具。

维修所需的装备包括ROV、检修工程船（带舷吊）、封堵卡具、ROV控制吸排泥泵、定位提升管架等。其中，封堵卡具和提升管架是核心维修作业工具。

其修复流程如下：

① 管道缺陷检测。找到并确认管线受损位置，定位修复工程船的海面位置；

② 确定海底管埋设深度。通过ROV操作海砂（泥）吸排泥泵（图9-59），清理出管道，并使待修管道悬空，形成施工作业坑（图9-60），挖沟要求至少满足封堵卡具和涂层清理设备的安装要求，开挖位置以漏点位置坐标为基准点。

图 9-59 自动海砂(泥)吸排装置[31]

图 9-60 待修管道作业坑[31]

③ 待修管段涂层去除。采用在线控制的涂层去除机去除管道上的涂层,根据涂层类型选用单台或多台涂层去除机,例如混凝土配重层需要钢质刀片进行纵向和横向的切割去除,保温涂层或防腐涂层则可以采用普通的涂层清除机械,也可采用高压水清理设备去除涂层。而双重保温管道的外层钢管则需要采用线切割等方式,并确保其不破坏内管。涂层去除要求露出管本体,以满足卡具密封要求。

④ 两台门式定位提升管架沉入海底,纵向跨越待修管道,通过ROV操控展开,分别平铺在待修管段两端位置,操作ROV分别控制两套装置上的抓管装置夹紧管道,并水平提升待修管段。

⑤ 采用水下超声波测厚仪等检测装置对腐蚀缺陷点进行检查、确认,并准确定位缺陷点。同时测量管道的椭圆度和直度,确认管道满足封堵卡具的安装要求。

⑥ 在ROV可视仪配合下,采用工程舷吊把开启状态的封堵卡具沉入待修管段工位并就位(卡装在管道外)。

⑦ ROV机械手操作封堵卡具液压机构合拢,并操作液压扭力扳手或其他机构实现构件在管道上的夹紧和密封(图9-61)。

⑧ 完成封堵卡具安装须进行密封测试,可以采用水压试验,以验证其有效性。

⑨ ROV控制定位提升管架的提升管机构下降,将修复后的管段放回海床。

⑩ ROV操作提升架收拢并复位,然后通过舷吊提升定位提升管架、ROV以及其他海底管道修复辅助设备至工程船,完成管道修复工作[23]。

图 9-61　ROV 操控封堵卡具夹紧示意图

浅海区域的封堵卡具维修，可以采用人工方式进行，包括涂层清除、管表面修磨、封堵卡具安装（舷吊加人工）、卡具紧箍等。

9.4　海管混凝土配重层损伤及修复

海管的混凝土配重层不仅能为海管提供稳定的沉降力，而且其高强度、高刚度和良好的抗弯曲性能也会对海管本体和防腐层提供保护。如果海管混凝土层自身存在缺陷或者在敷设、运行中遭到破坏，势必会影响海管的安全运行。所以需要减轻或杜绝此类情况的发生。

混凝土层损伤原因和相关文献中海管出现风险的原因非常相似。对于混凝土配重管道，造成海管破坏的原因势必也是引起混凝土层破坏的直接原因。

9.4.1　混凝土配重层缺陷

混凝土配重层的缺陷主要出现在预制过程中或者预制后，主要有以下形式。

（1）混凝土散落

掉料属于海管混凝土配重层预制后的常见缺陷。

配重混凝土掉料的原因：混凝土本身强度过低、骨料本身或掺混比例不符合要求、养护不充分等。此外，混凝土混配时含水率过低（＜5.2%），易引起掉料。混凝土混配时含水率过高（＞6.0%），也易引起掉料。

混凝土大量散落会造成配重管的质量减小、钢丝网外露、表面凹凸不平等缺陷（图 9-62）[35]。在生产过程中需要从以下四个方面进行质量控制。

① 加强混凝土水、水泥、骨料的混合比，主要是水和水泥的含量。因采用喷射法或挤压缠绕生产工艺，配重管生产过程中的混凝土水含量少，一般维持在 4.7%～5.5%，并且生产过程水含量控制精度要求为 0.1%，当拌和料中水含量过多或过少时，都会造成管道涂层表面涂装的混凝土自动脱落。水泥含量若过少，会造成同样的结果。

图 9-62　散落造成的混凝土配重管缺陷

② 加强生产设备的维护保养,提高操作人员的操作技能。防止生产过程中涂装的配重层产生冲击、碰撞、震荡而导致管道表面尚未固化、强度低的混凝土散落。

③ 控制回收料掺混比例。混凝土配重管生产过程中会有一定数量的混凝土回收料,回收料在回收利用过程中会散失一部分水分。当使用过多时,就会造成混凝土的散落。在掺混比例上应对回收料进行控制,使用时须均匀混配。回收料的使用时间也有严格的限制,一般超过半小时不能混配使用。

④ 严格养护过程。未按照要求,对成型的混凝土层进行保湿、锁水,维持养护时间,造成水分过快流失等,同样会引起混凝土的散落。

（2）混凝土外层局部凸起

混凝土成型过程中,钢丝网断网、接网复涂、跳跃阳极、设备偷停等都会造成混凝土层局部凸起。凸起一般分混凝土层凸起和钢丝网凸起。处理方式如下。

① 混凝土凸起,应在配重管涂敷后的 2 h 内进行处理。处理方式,采用刮削等工具清除高于管体的多余混凝土,但不要剪除钢网,以减少对混凝土涂层的扰动。

② 钢丝网凸起。满足 3 d 养护后,用金属网切割工具从涂层根部剪断、剔除凸出涂层的钢网;将裸露钢丝头四周 20 mm 范围内的混凝土涂层剔除,剔除深度 15～25 mm;将裸露的钢丝网头向下弯折,至距离涂层顶面不小于 10 mm;清除松散混凝土涂层,用水充分润湿待修部位;对裸露部位的钢网头用稠状水泥浆掩盖;用混凝土或稠状水泥浆补平欠缺涂层。修补完成后的缺陷部位须保证无钢网头外露。

③ 修补后采用水泥浆涂刷进行掩边,以保证新旧涂层良好接茬。

④ 所有修补部位,必须采用塑料薄膜苫盖养护。

（3）裂缝

① 混凝土自身特性引发裂缝（裂纹）。海底管道混凝土配重层在养护完成后,会发现其表面存在裂纹（图 9-63 和图 9-64）。

图 9-63　混凝土表面存在裂纹[35]　　　　图 9-64　配重层环向裂纹[36]

裂纹产生的主要原因有：a.混凝土养护过程中快速收缩。水泥胶体在结晶、凝固为水泥石的过程中，不可避免地发生体积收缩，收缩定会造成混凝土层的体积变化，如果速度过快必然会产生裂纹。b.温差引起的约束应力。混凝土在温度发生较大变化时体积会产生膨胀或收缩。如果混凝土处于受约束状态而无法自由伸缩变形，特别是对于混凝土配重层厚度较大时，在温差比较大时就很容易开裂。

可以从以下方面进行裂纹的控制[35]：a.养护成品。须依据环境要求选择养护方式或保湿措施，无论是采用哪种养护方式，其主要目的均是保证混凝土在养护过程中锁住水分，必要时采用淋水的方式，以满足混凝土固化过程中对水分的需求。b.生产速度与送丝速度匹配。混凝土配重层涂装速度与钢丝网送丝速度不匹配会造成钢管与钢丝网互相牵拉，从而导致钢丝网外层的混凝土出现裂纹，严重者会造成散落。c.控制挤压涂覆过程。在混凝土配重层挤压生产过程中，混凝土含水过大，在管道涂层传输涂覆过程中会导致整个管体混凝土的松动，产生裂纹。管道的螺距不一致、管道传输过程中的震动同样会造成涂层裂纹的产生。

②外力作用引发裂缝。外力作用造成混凝土配重层产生裂缝是一种比较常见的现象。混凝土本身为脆性材料，即便根据海管所处环境的特殊要求，对材料进行了性能改进，但其自身的脆断性依旧存在，如果混凝土材料掺混比不合理、养护不到位、铺装工艺出现缺陷等都会造成裂纹的出现。

如图 9-64 所示，某项目直径 711 mm、厚 100 mm 的混凝土配重管道，多根出现了宽 15～30 mm、深 10～100 mm 环绕管道的环向裂缝，裂纹断裂面与管道轴线近似 90°，并产生少量位移，有的裂纹甚至环绕管壁一周。这类裂纹如果排除材料、成型工艺的原因，唯一的可能就是管道在铺设下水过程中，管道的弯曲度超过了混凝土配重层所允许的弯曲应力[36]。

（4）层间滑脱（配重层与管体分离）（图 9-65）

海管涂层结构主要是在有机涂层表面涂装混凝土配重层，而混凝土层与现在新型涂层之间不具备相容性，不能通过材料渗透以及化学结合进行黏结，一般通过物理方式增加涂层阻力来防止混凝土层与防腐层之间的滑脱。如果未采用防脱层

图 9-65　配重层与防腐层分离[36]

这类增阻涂层或者防脱层设计缺陷、参数不达标等均会出现层间滑脱缺陷，而滑脱有可能造成整根混凝土层脱离。在运输过程中的剧烈震荡则容易造成管端涂层滑脱现象。

在混凝土层成型过程中所采用的钢丝网张紧度不够，同样会导致混凝土在固化定型过程中与有机涂层分离。

（5）环形空腔

出现在管体内部、在管端不容易发现的一种管内空腔脱层现象（图 9-66）。

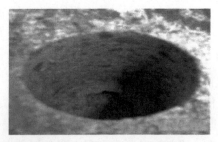

图 9-66　管体出现更具隐蔽性的没有延伸到管端的"环形空腔"[36]

主要原因：混凝土混配料中含水量过高，使得混凝土物料间的黏结力过低，局部物料受震动作用脱落形成空腔；或者管道在铺设、拖拽过程中受到外部剪切力、弯曲应力的影响等，造成潜在缺陷处物料脱落形成内部空腔。

采用挤压缠绕法成型时，物料传送带的平直度出现问题，会造成物料输送不均匀，挤压物料时受力不均衡也会造成这种现象。

混凝土层腔内空洞一般比较隐蔽，不易被发现，一定的尺寸范围内不会影响配重层的作用，但如果其破损过大，就会造成隐藏的运行隐患。所以为降低此类风险，在混合料拌和均匀度、物料配比、水等外加剂的添加量等方面需要严格控制。

9.4.2　海管配重层修复

对于在运行过程中造成的海底管道混凝土破损，首先人工清理破损的混凝土配重层，要求把松散的混凝土清除干净，然后采用直径比混凝土管道稍微大一些的两个半圆形钢套筒将破损处包裹起来，将环形空间两端封住之后将水泥注入，其接缝处还应该使用侧拉链进行衔挂（图9-67）。

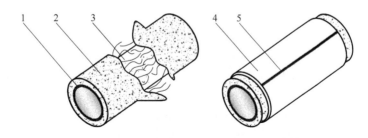

图9-67　海底运行管道混凝土层修复示意图[35]
1—管道；2—混凝土配重层；3—混凝土层损坏；4—灌浆混凝土套筒；5—套筒拉链

配重层修复指的是涂层破损程度已经造成了管道的稳定运行，或对管道长期运行产生隐患。通常情况下，因为海洋特殊环境，除特殊情况外，不建议进行修复，这里只做了解。

9.5　小结

海底管道的修复是一个技术复杂、工程量大、资金耗费巨大的工程，且需要及时准确完成。我国海底管道建设本身起步较晚，并且多以浅海管线为主，及时修复破损的管道是海上油气田生产的一项重要工作。目前，海底管道修复技术在国内还很不完善，针对海底管道的修复技术只能借鉴国外经验，尤其是深海管线的修复工作。

所以，国内海底管道修复需要充分利用自身现有的技术、设备，通过引进国外先进技术和装备，培训相关技术人员，以合作的方式修复国内相关海底管道，这样才能吸收其先进技术和先进管理经验，并且与自主开发相结合，来研究、开发新的技术与设备，从而满足自给自足的国内市场。

参考文献

[1]　侯涛，安国亭. 海底管道损伤的原因分析及修复［J］. 中国海洋平台，2002，17（4）：37-39.

[2]　江锦，马洪新，秦立成. 几种典型海底管道修复技术［C］// 第十五届中国海洋（岸）工程学术讨论会论文集（上），2011：405-410.

[3]　方娜，陈国明，朱红卫，等. 海底管道泄漏事故统计分析［J］. 油气储运，2014，33（1）：99-103.

[4] 王红红, 刘国恒. 中国海油海底管道事故统计及分析[J]. 中国海上油气, 2017, 29(5): 157-160.

[5] 丁红岩, 乐丛欢, 张浦阳. 落物撞击作用下海底管道风险评估[J]. 海洋工程, 2010, 28(1): 25-30.

[6] 张磊. 基于船舶应急抛锚的海底管道埋深及保护研究[D]. 武汉: 武汉理工大学, 2013.

[7] 王立秋, 郎东旭, 余俊雄, 等. 单层保温配重海管失效原因分析[J]. 内蒙古石油化工, 2019(6): 15-18.

[8] 井卫东, 黄俊. 某海底单层保温管道腐蚀原因分析[J]. 全面腐蚀控制, 2015(8): 6.

[9] 刘春厚, 潘东民, 吴谊山. 海底管道维修方法综述[J]. 中国海上油气(工程), 2004, 16(1): 59-62.

[10] 郑铮. 海底油气管道封堵卡具技术研究[D]. 东营: 中国石油大学(华东), 2018.

[11] Leak Repair Clamp [EB/OL]. [2022-10-11]. http://oilstates.com/offshore/subsea-pipeline-products/leak-repair-clamp-lrc/.

[12] Diver Installed Smart Clamp [EB/OL]. [2022-10-11]. https://www.oceaneering.com/pipeline-repair-systems/.

[13] Furmaseal Clamp [EB/OL]. [2022-10-11]. http://www.furmanite.com/services/on-line-leak-sealing-repair/leak-sealing-products/furmaseal-clamps/.

[14] MORSEAL Pipe Clamp [EB/OL]. [2022-10-11]. https://www.hydratight.com/en/products/morseal-clamp-products/morseal-pipe-clamp.

[15] Smart Tap [EB/OL]. [2022-10-11]. https://www.oceaneering.com/pipeline-repair-systems/.

[16] Tapping Machines [EB/OL]. [2022-12-20]. https://www.TDwilliamson.com/solutions/intervention-and-isolation/tapping-machines/.

[17] 陈社鹏, 王瑞利. 海底管道修复技术及进展[C]//中国油气储运技术交流大会, 2012: 715-719.

[18] 李旸, 许光伟, 刘岩. 法兰机械连接器在海洋石油单层保温管维修中的应用[J]. 化工管理, 2021(5): 171-172.

[19] 陈紫苑, 付现桥, 卜明哲, 等. 海底管道常见缺陷维护技术研究[J]. 管道技术与设备, 2021(6): 52-55, 60.

[20] Oil States.Deep water pipeline repair [EB/OL]. [2022-10-11]. https://oilstates.com/?s=Oil+States.Deep+water+pipeline+repair.

[21] Pipeline Repair Connections [EB/OL]. [2022-10-11]. https://www.oceaneering.com/pipeline-repair-systems/

[22] Vagata A, Reid B J, Galletti R, et al. Diverless special operations [C]//OTC, 2011: 21616.

[23] 马超, 孙锟, 黄叶舟, 等. 深水海底管道维修方法研究 [J]. 海洋工程装备与技术, 2015 (3): 168-174.

[24] 连琏, 魏照宇, 陶军, 等. 无人遥控潜水器发展现状与展望 [J]. 海洋工程装备与技术, 2018, 5 (4): 223-231.

[25] 陶军, 陈宗恒. "海马"号无人遥控潜水器的研制与应用 [J]. 工程研究: 跨学科视野中的工程, 2016, 8 (2): 185.

[26] Hydraulic Smart Flange Connector [EB/OL]. [2022-10-11]. https://www.oceaneering.com/pipeline-repair-systems/.

[27] Diverless Smart Clamp [EB/OL]. [2022-10-11]. https://www.oceaneering.com/pipeline-repair-systems/.

[28] Diverless Repair Clamp [EB/OL]. [2022-10-11]. https://oilstates.com/subsea-pipeline-systems/deepwater/diverless-repair-clamp-drc/.

[29] Hydraulic Double Grip and Seal Connector [EB/OL]. [2022-10-11]. https://oilstates.com/subsea-pipeline-systems/deepwater/diverless-repair-clamp-drc/.

[30] Misalignment Ball Connector [EB/OL]. [2022-10-11]. https://oilstates.com/subsea-pipeline-systems/deepwater/diverless-repair-clamp-drc/.

[31] Diverless Pipeline Repair [EB/OL]. [2022-10-06]. https://oilstates.com/subsea-pipeline-systems/deepwater/diverless-repair-clamp-drc/.

[32] 成二辉, 杜应军, 弓志辉, 等. 海底管道不停输带压开孔封堵技术应用 [J]. 石油工程建设, 2018, 44 (1): 47-50.

[33] PCRS-Hot-Tapping [EB/OL]. [2022-10-06]. https://oilstates.com/subsea-pipeline-systems/deepwater/diverless-repair-clamp-drc/.

[34] 梁光辉, 康雪津, 孟俊瑜, 等. 单层保温配重管腐蚀缺陷点维修方法 [J]. 石油工程建设, 2015, 41 (6): 18-21.

[35] 杜中强, 李昱坤, 刘迟, 等. 海底管道混凝土配重层断裂原因分析及整改措施 [J]. 石油工程建设, 2006, 32 (1): 40-41.

[36] 刘迟, 王志鹏, 李富强, 等. 海底管道配重生产三大质量控制 [J]. 设备监理, 2016 (5): 50-53.